臨床心理学　増刊第15号　Ψ金剛出版

あたらしいジェンダースタディーズ

GENDER STUDIES

——転換期を読み解く

大嶋栄子●信田さよ子 = 編

CONTENTS

I

転換期を読み解くジェンダースタディーズ

II

はじめるまえに知っておこう──知の遺産をインストール！

[1] すべてはここから始まった！

[2] ジェンダースタディーズの「ホットゾーン」

当事者とジェンダー──知を再編成する

ジェンダースタディーズ実践──もっとジェンダーセンシティブに!

[1] こんなとき,私たちはどうしてきたか?──実践を基礎づける

転換期を読み解く ジェンダースタディーズ

GENDER

STUDIES

居場所をめぐる問い
ジェンダーについて知るところから

大嶋栄子

特定非営利活動法人リカバリー

見えない存在

　地域でさまざまな困難を抱える人たちの生活を援助する仕事をしていると、「生きづらさ」はまさに関わる人たちの数だけ個別でありながら、「居場所を失う」という点では、同じ質の苦しさではないかと感じている。

　2020年に始まった新型コロナウイルス感染拡大は、それまでも感知されながら、私たちが直視するのを避けてきたいくつかのことを浮き彫りにさせた。そのひとつが居場所の問題である。私的領域が就労の場と同時に教育の場でもあるという輻輳的空間となったとき、誰がどの場所を占有可能かということは大きな意味をもつ。また、外出を避ける必要性からそこにとどまる時間が増えるとき、自分が安心して居られるかということも重要だ。そして、先の見通しがつかないコロナ禍の3年間は、共に暮らすものは互いの生活に対してどこまで関心を寄せあえるかという問いを投げかけた。

　そのどれかひとつであっても疑問が生じて膨らみ、あるいは苦しさが耐えられないほどの限界に達したとき、何が起こっただろう。若い女性たちは夜の繁華街へ流れ出し家に戻らず、2020年は無職者女性の自死が前年比で大幅に増加し、またDVや性被害の相談件数増加は大きな衝撃とともに報じられた（内閣府男女共同参画局，2021）。それはこれまで私的領域に押し込まれ、多くの女性たちが言葉にしながらも無視され続けてきたジェンダー差別が、はっきりと可視化された瞬間でもあった。

　一方で私はある助成金の申請をめぐり、居場所について再考する機会を与えられた。障がいを抱えるLGBTQの人々の暮らしと就労を支援するという趣旨の助成金説明会に出席したときのことだ。申請書は申請団体と代表者名を記載する様式が常だが、そこにある性別欄には男／女の二項しかない。本助成金の趣旨からして変更してほしいと参加者より意見が出された。主催者側は主張を十分理解するとしながら、フォーマット自体は上位機関により定められており変更不可能であると答えた。

　今まで何度となく性別違和を抱える当事者から，社会生活において取り交わされるさまざまな書類に必ずある性別欄をチェックする際の，複雑な感情について聞くことがあった。また，LGBTQ の支援団体で活動する人から聞いた言葉が今も耳に残る。

　　学校や職場など，表面的には所属している場所があったとしても，本当のことは話せない／話さないということは多いです。だから一応所属という意味ではそこに自分はいるんだけど，本当の自分はいないというか。

　私は，これまで生まれたときに割り当てられた性と性自認に変化がなく生きてきたシスジェンダー女性を中心に，彼女たちが体験した多くの暴力被害とその影響から快復していく過程をソーシャルワークという立場から支えてきた。この仕事を始めた1990年代は，暴力被害を過誤記憶として葬り去ろうとする時代でもあった。M・フリッカーは認識的不正義について，聞き手が偏見のせいで話し手の言葉に与える信用性を過度に低くしてしまう際に生じる「証言的不正義」と，自分の社会的経験を意味づける際に，集団的な解釈資源とのギャップのせいで不公正な形で不利な状況に立たされる「解釈的不正義」があるとした。そして前者は信用性の調整における偏見によって引き起こされ，後者は集団的な解釈資源の調整における構造的偏見によって引き起こされると言えるのではないかと述べる（フリッカー，2023）。暴力被害を言葉にしたのが女性であったこと，そしてそのようなおぞましい被害が家庭という安全であって然るべき居場所で起こるはずがないという，集団的な解釈の調整における構造的偏見がまさに作用していたと，今となっては振り返ることができる。

　そこにある現実が，にもかかわらず，あると認識されない不正義。見えない存在にさせられることがどのように人を追い詰めていくのかを長い時間見続けてきたが，LGBTQ の援助をめぐるひとつの場面から，居場所が初めから用意されていない，あるいは構造的に居場所から排除されてしまう人たちの存在に改めて気づかされることとなった。異なる民族や外国ルーツをもつ人，そして迫害を逃れ日本へ辿り着き暮らす人など，居場所をめぐる困難はまだ十分知られていないことが多くあるはずだ。そしてそこにジェンダーという視座を交叉させるときに浮かび上がるものを，この特集では取り上げている。

居場所の乱立と形骸化

　さまざまな被害体験を背景にもち，精神的不調や生活するうえで困難を抱えるシスジェンダー女性が社会のなかで安全に暮らせる場所を作りたい。しかし，精神科病院でソーシャルワーカーとして働いていたが，彼女たちを送り出せる場所

が圧倒的に少ない——それが現在運営する居場所を立ち上げたきっかけだ。医療の枠組みでは，患者をひとりの生活者として診る視点が非常に弱く，その人が生きる世界や本人が大事にしている価値，あるいはそうしたものが創られてきた歴史性に関心を向ける専門職も極めて少ない。再発を繰り返すのは治療のどこかに十分足りていないものがあるからなのだが，何かと言えば患者本人の認知機能が俎上に上げられることが多かった。

　病院を離れ，地域にあるアルコール依存症者を対象とした回復支援施設で3年ほど働いた。精神保健医療分野では，まだ本当に地域の社会資源が乏しかった時代だったが，その必要性が次第に認知され，2000年代になると自治体裁量で次々と新たな居場所作りが始まっていた。

　しかし私がその施設を離れることを決めたのは，職員によるあからさまな女性蔑視（ミソジニー）に耐えられなかったためだ。また当時は，自分のジェンダーや専門職性が彼ら男性職員の当事者性を揺さぶり，男性性を危機に陥れていたことを想像できなかった。施設側と決裂し退職することになった私に，一緒に新しい女性のための場所を立ち上げようと言ってくれたのは，ほかでもないその施設を利用していた女性たちだった。

　次にぶつかった課題は，支援枠組みと財政基盤だ。先述したように精神保健医療分野では，治療や支援の舞台を病院から地域へ切り替える政策を後押しする土壌が徐々に整いつつあった。しかしながらこの流れは，あくまで長期入院が問題視されていた統合失調症の人たちを想定したものだった。そして彼女たち自身にも，自分は精神障がい者なのかという躊躇い，あるいはそのような呼ばれ方をすることへの忌避感が見えた。なぜなら自分に起こった出来事を，ようやく自己責任ではなく被害という文脈で捉えられるようになったばかりだったからだ。障がいされたものは多いが，それは自分が望んだものではない。当時（残念ながら今も），精神障がいという言葉は不治不変で危険というスティグマにまみれていたし，一度つけられてしまったレッテルは二度と外せないのではないかという思い込みも強かった。何度も草創期の利用者たちと話し合いを重ねていくなかで，これまで目を向けられることのなかった困難を抱える女性たちの場所ができるなら，と精神障がいという支援枠組みを施設運営に利用することを決めた。そして，ジェンダーという視座を取り入れながら自分の苦しさと向きあう時間を経て，社会に再び居場所を見つけることを私たちの目標として掲げた。

　トラウマとアディクションの両方を同時並行的に，生活という軸で支援するというコンセプトで立ち上げるとしたら，支援は長期化する。そして居場所の継続性が重要となることも，それまでの経験でわかっていた。また暮らしの場を始めれば，スタッフは24時間体制でフォーメーションを組むことになり，危機介入などさまざまなスキルとともに，食べることを支えるための食事提供も必要となる。多岐にわたる支援内容に応え，求められるスキルを一定程度身につけていくには，支援者自身の意欲のみならず十全に生活可能な所得が保障されることが前提とな

る。そのため財政的には寄付型ではなく助成金事業を選択した。その後，何度か
の制度改変を体験し，現在は「障害者総合支援法」による訓練等給付に基づく運
営をしている。

　これまでを振り返ると，法律が変わるたび居場所の種類が増えるのと反比例し
て機能は限定的となり，利用できる人の条件は狭められていくように感じる。利
用に際して書式さえ整っていれば，支援の内容はテンプレートでよく，都市部で
はコンビニエンスストア並みに地域における居場所が増えた。運営主体の多くは
営利団体で，一方，これまで草の根的に活動してきた当事者主体，あるいはその
親たちが運営してきた居場所は淘汰されていった。支援枠組みが制度として整備
されるほど掲げる理念は形骸化し，柔軟性と包括性を失う。その意味で私たちは
今，これまで選択し，依拠してきた支援枠組みと財政基盤によって逆に縛られて
いる。事業それ自体の先見性やインパクトは見えづらくなり，自分たちの支援を
根拠法の狭い枠組みに落とし込まざるを得ないという体験をしている。

　そして利用者確保のために障がい福祉サービス事業者間が競合するという状況
とは対照的に，困りごとがジェンダー問題のみならず，この社会が抱える構造的
な不平等と密接に絡み合うため，支援枠組みの限界が露呈しているのは，ほかで
もない若年女性への支援である。

Colaboの支援が示したこと

　一般社団法人Colabo（コラボ）のホームページを開くと，簡潔な事業目標とそ
の具体的な支援方法が列記されている。支援対象は主に10代の女性で，さまざま
な事情から居場所のない彼女たちが安心して過ごせる場の提供，食事や生活必需
品の供給や，話を聞くこと，サポートグループの活動に参加してもらうといった
活動を通して，その子がより安定した人との関係や暮らしを手に入れる過程に伴
走するだけでなく，性的搾取や被害に遭うことを防ごうとしている。活動のアイ
コンとしてよく知られていたのが，新宿歌舞伎町の区役所前に停められていたピ
ンクのバスカフェである（一般社団法人Colabo：https://colabo-official.net）。

　　困っている人の一番の困りごとは，「助けて」と言えないことです。

　Colaboはそう彼女たちの状態を言い表す。だから「一緒にご飯を食べよう」と
声をかけるのだという。食事の場面を繰り返すことで，言葉が出てくることがあ
るからなのだが，これは私たちが運営するグループホームのなかで体験してきた
ことと見事に重なる。ただ，グループホームという居場所へのハードルが非常に
高いのに比べ，バスカフェのなかでお茶を飲む，コスメを試すといったずっと敷
居の低いところに支援の形を工夫して用意している。

代表の仁藤夢乃は，児童買春が「援助交際」という言葉にすり替えられ，人権侵害の事実が見えなくさせられていること，そして困難な状況に置かれた少女たちが公的支援を受ける体制が，彼女たちの現実に即していないことの問題を指摘している。児童相談所の一時保護所に措置されると，学校に通えないことが多くなり，行動や所持品に制限が加わることなど，本人の意向や希望が叶わない現実もまた，私たちがよく知ることと一致している。何より仁藤が強調するのは，少女たちは自分の困りごとに気づいていない，また一緒に整理してもらえる人がそばにいない，あるいはその余裕すらもてないことが少なくないことだ。だから，まずは大人たちが彼女たちの声を聞き，彼女たちに責任を押し付けるのではなくこの状況を放置してきた責任を感じながら，社会の問題として声を上げることだとしている（仁藤，2021）。

そのColaboが東京都から委託されていた若年女性支援事業において，2022年夏頃から公金の不正受給をしていたというデマがSNS上に拡散され，バスカフェの事業を一時停止する事態に追い込まれたことは記憶に新しい（小川・安田，2023）。そして2023年度，東京都は若年女性支援事業を助成金事業に変更したため，Colaboは申請することを止めて独自財源による事業継続に踏み切った。その理由を，相談者の個人情報が守られない可能性を危惧してのことだと記者会見で述べている（朝日新聞，2023）。

Colaboをめぐる一連の出来事が示したのは，既存の支援枠組みが機能不全を起こしているということだ。支援のフォーマットに必要な個人情報が，支援を受けるかどうかすら決まらない段階で収集される（しかも集めただけで活かされない場合が少なくない）。また，公的支援へのアクセスはハードルが高いにもかかわらず利用できる範囲が非常に狭い。これでは困りごとを抱える少女たちに支持されないのは，無理もない。そして，彼女たちの判断は残念だが的を射ていると思う。周囲の大人の都合が自分の生活を左右するような環境で育ち，都度その都合に振り回されてきた少女たちは，言葉よりも行動に反応する。大人が自分の言い分にどれくらい応答するかをじっと見ていることは，私も何度となく体験した。こちらの気合いや本気度を確かめられることも多いが，本人がしてほしいことを淡々とすることにしている。しかしこうした支援は，ほとんどが持ち出しで行われる。目立たない地味な仕事だが，誰かが下支えすることを諦めないで続けたからこそ，その先の支援につながることはある。

そして彼女たちからは，既存の支援枠組みだけでなく，私を含めた専門職のあり方もまた，機能不全を起こしてはいないかと問われているように思う。

支援現場のポリティクス

　主宰する法人は，現在も過酷な暴力を生き延びた背景をもつ人の利用が中心である。多くはシスジェンダー女性だが，支援の過程で性自認が揺らぎ変化する人，また自分の性的指向に気づく人もいるなど，抱える生きづらさの形は次々に変化していく。私たち支援者も，これまで名前のつかなかったものに言葉が与えられ，その概要が明らかになっていくたびに学び，現状の理解に役立てていくことが求められる。

　現在の根拠法に準拠している支援枠組みにとどまらず，必要であれば対象者のニーズに応えることを法人のミッションとしているが，支援現場は待ったなしの案件が多く，スタッフたちは目の前のことに追われ中長期的な視点をもつのが難しい。特に，制度の狭間に落ちてしまう事例を前に何もできなかった，あるいはせっかく使えそうな社会資源に繋げても受け入れ先が対象者の言動に反応して契約を切られてしまうときには，徒労感も大きい。援助専門職のなかにもたくさんの思い込みや偏見があるので，いちいち腹を立てていると何より利用者本人を困らせることになってしまう。制度や機関の限界を踏まえつつ，制度の不備に対してどう論理的に発信することが圧力となるのか，また機関に対してはこちらが妥協できる地点を先に開示し，先方と折り合えるよう粘り強く交渉することが必要だ。支援現場ではこうしたポリティクスが非常に重要となる。

　実は事柄を一層複雑にするのが，制度に組み込まれているジェンダーバイアスである。また支援機関における家族信仰は根深く，性別役割分業もそれが当たり前であって，事例における連携会議ではしばしば前提とされてしまう。だから，まずはここから，行政窓口や関係する支援機関に過剰に反応されないように，"静かな異議申し立て"を始める必要がある。並行して，困難を抱える本人のなかに深く浸透してしまった自己責任という罠を外す作業と，今後の希望に向け行動していくエネルギーをチャージする作業を進めなくてはならない。

　だが，さらに気がかりなことがある。多様なメディアを媒介して「権利や福祉への依存」は問題だと晒していき，貧困にある人の暮らしぶりを批判するだけでなく，生活の細部が適切に統制されればその状態から脱出できるはずだとする言説の浸透は，イギリスやアメリカだけで起こっているわけではない。A・マクロビー（2022）は多くのTV番組がこれに加担してきたと述べる。また他の研究を参照しながら，国家による補償やケアの提供の衰退と同時に，レジリエンス，マインドフルネス，自助といった技術がうつ病の人々を仕事に復帰させる方法となり，気づいたときには職業訓練センターに移植されていたという。自己責任と自助努力のイデオロギーに心理学の知見もまた組み込まれ，新たな自己統制の手法として自称専門家が推奨する通りに消費されるのだとしたら，そのとき私たちはどのように声を挙げるべきだろうか。

　現在の日本において困りごとは細分化され，対応する相談窓口や支援が公的機関

から民間へと委託される状況がある。委託先の支援レベルは玉石混淆であり，また包括・継続という視点がもちづらいなど課題も見える。加えて従来のような対面による相談がオンライン相談に取って代わられ，申請書を全てダウンロードし記入後に送信するというシステムを，まずは利用するよう促される。その利便性を享受できない人にとって最大のハードルは，情報収集や利用以前の"アクセス"にある。そうした人が辿るひとつの結末が，ケン・ローチ監督による映画『わたしは，ダニエル・ブレイク』（2016年＝公開／2017年＝日本公開）で描かれている。そこには2人の子どもを育てるシングルマザーも登場し，社会のなかで分断させられる人たちの様子が克明に描かれた。

上野（2015）はいう。ジェンダーは「学問的に中立的」な概念どころではない。むしろあらゆる学知のジェンダー超然性に挑戦する，破壊力と生産力をもった概念だと。そして，今日あらゆる分野で，ジェンダーだけで対象を分析することはできないが，同時にジェンダー抜きで分析することもできなくなったと。現状を変えていくのにはどこから何を始めたらよいか。そう支援現場で専門職に聞かれたら，私は間違いなく「ジェンダーについて知るところから」と答える。後悔しないで現場を支えるには，それしかないと考えている。

文献

朝日新聞（2023）支援，成り立たない Colabo が都の事業内容変更を批判（https://digital.asahi.com/articles/ASR6165LPR61UTIL01H.html ［2023年6月1日閲覧］）.

ミランダ・フリッカー［佐藤邦政 監訳，飯塚理恵 訳］（2023）認識的不正義──権力は知ることの倫理にどのようにかかわるのか. 勁草書房.

アンジェラ・マクロビー［田中東子，河野真太郎 訳］（2022）フェミニズムとレジリエンスの政治──ジェンダー，メディア，そして福祉の終焉. 青土社.

内閣府男女共同参画局（2021）コロナ下の女性への影響について（https://www.gender.go.jp/kaigi/kento/covid-19/siryo/pdf/eikyo.pdf ［2023年6月12日閲覧］）.

仁藤夢乃（2021）少女たちが性犯罪の被害に巻き込まれていく. In：合同出版編集部 編：わたしたちは黙らない──性暴力をなくす30の視点. 合同出版, pp.41-44.

小川たまか，安田浩一（2023）「Colabo バッシング」とは何なのか. 世界 970；70-78.

上野千鶴子（2015）差異の政治学［新版］. 岩波書店［岩波現代文庫］.

新しい現実には新しい言葉を
援助の「言葉」を更新する
信田さよ子
原宿カウンセリングセンター

はじめに

　相談・援助の場面でどのような言葉を用いるか。これは1995年に私設（開業）心理相談機関を開設して以来，一貫して筆者の課題でありつづけている。本稿では28年間の経験にもとづいて，援助対象の拡大，援助のパラダイムの変遷を追いながら，今なぜジェンダースタティーズが必要とされるかを述べたい。

アディクションアプローチから始める

　1970年代の精神科病院での仕事から1980年代のソーシャルワーカー主体の相談機関での仕事までを振り返ると，当時は言葉を選ぶというより，言葉に習熟し活用することに主眼を置いていたと思う。アルコール依存症は当時，精神科医療で避けられてきた疾病だったが，それでも精神科医療の範疇内で用いられる言葉で十分だった。相談機関での仕事は，医療保険適用外だったが，精神科医によるアディクション観にもとづいていたために，それに拠る言葉を使っていればよかった。

　1995年，心理相談機関を開設することは，医療と精神科医からの独立を意味した。業態としても開業精神科クリニックとのバッティングを避けるためにも，相談・援助の理論と方法を脱医療・非医療モデルにもとづいて構築する必要に迫られた。70年代から約20年の臨床経験を精神科医療のフィルターを通さずに振り返ってみれば，アディクションとはさまざまな点でマージナルな問題群であり，医療を超え専門家の枠を超える未開拓で豊かなフィールドであった。そこから導き出された援助論を「アディクションアプローチ」と名づけ，非医療モデルの家族援助論として位置づけた。アメリカ由来のものも含め，新しい言葉の誕生が認められるこのアプローチについて，①から④に分けて説明する。

①本人より家族──AC（アダルト・チルドレン）と共依存
　当時も今も，本人はアディクションを手放したくなくて，周囲の家族が困り果

てるという構図は変わらない。本人は治療・援助への動機をもたない，だから家族を援助対象とするという発想は，現在でも援助の世界において主流ではない。なぜならそれは援助者が考え出したわけではないからだ。日本では，70年代からアルコール依存症の妻たちが断酒会などに集いながらもたらしたものであった。家族の行動変容によって本人の断酒会参加が促されるという多くの事実がその背景にあった。もうひとつの背景は，80年代から広がったシステム論的家族療法の考え方である。家族システムの変貌が本人の断酒をもたらすがゆえに，本人より家族の変容こそが重要な役割を果たすとされたのである。

カウンセリングにおいては，「困っている人は皆本人」なのだ。医療における患者・家族の分類を無効化し，診断名を必要としないこと，これこそ非医療モデルの中心である。今でも多くの心理相談機関が「自分の問題で困った人」を対象とするが，アディクションアプローチは「家族の問題で困っている人」「他者のことで困っている人」も対象とし，幅広い来談者を対象とすることが可能になった。このことは，家族において名前も与えられず困っていた人たちにスポットライトを当てることになった。

昨今ヤングケアラーという言葉によってさまざまな障害や精神疾患を抱えた親をもつ子どもたちの困難さが注目されつつあるが，すでにアディクションの援助領域においては，80年代末から「AC（アダルト・チルドレン）」という言葉とともに，子どもたちが成長してから抱える生きづらさが注目されてきたことは特筆すべきである。もうひとつ，夫の飲酒で困る妻たちに対して，アメリカでは「共依存」という名前が付けられたのである。ACと共依存という2つの言葉は，アメリカのアディクション臨床の現場から双生児のように誕生し，日本に伝わったのちに，独自に進化・発展を遂げたと言えよう。

②「底つき」概念

本人の意志で飲酒行動をコントロールすることはできない。酒に対して意志の力でなんとかしようとするセルフコントロールの放棄が回復のキー概念となる。このような意志への疑義は今でもそれほど変わってはいない（國分，2023）。もちろんこの発想も，自助グループに集うアディクション本人たちの体験にもとづいている。

コントロールできないとすれば，本人を現実に直面させて「底をつくこと（hit the bottom）」を待つしかない。飲み続けて死ぬか，それともやめて生きるかという極限状態に置かれれば，そもそも死にたくて飲んでいるわけではないのだから，本人は生きるために断酒をするはずというものである。

ここで重要なことは，もともとはアメリカのAAミーティングで酒をやめているメンバーが，「自分が酒を飲まないでいられるのは，あのとき底をついたからだ」のように，自らの体験を遡及的に語ったことに由来している点。現在から遡及されたナラティヴにおいて構築された概念だったものが，いつのまにか「底

をつかせれば酒をやめられる」という方法論的仮説に変貌したのだ。そこには酒をやめさせる方法を切望していた家族や援助者の存在があっただろう。「底をついたから酒が止まっている」という語り（ナラティヴ）から「底をつかせる」という援助技法を生み出したのは援助者たちであり，それが孕む死のリスクは考慮されていなかった。

　当時，家族への介入（Family Intervention）によって本人が来談することを「本人登場」と呼んでいた。ソーシャルワーク的なアプローチによって，金銭的・身体的限界に直面させ，カウンセリングの場に登場させる。そこから回復の途につかせる方法は一種の技法として位置づけられ，研修なども行われた。しかし底をつくというギリギリの極限状態は，援助希求につながる福音にもなるが，一方で生命が危うくなる死のリスクも孕んでいる。

　このような背景から，アメリカでは90年代から，薬物依存症・薬物犯罪の専門家によって動機づけ面接法（Motivational Interviewing）が提唱された。やめる・やめないという二極ではなく，動機にはいくつもの段階があることが前提となっている。2000年代に入ってから日本でもその影響を受けて，底つき概念は忌避されるようになった。しかし，ギャンブルなどのアディクションの場合，生命を失う死のリスクは低いこともあり，家族介入の方法として有効ではないかと思う。それ以外にも，「本当は息子にカウンセリングに来てほしいんですが」という訴えを伴う引きこもりや親への暴力の問題にも応用可能である。

　底つき概念は今でも，強制力が行使できない場合に，さまざまな局面で活用できる援助の仮説ではないかと思う。

③イネーブリング──援助の有害性

　「可能にすること（enable）」を意味するこの言葉は，もともとは底つき概念にもとづいていた。二日酔いで仕事を休む夫に代わって妻が欠勤の理由を捏造して会社に電話をするといった行為は，夫が飲酒の結果に直面する機会を奪う。このように夫を助けるつもりが，結果的には底つきのチャンスを奪ってしまうというパラドクスをいう。妻の愛情と思いやりは，解決されるべき夫の問題を残したまま，妻がいなければ生きられないまでに夫を無力化していく。このような手厚いケアが本人を回復から遠ざけてしまうことは，アディクションだけではなく，介護やその他の援助にも共通するのではないか。いわば「援助の有害性」を示しているとも言えよう。

　たとえば，子どもの問題行動（不登校など）に困っている母親へのカウンセリングにおいて，イネーブラーやイネーブリングという視点でとらえると，今後の母親の行動変容の方向性が見えてくることもある。筆者が現在オンラインで実践している「子どもの問題で困っている母親のグループカウンセリング」では，イネーブリングという言葉を直接使用することは少ないが，行動や発言を新たに提案する際に大きな役割を果たしている。

本人が担うべき責任を他者（家族）が解除してしまうことが，「本人のために」という愛情から出た行為として正当化されてしまう。幼児ならまだしも，自分の行為の結果責任を周囲が肩代わりして，苦痛や困難を「あなたのために」消去してしまうことは，本人が自分でそれを担う力を削ぐことになる。

　イネーブリングという言葉は，共依存という言葉の母胎でもある。憎しみ合いながら離れない関係を指す言葉として用いられることが多いが，筆者は共依存を「ケアすることで相手を弱者化することによる支配」と定義している（信田，2023）。外部からは賞賛されるやさしさに対して，ケアのもつ対象への支配性と，ケアすることでもたらされる他者支配の快楽を指摘したのが共依存概念である。母の愛がなぜ苦しいのか，ケアする男性がなぜ問題含みの女性とばかり付き合うのかについても説明するイネーブリングは，共依存概念の鍵となる。

④自助グループの重要性──当事者主導

　当事者が集い今日一日アディクションをやめることを積み重ね回復していく姿から，専門家は多くのヒントを得てきた。医師たちが研究・治療のエビデンスを重ねる以前から，当事者が自ら生き延びるための自助グループを先行してつくった。この当事者主導こそアディクション援助の特徴である。アディクションの疾病概念も，自助グループの協力なしには定式化されなかった。底つきやイネーブリング，タフラブといった言葉を生み出したのも自助グループであり，専門家はいわばそれらを「剽窃」することで援助方法を模索してきたのである。

　現在も，アディクション臨床の世界において自助グループの果たす役割は重要だとされる。しかし医療への包摂を意味する「治療の柱」として位置づけられるとすれば，大きく後退したと言わざるを得ないだろう。

　おそらくそれは，精神医学そのものがエビデンスと方法論にその重点を移行してきたからではないだろうか。もちろん臨床心理学も例外ではない。80年代に一部で共有された「専門家無力」（斎藤，1984）という視点が，当事者主導による専門家の敗北を標榜していたことを忘れたくはない。

　自助グループへの専門家の介入は禁忌であり，相互に独立を認め合うことが基本とされた。そのような自助グループと専門家との緊張関係は，今どの程度自覚されているのだろう。

　90年代から2000年代初頭にかけてのアディクションカルチャーともいうべきさまざまなムーブメント（ACや共依存など）は，SNSを通したつながりの先駆的な表れだったように思う。また自助グループの多くで実践されている「言いっぱなし・聞きっぱなし」という方法は，従来のグループカウンセリング（ST（Sensitivity Training：感受性訓練）や分析的グループなど）とは大きく異なり，フェミニストカウンセリングで誕生したCR（Consciousness Raising：コンシャスネス・レイジング）やオープンダイアローグの「対話実践」と重なる部分がある。筆者の実践する2時間のグループカウンセリングでは，前半は「言いっぱなし・聞きっぱ

なし」の方法を取り入れており，それを「自助グループオリエンティッド」と呼んでいる。

2000年代初頭から登場した当事者という言葉（中西・上野，2003）に倣えば，自助グループを「当事者の，当事者による，当事者のための」グループと言い換えることもできよう。今では当事者研究という新しい動きが，既成の学問研究を更新するものとして発展し続けている。近年の研究（綾屋，2023）によれば，当事者研究の源流として，AAなどのアディクションの自助グループが挙げられている。振り返ってみれば，まさにAAは当事者たちが生き延びるために集ったことから誕生したのであり，当事者研究の源流とされることで新たなスポットライトが当てられることになるだろう。

ACを起点とした展開──家族における権力構造

「現在の自分の生きづらさが親との関係に起因すると認めた人」というのがACの定義であるが，端的に言えば「親からの被害者である」と自認した人たちのことを指す。アルコール依存症の親をもつ人たちは，親からさまざまな支配・暴力を受けてきたのであり，90年代の日本で子ども虐待への認知度が高まる一翼を担ったとも言えよう。このように外来語の内包を膨らますことで，日本独特の意味付与を行ってきたのである。

しかしACという言葉は，1996年以降，流行語のように広がったことで多くのバッシングや批判にさらされることになった。その理由はおそらく，親の加害性を指摘し，いくつになっても親の被害者という自認を許容する点，つまりイノセンスの承認にあったと思う。筆者もACに関する著書（『「アダルト・チルドレン」完全理解』（信田，1996））を上梓したことで，家族のタブーを破る内容によって解放された人々からの歓迎と，従来の家族像を損なうとする批判の両方を経験することになった。ひとつの言葉がここまで大きな反響を呼ぶことに驚くと同時に，親の権力を揺るがすことが秩序紊乱にも等しいことを体感した。

今に至るまで，親のことが好きだ，尊敬するのは親といった言葉は，通行手形として機能している。しかし家族の中で女性や子どもが激しい暴力を受けていたことを一番よく知っていたのが，アルコール依存症の援助者たちだったのではないだろうか。酔った父の暴言・暴力は，ACの人たちの生育歴に必ず登場した。その中には，性虐待も多かった。80年代から何人もの女性クライエント（時には男性）から性虐待の話を聞かされてきたのである。その人たちは，口をそろえて精神科医や心理士に話しても信じてもらえなかったと訴えたのである。

70年代から「家族の暴力」は子どもから親への「家庭内暴力」しか存在しなかった。親からの暴力，夫からの暴力は「暴力」と呼ばれることはなかったのである。DV・虐待という言葉によって，家族は暴力に満ちていることが公的に認め

られるには，2000年の虐待防止法・2001年のDV防止法の制定を待たなければならなかったのである。しかし，アディクション臨床では家族の暴力はいつも前景化する問題としてありつづけてきたことを強調したい。AC概念は，そこに家族の構造，親子の権力構造という視点を付与する大きな役割を果たしたのである。

コロナ禍がもたらしたもの──変化の加速化

　2020年のコロナウイルス感染拡大に始まるこの3年間をどう表現すればいいだろう。人と近づくことによって生じる感染の恐怖や，外出時に必需品のマスクをいつも携行することに，私たちはいつの間にか慣れていった。それを非日常の日常化と呼びたい。

　インターネット上の動画サイトで1.5倍，時には2倍の速度でドラマや映画を視聴する人が増えているが（稲田，2022），コロナ禍における家族は倍速で変化したように思える。長年不穏だった夫婦の関係は一気に悪化し，なんとか耐えてきた女性は夫との離婚を決意し，アルコール依存症の男性は飲酒量が増大し入院した。しかし倍速で見てもドラマの結論は変わらないように，クライエントの家族に何か新しいことが起きたわけではない。潜在していた種が一斉に芽吹き葉を広げたのだ。

　ドラマの倍速視聴によって，細部よりあらすじのほうが浮かび上がるように，家族の変化の加速化は，歴史と構造に対する解像度を上げた。どうしてこうなったのか，今後どうなっていくのか，という流れがくっきりと浮かび上がったのである。来談した女性たちは不平等や理不尽さに満ちた現実に直面し，選択や決断を迫られることになった。

　ミクロな家族で起きたこのような変動は，外部からはよきことをなすと思われている組織・集団における権力の行使に対する異議申し立てとも連動している。支援団体におけるセクハラ，社会運動内部における性暴力，映画の製作現場における性暴力などが，コロナ禍において次々と告発された。もちろんそこには＃MeToo運動の影響もある。

　また数値には表れていない暴力や虐待の増加，教育現場における不登校児童の増加や，子どもたちのゲーム・ネット依存の深刻化などもある。これらは子どもたちの問題であるが，一方で毎日そこに暮らしている家族の問題と連動しているという視点が必要だろう。

「個人か社会か」というパラダイム

さて，このような社会的俯瞰的視点で表現することを，臨床心理学は禁欲してきた。おそらくそれは，臨床心理学の歴史における1970年代の経験が大きいだろう。日本臨床心理学会は，政治的社会的な視点から精神障害をとらえることで，臨床心理的営みや専門性がもつ権力や加害性を糾弾し自己批判した。当時の精神医学における医局解体などの運動ともそれは連動しており，結果的に学会は分裂した。このことが理事であった臨床心理学者たちにとって，社会的事象や事件を扱い言及することへのアレルギーとなったのではないか。それらを乗り越えて1982年に日本心理臨床学会が誕生したが，暗黙裡に心理臨床的営みの対象を個人およびその内界に限定することが共通合意になったのだと思う。フロイトとユングを双璧とする理論的バックボーンでしか，心理臨床家としてのアイデンティティは構築できなかったのかもしれない。近年それを変化させようとする動きが生まれているが（東畑，2020），それでもまだ臨床心理学の界隈では個人か社会かをめぐってのジレンマを強調する人たちが多い（山崎，2021）。

臨床心理士養成課程で学ぶ臨床心理学の基本になっているのは，普遍的な人間像であり，「こころ」，「心」，「心理」はひとしくどの人間にも当てはまるとされる。そこでは普遍性や平等性が無謬のものとして信じられており，それを前提として積み上げられた理論や技法を学ぶことが心理職・援助職の養成課程の骨子となっている。しかし本稿で述べてきたように，夫婦や親子にまつわる常識や標準的あり方から漏れ落ちる現実があまりに多いことが明らかになり，その流れはコロナ禍によってさらに加速化されつつある。家族における不平等，暴力，抑圧，支配だけでなく，組織・集団におけるハラスメントも明るみに出されることになった。被害者・加害者という言葉もすっかり日常に溶け込んでいる。きわめて個人的な事柄の中に不平等や非対称的関係が埋め込まれていることを前提としなければならなくなった。それも，援助者が先行して発見したのではなく，当事者からの告発やカウンセリング場面での発言を通して，援助者たちが触発されたり言葉を収集しながら明らかになってきたのである。これからも，クライエントと援助者が協働（コラボ）することで差別や不平等が浮かび上がり，それらを意味として内包する言葉が生み出されることになるだろう。

おわりに

ひとつの言葉は，それが前提としているパラダイムを明らかにする。このようなメタ的視点がなければ，その言葉のもつ権力性に対して援助者は無自覚になってしまう。たとえばパーソナリティ障害という言葉に対して，それを与えられたクライエント（当事者）はどのようにとらえるのかという想像力をもつことが，

援助者の反省的実践となるだろう。

　今，心理職・援助職に要請されているのは，心的現実や内的世界だけでなく，リアルな世界における加害・被害，そして権力性に向き合うことである。そもそもジェンダーという言葉は，多くの言葉が「男性仕様」だったことを明らかにした。さらにBLM（ブラック・ライブズ・マター）によって黒人差別とフェミニズムの交差性（インターセクショナリティ）が明らかになり，現在ではトランスジェンダーをめぐる差別の問題も争点となっている。普遍性・人間一般という言葉によって排除されてきた存在（女性もそうだ）に敏感になること，それこそ援助の基本ではないだろうか。

　パンデミック以降の世界を見据えたとき，臨床・援助・相談支援の現場の言葉を更新する必要があるだろう。言葉には耐用年数がある。世界が変わるとき言葉も時に古びて使い勝手が悪くなる。新しい意味の容器としての言葉は，おそらく当事者たちから発出されるのではないだろうか。援助者や専門家はその声に敏感でありたい。その点で女性たちの当事者学として出発した女性学，そして言葉におけるポリティクス（権力関係）に注目することを柱のひとつとしてきたジェンダースタディーズこそ，私たちにとって必要な知ではないだろうか。新しい現実には，新しい言葉が必要だ。

文献

綾屋紗月（2023）当事者研究の誕生．東京大学出版会．

クォンキム・ヒョンヨン 編著［影本剛，ハン・ディディ 監訳］（2023）被害と加害のフェミニズム——#MeToo以降を展望する．解放出版社．

稲田豊史（2022）映画を早送りで観る人たち——ファスト映画・ネタバレ：コンテンツ消費の現在形．光文社［光文社新書］．

國分功一郎（2023）目的への抵抗．新潮社［新潮新書］．

中西正司，上野千鶴子（2003）当事者主権．岩波書店［岩波新書］．

信田さよ子（1996）「アダルト・チルドレン」完全理解．三五館．

信田さよ子（2023）共依存——苦しいけれど，離れられない［新装版］．朝日新聞出版［朝日文庫］．

斎藤学（1984）嗜癖行動と家族——過食症・アルコール依存症からの回復．有斐閣［有斐閣選書］．

東畑開人（2020）平成のありふれた心理療法——社会論的転回序説．In：森岡正芳 編：治療は文化である——治癒と臨床の民族誌（臨床心理学増刊第12号）．金剛出版，pp.8-26．

山崎孝明（2021）精神分析の歩き方．金剛出版．

討議 抵抗の言葉
ジェンダースタディーズ 2022-2023

平山 亮
大阪公立大学大学院文学研究科

大嶋栄子
特定非営利活動法人リカバリー

信田さよ子
原宿カウンセリングセンター

時の名において
──ジェンダースタディーズ2022-2023

大嶋 東京大学の熊谷晋一郎さんに代わって2021年から『臨床心理学』誌の編集委員に加わることになって，これまで2つの特集を担当してきました。1回目に担当した特集は「トラウマ／サバイバル」[註1]。ケアを受ける人のサバイバルにトラウマがどのように輻輳していくのかという問いから，これまで臨床心理学でも多く論じられてきたトラウマに対して，ほぼ論じられてこなかった角度のアプローチをしました。そして2回目の特集が，「ケアの声を聴く」[註2]です。当時スポットライトが当たっていたケア論に留まらず，ケアを拒否する権利，あるいはケアを望まないことを保障する権利も見落とさない形でアプローチしました。そして3回目にあたる今回，満を持して，信田さよ子さんとの共同編集体制でジェンダー論を手がけることになりました。

なぜ今，ジェンダーなのか──東日本大震災が起こった2011年，阪神淡路大震災が起こった1995年と並んで，2022年は同じくらいメモリアルな1年になるという直観に導かれたところがあります。では，2022年はなぜメモリアルな1年になるのか──ひとつには，COVID-19というパンデミックの余波が依然続いていたことが挙げられ，もうひとつには，剥き出しのジェンダー不平等が可視化されたという意味においてです。パンデミック直後から，女性の自殺や女性への暴力が全世界で

同時多発的に起こっていたことは，私の耳にも届いてきました。もちろん今までにもあったことだし，誰もが気づいていたことでした。パンデミック以前は隠匿されていた諸問題でしたが，パンデミックに伴い「ステイホーム」が求められ，家事労働のアウトソーシングが困難になるなかで露呈し，その負荷がすべて女性だけに不均衡な形で覆いかぶさってきた。ドメスティックな領域では暴力も多発し，かといって逃げ場も行き場もなく，女性の自殺者数は増加していった……この事実は内閣府の調査からも明らかです[註3]。

　このとき同時に，女性だけでなく男性も苦しんでいるという声も届くようになりました。マジョリティ男性とは相容れない「インセル（Involuntary Celibate：Incel）」と呼ばれる男性たちの言説もそのひとつです。私自身，苦境に立たされた女性たちより男性たちの言説のほうが脚光を浴びてはいないだろうか，という疑念がずっと消えませんでした。さらに2022年はロシアによるウクライナへの軍事侵攻も始まり，こうしたすべての動きを包括的に理解することはできないけれど，ある種の危機感が蔓延しているこの時期だからこそ，複合的視点からジェンダーを考えようとしたのがこの特集です。

　信田さんと相談して平山亮さんをお招きしたのは，『介護する息子たち』[註4]でも書かれているように，母との関係を語ってきた娘たちの物語は数多くある一方，男性（父・息子）についてはあまりにも語られてこなかった事実を考えてみたかったからです。男性にとってケアとは無条件で与えられるものであり，男性はケアのネットワークのなかで自分が生かされているという特権を，それと自覚せずに享受している。誰もが気づいていながら明言しない，このケアとジェンダーの非対称性をどう考えればいいのか——平山さん，信田

さんと共に討議したいと考えています。

問われる男性性
——言説の公開性と隠蔽性

平山　お声がけいただいた経緯を伺って大変光栄に思います。ただ，日本の男性性研究のなかで私は主流の立場にいるとは思っていません。日本の男性性研究で一般的に知られているのは男性学ですが，私は日本の男性学に対して批判的な立場にあると受け止められていると思います。それがなぜかについて，最初に少し説明させてください。

　日本の男性学は，男性としての経験を男性自身が内省し，言語化してきました。なかでも「男性はかくあるべし」という規範が，男性のものの見方やふるまいをいかにがんじがらめにしているかを，当事者として分析することに優れた成果を上げてきました。それについて私が批判的に見てきたのは「女性だけでなく男性もまた規範に抑圧されてきた」という語り方です。特に，「男性“も”」という語り方によって，ジェンダー研究が焦点としてきた不均衡が曖昧にされる可能性はなかったのか。そこに懸念を抱いています。男性が規範による抑圧——それはしばしば「生きづらさ」として語られますが——を経験していることは虚構ではありません。ですが，「男だってつらい」「男だって大変だ」という言説自体が男性の特権的位置の維持に加担することはないのか，そして，「男の生きづらさ」を社会構造に原因帰属する説明が，構造的な性の不平等を告発してきたフェミニズムと本当に同じものを目指していると言ってよいのか……そこに私の興味があります。

　大嶋さんと信田さんが書かれた討議の趣旨文には「言葉に埋め込まれたジェンダー構造」を問いたい，とありましたよね。その問いが，

「現在ポピュラーになっている男性についての語り方が，性をめぐる権力関係の何を覆い隠してしまったか」に関心を抱いてきた，私自身の問いと重なりました。

大嶋 平山さんの問いは非常に鋭いですね。ある言説を投じることによって，言い表わされることだけでなく，言い表わされないこと（隠蔽されること）が生まれる。だからこそ自分の放った言葉がどう読まれ，どういう影響を与え，同時にそれによって何を見えなくしているのか，ある言葉を発するときには自覚と責任をもたなくてはならないことに気づかされます。

信田 大嶋さんから画期的な特集の共同編集に誘っていただいて，臨床心理学界隈ではジェンダーについては想像以上の「ガラパゴス化」が進行しているのではないかと思うようになりました。第4波フェミニズムの時代と言われる今ですが，臨床心理学は第2波フェミニズムとも無縁に，ジェンダーなき普遍的人間観を基盤として，個人の内的世界構造を考えてきたところがあります。実際，内的世界だけを見ていれば触れずに済むものってありますからね。

しかし視点をふっと外に転じると，2022年はコロナ禍による社会の矛盾が露呈し，それに加えてウクライナ侵攻が始まった激動の年でした。ただ，よく考えてみれば，激動とはいえ決して一気に起こるわけではなく，すべては深い部分で徐々に，虎視眈々と起こりつつあったのだと思います。今後，コロナ禍が収まりかけた時期に問題がふたたび顕在化することだってあるでしょう。だからこそ，この特集が多くの人に読まれて，問題意識が臨床心理学の世界で少しでも共有され，臨床心理学を営々と積み上げてきた人たちにもインパクトを与えることを願っています。

先ほど平山さんから，ある言説が生まれる構造，ある言説が組み立てられるプロセスについての指摘がありました。それを聞きながら，被害者や女性を巡る言説について思ったことがあります。たしかに臨床心理学はトラウマという視点で被害を認識する地点までは到達したけれど，ではトラウマ被害者が語る言葉に埋め込まれたものを"本当の意味で"考えることができているのか，という疑問です。1970年代や1980年代の世界観がいまだに根深く残っており，一方で21世紀的価値も提起されている。今後の世界の予見不可能性も含めて，それらすべてが入れ子構造を成して同時に存在しているのが現実というものですよね。もしかしたら一番賢い方法は，複雑な世界構造から目を背けて，「人間はいつの時代も変わらない」という中立的姿勢を維持することかもしれない。とすれば，残された問いはどうなるのかと思うのです。

男性を巡る言説も例外ではないですよね。トランスジェンダーを巡る議論，歴史ある男性学，平山さんのおっしゃる異端の男性学，そして弱者男性論もあり，それら一切を切り捨てて既成概念を疑わないマッチョな男性論だってある。多様性というにはあまりに雑多で，位相を異にするハイブリッドな現実を包括的に理解するなんて土台無理な話で，ハイブリッドをハイブリッドのままに提示して思考すること——まずはそのこと自体に大きな意味があるんじゃないでしょうか。

大嶋 男性加害者プログラムを例に取ってみても，グループワークに参加する男性たちのなかには，パートナーとの関係を修復したいと思う人もいれば，数は少ないけれど裁判所のオーダーで来る人もいたり，別居中の子どもと会うための条件を動機にする人もいる。ただ，私にはいつも気にかかっていることがあって……それは，グループに参加している男性たちの多くは，これまで自分がケアされるこ

とを自明視して疑問を抱くことさえなかったのに，本人としては突然「加害者」の烙印を押された気持ちになっているのかもしれない，そういった男性たちが自ら男性としての優位性・加害性に気づくように運んでいくのは至難の業だろうということです。

信田 ある意味では，加害者プログラム全体の目的がそこに集約されるわけですよね。プログラムを運営していると，男性加害者のこの上なく貧困なナラティヴが浮き彫りになります。彼らはグループワークでさまざまな体験を語るのですが，そのナラティヴはパターン化されていて，自分の感情・経験を表現する語彙が極端に少ない。おしゃべりはするのですが，そこに感情言語は乏しいわけです。平山さんが研究されている「介護する息子」たちの貧困なナラティヴとも重なるポイントですよね。

　私はずっとDV被害者女性のグループにも携わっていますが，大嶋さんは被害者女性たちと生活も共にされています。彼女たちは自分たちの表現できなかった膨大な経験を言語化するために悪戦苦闘します。既成の言語では言い表せず，そんな言葉の不在を補完するために，必死に考え抜いている姿に何度も出会ってきました。しかしあの苦闘と葛藤が男性にはまったくと言っていいほど見られない。とすればあの貧困なナラティヴは，女性たちのような切実さがなくても生きていける特権の表れではないかとも言える。

大嶋 そうですね，最低限の事実関係を説明する人はいるけれど，その後がなくて，それだけで終わってしまうというか……

信田 「男の生きづらさ」という言葉が，今では男性たちが自分の苦しみを表現する言葉として取り入れられはじめています。でも加害者プログラムに参加する男性たちは，なぜかこの言葉を取り入れていない。たぶん回避して

いるものがあって，それと加害者男性たちのナラティヴの貧困さは通じ合っていると思います。

失われた声を求めて
──言葉の誕生と延命

信田 一方で，被害者が自分自身を語る言葉のほうはどうだろうか，「トラウマ言説」というある種のドミナント・ストーリーに回収されてはいないだろうか，とも思います。

大嶋 江原由美子さんは『ジェンダー秩序』[註5]のなかで，あたらしい言葉は，ひとたび行き渡って浸透するとパターン化され，やがて当初の効果が薄らいでいく運命にある──だからこそ呻吟する人々のかすかな声を聞きとり，その声を新たな言葉や実践に結びつけていかなくてはならない──と述べています。被害者言説も例外ではなく，形式的なナラティヴに回収されていく側面は否定できないでしょうね。

信田 ある時期「エンパワメント」という言葉が流行していましたが，臨床現場ではあまり使われなくなりましたね。「被害者をエンパワメントする」ことが支援だと語られていたけれど，いつのまにか消えていった。私自身は自分のポジショナリティ（立場性）をいつも考えますので，援助者の優位性や権力勾配を考えたら，エンパワメントという言葉を使う気になれませんでした。あの言葉には，貧弱な援助力を正当化してくれる免罪符のようなところがあったのでしょうか。

大嶋 「レジリエンス」という言葉もすっかり使われなくなりましたね。「反跳力」という自分の内側から復活しようとする力を指していたレジリエンスという言葉が，いつの間にか「育てる力」に変換され，やがて廃れてしまった……臨床現場に身を置く立場としては，支

援者が多用すると言葉が劣化していくこの現象を自覚しなければならないですね。

平山 言葉を発するということも含め、あらゆる行為の意味は、行為するその人には還元できません。例えば、私たちが自分の経験したことをどんなに言葉を尽くして語ったとしても、他の誰もが「それは嘘だ」と見なしてしまえば、この社会では私たちはそれを経験していないことになってしまう。つまり、言葉が言葉として成立するかどうかは、発する側ではなくむしろ受け取る側の責任が大きいんですよね。それが言葉でありメッセージであると受け取る側が認めない限り、言葉が発せられたという事実さえ「なかったこと」にされてしまう。私たちは「○○ってふつうそういうもの」という規範を含めた「構造」を参照して、自他の行為を解釈します。その意味で、語られた言葉を正当なものだと受け止めてもらえるかどうかは「構造」に左右される。女性被害者の経験も「男の生きづらさ」の経験も、かつてはいくら語られても「そんなものは実在しない」「あなたの気のせいだ」と、むしろそれらを無化するような「構造」があったと言えるでしょう。それらの経験が現在になって「よく耳にする」ようになったのだとしたら、経験の言葉を正当に聞く「構造」、それを参照するとその経験が正当なものだと解釈できるようになる「構造」ができあがってきたからでしょう。

信田 なるほど。すると男性たちのナラティヴがたとえ貧困であったとしても、「男の生きづらさ」という定型として受け手にもそれなりに受け止められるようになった証ということですね。では、受け手によって受け止められることを想定すれば、語り手も自ずと新たな言葉を使用できるようになるのでしょうか？ 昨今、男性による被害者的言説が増えてきている印象があって、それらが山のように発せ

られるのは、ある意味ではホモソーシャルな男性の受け手が想定されているから……ということになりますか？

平山 それは大いにありうると思います。被害者としての男性の言説を聞き取ってもらえる可能性と期待があるからこそ、それを口にできる男性も増え、そういう言説は量産される。

ただ、先ほど大嶋さんは、男性たちにはフォーマット通りの言葉の次に来る言葉がないともおっしゃっていました。それは社会の標準言語が、いかに男性の立場を前提につくられているかを意味していると思います。それを使いさえすれば誰もが注意を払い、聞いてもらえるのが社会の標準言語ですが、男性が人に聞いてもらえるように経験を語る言葉は、社会がいくらでも用意してくれていた。自分の経験を語ってくれる言葉はいくらでも見つかるし、標準言語はマジョリティ男性を前提につくられているので、そこにフィットしない経験をすることが、少なくとも女性の場合よりはずっと少なかったのだと思います。自分の経験を語り、聞き届けてもらうための構造がつねにすでに用意されている、という特権です。男性にとって言葉をつくり出す必要性、しかも、誰かに聞き届けてもらえるような言葉の発し方を一から組み立てないといけない必要性に迫られることは、女性に比べて圧倒的に少なかったのではないでしょうか。

とりわけ、加害する男性についての説明は、定型化されています。「暴力性をインストールされているがゆえに"ついつい"荒っぽくなってしまうのだ」「"思わず"暴力的になってしまうのだ」と、「男らしさ」に帰属させる説明のフォーマットが用意されているんです。それを使えば周りも何となく納得してしまうし、むしろそれをわざわざ言わなくても「男ってそういうものだから」と理解してもらえるので、「どうしてそんなことをしたのか」

という説明を自ら必死にひねり出す必要もなかった。だから、型通り以上の説明を求められると口ごもったり口を閉ざしたりする……彼らのナラティヴの貧困さも、ある意味で必然的ですよね。

零れ堕ちた男たちのささやき
──アディクションと言葉の運命

大嶋 思えばアルコホーリクス・アノニマス（AA）のメンバーがまさにそうでした。今から50年ほど前、アメリカから日本に少しずつメッセージが運ばれはじめた頃、アルコホーリクスであることは秘匿すべきもので、当然それを語るためのフォーマットも用意されていませんでした。ずっと語られなかった自らの体験をメンバーたちがぽつりぽつりと語りはじめ、体験の語りは少しずつ豊かになっていった。マジョリティにあらかじめ用意されていた言葉とは異なるフォーマットで自分の体験をどう語れるのか、AAメンバーたちは男性も女性も、12ステップを経験しながら試されていたんだと思います。

信田さんと同じように私にとっても、アディクション臨床は人生のターニングポイントで、それはメンバーたちのあの体験の語りに魅かれたからです。はじめてAAミーティングに行ったときは衝撃を受けました。中年男性がこんなにも自分のことをしゃべるのかって。仕事で出会う男性の言葉でもなく、医療機関で耳にする男性精神科ドクターの言葉とも違う、フォーマットのないメンバーたちの体験談は、とてもインパクトがあって、まぎれもなく新たに生まれた言葉だった。

信田 精神科病院のアルコールのグループに参加してみると、男性入院患者たちはまるで酔っぱらっているように話すんですよね。しらふではとても話せないのか、飲んで愚痴を言っているように話す彼らの語りには、驚きもしたけれど強く魅了されました。そして、1970年代半ばの精神科病院で彼らが語る内容の多くが戦争体験でした。小津安二郎の遺作になった映画『秋刀魚の味』（1962年＝公開）には、駆逐艦の元艦長・平山周平（笠智衆）と海兵だった坂本芳太郎（加東大介）が偶然再会し、軍艦マーチのかかるバーで戦時中の思い出にふけるシーンが登場します。あの映画のように、当時まだ戦争体験が生々しかったでしょうし、ホモソーシャルな男性集団のなかで共有できた数少ない話題が戦争体験だったのかもしれません。

一方で、『依存症』[註6]にも書いたように、学生運動が一世風靡していた当時、マイクをもって演説する学生たちは皆、「我々は……」と言いながらも自分の言葉なんてもっていなくて、カール・マルクスやレーニンの言葉、要は上から降りてきた言葉を話していたのです。だからあれほど流暢に演説ができたのでしょう。そんな学生たちとはまったく異なる言葉を使用していたのがアルコール依存症の男性たちで、社会規範から零れ堕ちてしまった彼らの語りに、私はすっかり魅了されてしまったんです。

大嶋 起承転結がない語りも多く、いつ始まっていつ終わるのかよくわからないし、話は行ったり来たりする。突然自分の子ども時代に話が飛ぶこともあり、過去に行ったり現在に戻ったりして、ぷつんと話が終わってしまう……でも確かに何かが話されたという感覚だけが残されるんですよね。

私は1990年代に精神科臨床を始めたのですが、当時は統合失調症のグループもなければ語る場もなく、食事をして、入浴して、あとは寝るだけといった入院生活を送っていて、患者たちの言葉はまったく聞き届けられていませんでした。そのなかでアルコール依存の

人たちだけが言葉を使うグループだった。統合失調症の人たちの退院支援を志して精神科病院に入職して3年目，依存症専門病棟担当になってからは，世界が反転するような日々でした。

信田 私はそれより10年ほど早く，断酒会が隆盛していた時期から精神科に勤めるようになりました。AAが日本で活動を始めたのもその頃で，断酒会とAAの語りは当時からまったく違っていた。1980年代の半ばからカウンセリング機関に勤務したのですが，なかなか断酒できなかった人たちが，自助グループに通ってお酒をやめはじめる姿に接するようになりました。すると，その人たちの使う言葉が変わっていくことに気づいたんです。

特にAAに通っている人は「語尾」が変わるんです。「それでね，俺，映画館に行ってね……」と，なぜか語尾に「ね」を過剰に付けるようになる。あれって男性性を脱ぎ捨てようとした名残りだったんじゃないかって，今になって思うんですけど。一般に男性は語尾に「ね」とは付けない，そこで敢えて「ね」という語尾を使うことで，男らしさにこだわってお酒を飲んでいた過去の自分を乗り越えようとしていたんじゃないかって。私はあの語りを聞いたとき，「ああ，この人たちって，語りのフォーマットから変わっていくんだ」と思いました。自助グループの先行く仲間たちから，語りの内容というより形式を受け継いで模倣していく……それがAAの男性たちの語りでした。

それに比べると断酒会の語りには感動がつきものでした。起承転結もあれば「オチ」もある。悲惨であればあるほど感動も深まるのです。大阪の断酒会に参加したときは，おなかの皮がよじれるくらいの笑いもあり，ほろっとするような話もあって……

大嶋 ただ，断酒会は妻＝パートナーも例会に参加していることが多く，断酒会でお酒をやめた夫＝パートナーへの感謝をなかば強要される感じがあって，日本社会のヒエラルキー構造を象徴している部分は否めないですよね。そしてパートナーのグループの宿泊型研修に私のような専門職がご一緒すると，昼の言葉とは異なる本音，いわば「夜の言葉」が語られる。これでは夫＝パートナーが断酒をしても，しらふになってパワーを家庭で行使するようになり，今までは酔っていることをエクスキューズにしてきた不均衡を，パートナーの彼女たちは正面から受け止めざるを得なくなる──そう思ったら背筋が凍る思いがしましたね。

信田 断酒会員のなかにはこれまでのやり方を変えようとする改革派もいますが，断酒会は伝統的な家族の構造を巧みに利用して断酒に導くシステムで，だから良くも悪くも日本社会の縮図ですね。断酒会の大会に参加すると，会員の妻がエプロン姿で迎えてくれて，夫が断酒の体験発表をする傍ら妻はうなずきながら聞いている。「夫が酒をやめていてくれるから，今の幸せがある」という妻の語りは，おそらく今でも変わっていないのではないでしょうか。絵に描いたような感動的な断酒ドラマが共有される断酒会のほうが肌に合う人もいることはたしかでしょうね。

大嶋 家父長制のようなヒエラルキーで安定する人，そうではなく個としての自分というのがピッタリくる人もいて，それぞれ自分に合う場所を見つけていくのだと思います。ただ私は，女性依存症者の多くが女性であることに起因する苦しみに対する自己治療的手段としてアルコールを使いながら生きてきたと思っています。だからようやくそうした呪縛から離れようとしているのに，ふたたび自助グループのなかで母・妻・娘といった女性役割を背負ってほしくないなと感じています。

信田 1990年代前半，私が東京の長谷川病院でアルコール依存症の患者さんに毎週教育プログラムを実施していた頃，彼らが最も苦しそうな顔をするテーマが，AC（アダルト・チルドレン）の話でした。酔っぱらって暴力を振るった妻がどれほどのトラウマを抱えるかを話しても全く響かないのですが，飲酒問題が与える子どもへの影響を説明すると，顔がだんだん下を向いて，それはもう本当につらそうな表情を浮かべるんです。あの表情を思い出すたび，子どもに対する思いの真摯さと同時に妻に与えた影響への無関心を考えさせられます。

抵抗の言葉
——更新のリトルネロ

平山 ここまでお話を伺いながら，言葉を受け取る側の役割や責任について考えさせられました。AAミーティングで繰り出される語りには起承転結がないということでしたが，そういう起承転結のない語りに魅かれた大嶋さんや信田さんのような聞き手がいて，語りとして受け止めてくれたからこそ，もしかしたら「意味不明な音声」としか扱われなかったかもしれないAAメンバーの語りも，言葉として存在できたわけですよね。

このお話から私が思い出したのは，大学の授業で，その担当教員だった上野千鶴子さんがおっしゃっていたことです。「女性学を始めたとき，女性の経験を語るための言語それ自体も発明しなければいけなかったけれど，同時に，その言葉を受け取るオーディエンスも育てなければならなかった」と上野さんはおっしゃっていました。先ほど信田さんがおっしゃっていた，語尾に「ね」を付けながら話す男性のお話からは，語りを細かく区切ることで，発した言葉を確実に相手に伝えようと

する必死さみたいなものを感じました。そうやって経験を必死に言語化し，伝えようとしたとしても，それを言葉として認め，聞き取ろうとしてくれる聞き手がいないと，経験を共有するシステムは成立しないですよね。

言葉はまず言葉として認められ，繰り返し使われない限り，言葉としては存続しえないんです。ただし構造に抵抗する言葉は，そもそも言葉として認められること自体，難しかったりもする。構造を前提にしたときに，言葉として理解可能になるものだけが言葉として認めてもらえるようになるのだとしたら，その構造に合わない「抵抗の言葉」，構造に合わせようとしない「抵抗の言葉」は，そもそも言葉とすら認めてもらえない可能性があります。

ただし「抵抗の言葉」は既存の構造のもとではいっさい不可能なのかというと，必ずしもそうとはいえないですよね。言葉を換骨奪胎しながら使いつづける，という抵抗もありえるからです。既存の構造のもとで言葉として承認されているものを使うことで，言葉としては聞き取ってもらいやすくなりつつも，その言葉を，もともとの使い方とはズレた使い方をする。そうやって使っているうちに，元の言葉とは似て非なるものとして流通させてしまう。言葉としてまずは認められ，でも，オリジナルとは異なったかたちで繰り返し使われていくことを通して，既存の構造のもとで，その構造に本来順応していない言葉が生まれ育つことはありえます。

いずれにしても非定型の経験を語る言葉は，それが経験を語っている言葉だと認めてもらえること，そして言葉として使われるようになるところまでいくのが大変です。

大嶋 たしかに，語り手も何かを説明した気持ちになり，受け手もわかった思いがする言葉というものがありますよね。

信田　既成概念をひとたび換骨奪胎した言葉が「抵抗の言葉」でありつづけるには，絶えず更新しなければならないということですね。臨床現場の言葉は絶えず更新されていくから，そういう意味では私たち，少しは良い聞き手になっているんですかね……？

平山　間違いなくそうだと思います。臨床家たちは良い聞き手となって，「抵抗の言葉」がそういう言葉として生まれ育つためのシステムを作り上げてきた。そうでなければ非定型の経験を経験として共有するためのシステムはいずれ終焉を迎えますよね。

大嶋　自分より20歳ほど若いスタッフと仕事をしていると，このフィールドで10年近いキャリアがある人でも，コロナ禍の3年間は通所のデイケア利用者とも距離が離れ，チャット機能で隣室と交信することも多くなり，ノンバーバルな接触が激減しました。語りを聞き取るための問い方や，答えが返ってきた後に次の問いを投げ返すことが不得手になって，良い聞き手が育たなくなってはいないかと密かに危惧しています。

信田　生身の身体なら入ってくるはずの豊穣な情報が限られ，情報の質と量が限定されてしまったわけですからね。

平山　書かれたり語られたりした言葉ではなく，目線の動きや仕草といったノンバーバルな何かをその人の意思を表すものとしてキャッチするには相応の訓練が必要ですが，その訓練の機会がコロナ禍によって寸断されてしまった……

大嶋　リアルな出会いのシーンが微増するなかで訓練の機会も復活するかもしれませんが，場所を超えたオンラインの気軽さや良さにも慣れ，リアルを絶対視する必要もなくなりました。リアルなら立ち止まって聞き取ろうとすべきタイミングが，オンラインでスルーされる場面に立ち会うと，オンラインでそれを

どう伝えたらいいのか迷ってしまいます。

平山　おそらく受け手からのフィードバックが鍵ですね。それにも関連して，先ほどの語尾の話，あれは自分の語りが相手にどう聞かれているか，そもそも聞いてくれているかを確認する言葉でもあったのではないでしょうか。非マジョリティ男性として恐る恐る語ることを余儀なくされてきた男性参加者は，語尾に「ね」と付けて確認しながら，聞き手からのフィードバックをもらって，こんなふうに語っても問題なさそうだ，という確証を得て，それにより語りを続けられる。オンライン会議では，「それでOKです」という意思がそのような意思としてすぐにわかるように，オフラインのときよりもオーバーに頭を動かして一所懸命にうなずいてみせたりしますね。あれはきっとフィードバックがなければ言葉が停滞することを直感しているからこそですよね。

信田　一方，自助グループの「言いっぱなし聞きっぱなし」は，直接的なフィードバックが遮断されるなかで語り，ほかの人はただそれを聞いているというシステムです。極めて特異なこのシステムは，オンライン化によってより純化されてきたのではないかと思っています。

　実は，コロナ禍以降，これまでファシリテーターとして運営してきたグループカウンセリングを全部オンラインに切り替えたんですね。心配もありましたが，やってみたら前よりずっと運営しやすくなったんです。服装も履いている靴も，身長もわからず，上半身に着ている物と，うなずきと表情しか見えない。画面上に等面積に配置された姿を見ながら自覚したのは，私がその場で生まれる非言語的要素を敢えて「ネグレクト」する臨床をしてきたこと，グループに生じる仕草や雰囲気を意図的に捨象し，言葉だけを捉える言語中心の方法を採ってきたことです。

ただ，それがあるタイプのクライエントにとっては楽だったりもするんですね。言葉以外の動作がどう見られているのか不透明であることが，グループでの安心感につながる人もいます。逆にそのつどフィードバックがないと不安になる人にとっては過酷な場になりますから，グループに定着できなくなる人もいるのかもしれません。

大嶋 最近，トラウマの語りを聞くオンライン・ミーティングの機会があったとき，それはもう見事なまでに，一斉にぱたぱたっと全員の画面がオフになったことがありました。きっとトラウマの語りから派生する非言語情報を受け取りたくなかったんですよね。

平山 相手から受け取ったり，相手に伝わったりする情報のコントロールがしやすいオンライン環境が心地良い人もいますが，非言語サインが使えないと意思を伝えられない人もいるでしょうね。例えば重度要介護状態の高齢者は，意思をまったく表示していないわけではない。「これをしてほしい」「これはしてほしくない」と言葉では伝えていなくても，嫌なことをされたらぎゅっと目をつぶったり，顔を背けたりすることはあります。意思表示というと，言語による意思表示をイメージしやすいので，重度要介護状態の高齢者は，意思を示すことが一切できないかのように思われることもありますが，ケア提供者のなかにはそういう非言語サインも高齢者の意思表示としてキャッチしようと頑張っている人がいます。逆に言えば，それを意思として受け止めようとしなければ，その人の意思は示されていないこと，示された意思など「なかったこと」にもできるということです。

好むと好まざるとにかかわらず，コロナ禍が非言語サインを制限する状況をもたらしたとすれば，言語的コミュニケーションが難しいという意味で「言葉なき人」の意思が勝手に読み替えられたり無視されたり，という暴力も加速します。非言語サインに依拠するしかない人の人権が，ますます脅かされる時期だったと言えそうです。

沈黙に耳を澄ませて
──静寂と夜の言葉

大嶋 まさにコロナ禍，家庭に居場所のない多くの子どもたちが家の外へ飛び出していったことは今でも忘れられません。誰からもフィードバックがなく，信頼できる人とも出会えず，大変な孤独感と閉塞感だったはずです。2021年4月に内閣府が公表した「コロナ下の女性への影響と課題に関する研究会報告書」を見ると，18歳女性と50代無職無業女性の自殺者数，この二極が飛び抜けていることがわかります。

信田 あの二極は雄弁で，逃げ場のない16〜18歳の女の子が2階の自室で死を選ぶ光景が浮かんだりもしました。女性たちの生活を支援している大嶋さんには，どのような光景が見えていましたか？

大嶋 主宰するNPO法人では住居（グループホーム）を提供していて，週2回，当直を担当しています。ある当直の夜，グループホームの入居者が夜中に突然，「いいかげんにしろ！」と大声を上げたことがあったんです。重度のトラウマを抱えていると夢を見ながら叫び出すこともあって，まさにそんな場面でした。彼女たちにとって眠れない夜とはいかなるものか，その一端を垣間見た瞬間でした。

信田 言葉を失ってしまう圧倒的リアリティですね……

大嶋 重度のトラウマを負った彼女たちは夢で叫ぶほかない，「言葉をもたない人たち」なんですよね……

信田 それも，昼の言葉ではない「夜の言葉」。

大嶋　そうですね。臨床場面のような非日常の環境で生まれる言葉もありますが，私が聴き取っているのは，日常のなかにあって零れ落ちてゆく言葉，私たちが耳を澄まさなければ聴き取れない小さな言葉たちです。

信田　私の場合，個人カウンセリングやグループカウンセリングという特殊な状況において思わず発せられた言葉を受け取っている。言葉が生まれる環境は大きく異なるけれど，どちらも日常言語の「外」という点で共通していますね。

大嶋　実は今，NPO法人で運営してるカフェで月1回，困窮する女性たちに100食のお弁当を手渡すプロジェクトを始めているんです。ところがいざ始めてみると，ただ黙って手渡し，黙って受け取る，そこに言葉はひとつもないという，とても不思議な時間になっています。ここまで言葉がないことには何か意味があるのだろうと思いながら，しかし1年間ずっと状況は変わりませんでした。お弁当を受け取りに来る人がどのような気持ちなのか本当のところはわからないのですが，言葉を交わすことで張り詰めていたものが崩れるような恐怖があるのかもしれません。言葉だけでなく目線も合わさない彼女たちに，だから手渡すこちら側も安易に言葉はかけられなくなります。きっと本当はここに来たくなかったけれど，やむを得ず来ている，だからこその「沈黙」じゃないかと……

平山　手渡す側も試される時間ですね。無言に耐えられなくなりそうになりながら，最後まで沈黙を保てるかどうかという……

大嶋　私もプロジェクトに立ち会ったことがあって，お弁当の説明をしながら手渡していたのですが，同じようにしている人は誰もいませんでした。思えば，声をかけた言葉から緊張感や緊迫感が伝わることを避けていたのかもしれません。彼女たちのバックグラウンド

はさまざまで，単身女性も，シングルマザーも，高齢女性もいて，夫の分も持って帰る方もいらっしゃる。SNSでは「ありがとうございます」「久しぶりにお肉を食べました」といったコメントが寄せられますが，現場にはぴんと張りつめたような沈黙が支配していて……おそらく彼女たちは言葉をもっていないわけではなく，言葉を発することによって生まれるものを躊躇しているんです。

　主催団体の担当者によれば，あえてコミットメントを薄くすることが，彼女たちの尊厳を保ちながらお弁当を持ち帰ることにつながるというんですね。私も経験が浅いうちはセオリーに従っていたのですが，サービスを続けるうち，「このままでいいのか」という疑問が湧いてきて，今は別の方法を模索しているところです。

平山　言葉をかけるのは一般に，人を人として遇すること，ある種の尊厳を守る方法と考えられていますよね。ですがここではむしろ，言葉をかけずコミュニケーションを最小限にすることで相手の尊厳を守ろうとしている……目からうろこが落ちるような発想の転換です。

大嶋　その代わり会場では，いつもコーヒーが淹れてあったり，ほかに無料で持ち帰れるものも置いてあって，という工夫もなされています。お弁当だけをもらいに来ることを，きっと躊躇する人もいるから。ちなみにアメリカの教会ではよく，日曜日にホームレスのための食堂が開かれていて，「今日も天気がいいね」くらいの挨拶と，食事の説明を添えたりしていました。ただ黙って持っていくだけでは手渡す側も苦しい，でも声をかけないほうがいいのかもしれないという葛藤もあって，一歩踏み出すにはどうしたらいいのかはかなり難しい判断ですね……

信田　直接関係はないかもしれないけれど，私，カウンセリングでクライエントに泣かれてし

まうことがよくあるんです。そのときちょっと焦って何か言わなくてはならないと思うけれど，何も言えなくて，言葉をかけないことしかできない。介護士のように専門のトレーニングを受けた援助職だと，とっさにティッシュを差し出したり，「大丈夫ですか？」と言いながらそっと体に触れたり，ケアをしていることを示す定型行動もあります。でも私の場合，実際は困っているけれど，結局そのままにしておくことが多い。にわかに言葉にならないものがそこにはあって，それを私が確かに受け取った，そのことをそのまま伝えることにはなるのかなって。

侵すべからざる領土
――家族のポリティクス

大嶋　ここまで私と信田さんから実践現場の光景をお伝えしてきましたので，ここで話題を転じて「ジェンダースタディーズの知見は実践現場を制約するのか？」という平山さんのご質問に応えてみたいと思います。

　　　残念ながら，ジェンダースタディーズの成果がそこまで実践現場に定着しているとは言い難いのが実情です。制約どころか，目の前にいる人がどういう社会や現実を生きているのかもっと考えるべきではないかと思うくらいで……

平山　この質問を事前にお伝えしたのは，ジェンダースタディーズの知見が，実践現場における個別の事例への理解を妨げることはないのか，と思ったことがあったからです。例えば，ジェンダースタディーズのなかには社会的行動の性差についての研究があります。よく言及される「男性は女性に比べて助けを求められない」といったことを示す研究がその例です。こういった性差に関する知見は，あくまで傾向に関する知見であって，男性なら

誰も彼もが助けを求められないわけではない。また，同じ男性であっても，場合によっては助けを求めるのをいとわないケースがあることがわかっています。だから，ある文脈で，ある男性がどういう行動をとりやすいかは，そういう全体的な傾向とは必ずしも一致しないことが往々にしてあります。しかしながら，「男性とはこういう行動をとりやすいもの」という知見を学ぶことによって，そのような知見に当てはめるかたちで個別の男性を理解してしまったり，というような，そういう意味での実践現場での制約が生じることはないのだろうか，というのが私の疑問です。

信田　臨床心理学の場合，「男は助けを求められない」ではなく，「この人のパーソナリティでは助けを求められない」というように，ジェンダーが捨象されて一般化・個別化される傾向がありますね。

平山　なるほど……逆に振り切れていますね。

信田　だからこそジェンダーの視点をより一層，実践に取り込まなくてはならないと思います。心理職には生活の場に踏み込まないという限界と「特権」があるから，生活の場に入っていくソーシャルワークや介護とはまた事情が違うのかもしれません。

大嶋　「男は助けを求められない」といった過度な一般化は，「良い介護者」と言われる方に多い印象があって，援助者本人の意志とは無関係に，ジェンダー規範を再生産する側に回ってしまうこともある。介護現場で，女性に母や娘の役割を過度に期待する「無垢な援助者」に出会うと，何とも言えない気持ちになります……

平山　実は，先ほどの私の質問も介護の現場をイメージしたものでした。私は家族を介護している男性についての調査研究をしてきました。その途中で支援者が，周囲の人と関わろうとしない男性介護者に出会ったとき，「ど

うしてそうなってしまうのか」を理解する際に，「男ってふつう『助けて』と言えないものだから」という，よく言われる「男らしい」男性像が直ちに参照される，という場面に遭遇したことが何度かあります。助けを求めることに関する性差といった，ジェンダースタディーズの知見を学んでいるがゆえに，それが解釈の枠組みとしてすぐ出てきてしまう。それにより，そのようには必ずしも解釈できないかもしれない個別性が，見えにくくなってしまう。だから，臨床心理学の現場でも同じようなことが起こっているのかどうか気になっていました。

大嶋 臨床心理学では，ジェンダーへの強い感度がない代わりに，ジェンダー規範を過度に押し付けることもなく，あくまで目の前にいる人の個別性にまなざしが終始する印象です。

　ちなみに私は10年ほど大学の社会福祉学部で「ジェンダーとソーシャルワーク」という講義を担当してきて，そのときは学生たちの常識をことごとくひっくり返してしまって（笑）。すると「先生，私が今まで学んできたことは何だったんでしょう？」と相談されることがあって，「今まで学んだことは試験には出題されるから対策はきちんとしておいてね。でも，これからみんながフィールドに出たら，きっと私が話していることがリアルだってわかるよ」と応えるようにしています。そしてこんなふうに問いかけています——「大学にいるうちはリアルを感じなくてもいい『特権階級』にいられるけれど，フィールドに行けば必ず『特権階級』から突き落とされて，価値観の転換の渦に巻き込まれる。そのとき，みんなは誰の側に立ちますか？」。

平山 お二人の話を伺っていると，臨床実践の現場には新たな言語を受け入れるための土壌みたいなものがあり，実務家はこれまでにはない言語を何とか受け取ろうとする構えをつくっているのではないか，という印象を抱きます。にもかかわらず，ジェンダーに関する言語に対しては，どうしてそこまで受け入れ態勢ができないのか，逆に疑問に思えてきます……

信田 そもそもアディクションを専門にしている心理職は現在でも少数ですし，どこか「異端」なんです。被援助者の言葉を既存の臨床心理学的なフレームワークにあてはめるほうが主流派だと思います。主流派にはそもそもジェンダーという視点はなく，普遍的人間＝個人を基盤としています。その非ジェンダー的姿勢が無効化されるのは，やはり家族という場ではないでしょうか。夫婦や親子という役割が前景化する家族に対しては，ジェンダーへの感度を高めなくてはとても対処できない。ところが臨床心理学では，家族というフレームを外して，ケースを個人化して対応しようとする傾向が見られます。

　障害の社会モデルという考え方がありますよね。個人の内面ではなく個人と社会の接地面からケースを見るべきだという議論は，臨床心理学でも深まりつつあるけれど，私にはちょっと違和感があるんです。社会というマクロの単位と個人というミクロの単位の間にある，家族という中間項を考慮しなければ，妻＝パートナーの苦境も，息子や娘たちの苦悩も，まして虐待やDVも考えることはできない。にもかかわらず臨床心理学ではなぜか家族という枠が除去されてしまう……これはどうしてなんだろう？

平山 精神分析では，父・母・息子・娘といった家族の用語が多用されますよね。

信田 精神分析の用語は精神内界を抽象化した概念系で，現実そのものを反映してはいないという前提があるんですよね。あくまで過去の経験における父であり母であって，今ここで展開されている現象のなかにそれら過去の

親子関係の痕跡が反復されている，というのが基礎理論です。もちろん一部は当てはまるけれど，現実の家族とは距離があるし，家族のなかにジェンダー不平等があると見るのは自己の内的世界の反映であって，そこに葛藤（コンプレックス）があるから今ここにジェンダー不平等を見てしまうという論理に還元されるわけです。

最近，精神分析の若手臨床家と交流する機会が何度かあって[註7]，彼らも臨床家としてはDV・虐待にも現実的に対処しているのに，その準拠する理論には不思議なほど反映されていないんですよね。今の家族の問題，今ここで起きている暴力や支配や抑圧に対処する言葉を，精神分析自体に見出すことは難しいのかもしれません。

平山　「プライベート（私的）な領域で問題が起きるのは，プライベート（個人内）に問題があるからこそ」という強固な信念を感じます。ただし，家族を社会の一部と見なさない傾向は，めずらしくはありません。家族のことを一手に引き受けている女性たちが，家庭以外の場所で仕事をして初めて「女性たちが『社会』進出した」と言われるのなんて，その最たるもののひとつですよね。家族は社会には含まれない，という前提を置かない限り，「女性の『社会』進出」という概念は成立しません。

家族の関係のなかで起きていることを，社会全体と繋げる視点に関しては，私たちが今語っている見方とは逆向きの見方のほうが，むしろよく使われているかもしれません。例えば，「しつけがなっていない家庭が多いから，社会がおかしくなっていく」みたいな言説は，社会の「原因」を家族に求める，という視点での家族と社会の繋げ方ですよね。こういう繋げ方をするのが好きな層も，無視できないほどいるでしょう。「家族の絆」みたいなものを，憲法に書き込みたがったりする。

社会のマクロな構造が家族のなかでも何かを引き起こしている，だから，家族という領域で起きている何かは，家族以外の領域で起きている何かとも通底している，みたいな見方は，臨床家のあいだに限らず，割とマイナーなのかもしれません。例えば，大学の授業に対して学生さんが書いてくれるコメントを読んでいても，そう思うことが少なくありません。18歳，19歳になるまでに「家族は社会から独立していて，社会の他の領域とは異なる論理で動いている」という見方をしっかり育んできているんだな，ということを感じることは少なくありません。

信田　そんなふうにイメージされる家族って，一体どういう家族なんでしょうね？

平山　通常はセーフ・ヘブン（安全な避難先）となるべきものこそが家族，というイメージです。支配や不平等っていう言葉はもちろん知っているし，それが良くないことだとも思っているけれど，そういうことはあくまで家庭の外で起きている。支配や不平等といったことから無縁であり，また無縁であるべき家族というものを標準にしていると感じます。

信田　つまり，家族がポリティカルな集団であるという認識がない。

平山　そうですね。ただ，それにまったく感づいていない，ということもないと思います。例えば，家族をテーマとする授業では，信田さんのご著書を紹介することがよくあります。そうすると「うちはそんなことはないです」「うちのお父さんはそんなひどい人ではないです」と，信田さんが書かれているような家族のあり方は自分の家族のなかには微塵も見られない，と必死に主張するコメントが見られます。「あなたの家がそうだって言ったわけじゃないのに……」と，こちらが戸惑うほどの必死さからは，家族を支配や不平等の用

語で語りたくない，あるいは語ってほしくないという強い拒否感が伝わってきます。同時に，自分の家族関係のなかにも思い当たるふしがあって，でも「そんなことはない」「決してそんなはずはない」と，自分で自分に必死に言い聞かせているようにも思えてしまうんです。

いずれにしても「家族のなかの権力関係なんて，聞きたくない」というコメントのほうが数としては多いです。もちろん，「自分が理不尽に思っていたことを，きちんと言葉にしてもらえて救われた」といったコメントもちゃんとありますが，支配や不平等といった用語で自分の家族を考えることへの拒絶反応が，若い世代にも強固にあるんだな，ということを実感させられます。

信田 そういった家族観とジェンダー意識はどのような関係にあるのでしょう？　家族を論じることには抵抗するけれど，ジェンダーという言葉は受け入れる学生も多いのでしょうか？

平山 「男の生きづらさ」は結構すんなり受け入れられますね（笑）。

大嶋 そうか，なるほど……！

信田 これは笑っちゃうね（笑）。

幸福への情熱は現実の砂漠に
──知の効用

平山 私が以前お世話になった先生が，女子大での授業では，女性にとっての就業問題を説明するよりも，「男の生きづらさ」をテーマにしたほうがずっと関心をもってくれるんだ，と自嘲気味に話されていたことがありました。私自身もゼミの学生の発言から感じたことがあるのですが，女性の学生が女性としての自分の大変さについて終始語るのは，自分勝手だと思っているのではないか，と。男性の立場の大変さをきちんと理解し，男性のつらさ

に寄り添って話そうとしているのがわかるし，男性への配慮抜きにジェンダーを語ることへの抵抗みたいなものを感じることがあります。男性の学生が，男性としての大変さや男性ゆえの理不尽な経験をひたすら語りまくるのと対照的です（もちろん，私に介入されることになりますが）。江原由美子さんが『ジェンダー秩序』のなかで，性別分業とは，女性というカテゴリーを「他者の必要あるいは欲求を満たす手助けをすること」と強固に結びつけるパターンのことだ，と明快に定義されていましたが，ジェンダーについて考え，議論するという実践のただなかで，そういう性別分業が再生産されている，と見ることもできます。

大嶋 夢は専業主婦と言われる時代ですからね。「ジェンダーとソーシャルワーク」を受講していた学生に，どうして専業主婦になりたいのか聞いてみると，「私はそんなに頭も良くないし，キャリアを追求していくタイプでもない。お金はたくさんいらないから，彼と2人でささやかに暮らしていけたらそれでいいんです」と言うんですね。すかさず「でもね，パートナーが自分より先に死なない，暴力をふるわない，失業しない，少なくともこの3つの条件が揃わないと専業主婦は維持できないんだよ」と伝えたら，「そんな夢のないこと言わないでください」とさみしそうに言われてしまいましたが……

専業主婦だった母親がロールモデルになっているらしい彼女に母親の話を聞いてみると，自分の母の介護をするなど，随分と重いケア労働を背負っているんですよね。自分の家族はジェンダー平等だと言っていた学生たちも，話を聞いていくと内実が明らかになって，学生本人も徐々に困惑していくことはよくあります。きっと本当のことを知りたくない，コンシャスネス・レイジングに苦しむ学生もい

るんですよね。

信田 1980年代の日本に第2派フェミニズムが届いたとき，女性のコンシャスネス・レイジングに強く抵抗した人々がいましたが，ひょっとするとあの一群と同じようなメンタリティを内面化しているのでしょうか？　とすれば，自分の家族の理想化という「まどろみ」から覚めるには何が必要なのか……

大嶋 知ることを恐れているとすれば，真実の後ろ姿が見えているからですよね。

信田 おそらくそうでしょうね。先日，かつて私のクライエントだった女性の娘が孫を産んで，そこからまた新たな問題が起こって，オンラインのカウンセリングを再開したことがありました。そこで彼女は「私は大きな幸せは望んでいません。結婚して普通でありたかっただけです。だから子どもにも普通でいてほしい」と言うんですね。孫の男の子は数字への感度が高くて，時計を見ては「2時が来る，時間を止めて！」と言うくらい時間に縛られて，幼稚園でも手を焼いているらしい。そこまで話すと彼女はさめざめと泣きながら「どうしてうちの子は普通じゃないんでしょう？」と言うわけです。普通を望みながら結婚して子どもを産んで育てる，あの「普通への情熱」はどこから来るのか，不安の裏返しということとなのか……

平山 「幸せである，とは普通どういうことか」という，幸せについての規範ないしはフォーマットがあって，その規範に適合している状態でない限り，自分が幸せだと感じられない，ということでしょうか。

大嶋 フォーマットから逸脱した途端，自分をどう規定すればいいのかわからなくなる。一方で，もしかしたら自分はフォーマットに収まっていないかもしれない，ということには気づいている。先ほどのクライエントの場合，経済的にも満たされて住居も安定していると

いった環境的側面に加え，家族間の情緒的関係もそれなりに安定していたから，ある水準までは「幸せな家族」のフォーマットに沿っていた。そこに突然，「幸せな家族」のフォーマットに収まらない子ども（孫）が誕生して，この現実にどうフィットしていくべきかという深い問いが始まっているわけですよね。

信田 いっそのこと個人と社会を完全に切り分けてしまえたら，社会のことは誰かが考えてくれて，「常識」という名のマジョリティの価値観に乗った個人の安全は保たれるかもしれない。ただ現実には，家族は社会と地続きでジェンダー不平等や権力構造が浸透しているから，いつ安定が揺らいでも不思議ではない。ジェンダースタディーズは，家族の安定という仮象がつねに揺らぎのなかにあることを暴くから，たしかに耳を塞ぎたくもなる。でも，かりそめの世界を揺るがせ現実の直面化へいざなうからこそ，ジェンダースタディーズが求められると私は思っているんです。

ジェンダースタディーズは「猛毒」か？
──受容と危機

信田 ところが，ジェンダースタディーズが援助実践に与える影響を考えてみると，事態は結構複雑です。DV加害者臨床も被害者支援・ケアもジェンダーを考慮しなければ対応できないのですが，虐待への対応はジェンダー視点がなくてもある程度までは可能でしょう。ハラスメント問題もジェンダー認識を必須としないところがあります。パワーハラスメントやアカデミックハラスメントとセクシュアルハラスメントやモラルハラスメントが並列されるからです。それによってジェンダーにかかわりなくセクシュアルハラスメントやモラルハラスメントの加害者になりうるという論理に回収されてしまう。脱ジェンダー化の

リスクをはらむことになります。

　DV，虐待，ハラスメントを並べてみると，ジェンダー構造にふれなくても対応できる領域もありますが，私としてはDVこそが家族の臨床の基本だと考えています。それは，DVにはありとあらゆるジェンダー問題が凝縮されているからです。ところが，虐待やハラスメントへの対応は声高に喧伝されるようになった一方で，DV問題は臨床心理学の界隈でずっとネグレクトされている気がして……DV対応へのスタンスは，それぞれの臨床家のジェンダー意識を炙り出すところがあるんじゃないでしょうか。

大嶋　ソーシャルワークはそもそも家父長制を実践の基準枠にしているから，ジェンダーを問うことは根本を問うことになって全く仕事にならない。でも，問わなければ家父長制に加担することになるというジレンマもあって……NPO法人を始めたのも，自分の信念を貫こうとしたことが大きかったですね。

信田　アディクションの現場で出会ったソーシャルワーカーは家父長制を問うスタンスの人たちばかりだったけれど，それがソーシャルワーカーの総体ではないことは後から知りました。

　ただ，ジェンダー視点を認識すればそれで事足りるかというと，それによって生まれる別の問題もあります。たとえば男性精神科医の場合，自分は構造的優位にあるシスジェンダー男性で，医者という社会的地位ゆえの権力を自覚しているという発言のあと，「ではそういう自分がどう振る舞っていけばいいのか」と，急に被害者ポジションに立つ回転現象も見聞きします。被害者ポジションに身を置く以前に，権力を背負った自分を問うという最重要プロセスが完全に飛んでしまっているわけで……まずは粛々と苦しい作業に着手していただきたいと思います。

セラピストからクライエントへのハラスメントが起きたときも，ジェンダー問題としてそれが認識されず，面接における境界設定といった援助技法や面接構造の問題に還元されるケースもあって，そもそも何か大切な視点が欠落しているように思えてならない。

平山　臨床現場にジェンダー視点が入ってこようとした時に巻き起こる戸惑いや拒絶といった反応にどう取り組んでいくべきか，というのは重い課題ではあります。一方で，ジェンダースタディーズは本来，そういった反応をされるべきものではないか，とも私は思っているんです。逆に，ジェンダーについての自分の語りがスムーズに受け入れられたり，大いに賛同されたりしたとしたら，何かやばいことを言っている可能性はないか，と慎重になるくらいのほうがよいのではないかとも思っています。

　ジェンダースタディーズが明らかにしてきたことは，とりわけマジョリティとして生きてきた人にとっては，自分たちの足元を揺るがすような恐るべき発見だったり，自分の立ち位置に対して批判の刃を突き付けてきたりする内容になりうるはずですよね。にもかかわらず，ジェンダースタディーズの名の下に放たれている言説があっちでもこっちでも受け入れられているのだとしたら，その言説がマジョリティの有するアドバンテージを実質的にほとんど傷つけることがないからかもしれない。そういう意味で，既存の支配体制にとって都合のよいスタディーズになっている可能性があります。

　近年の日本では，ジェンダースタディーズへの関心が高まっています。その分野を専門としている人間としては喜ぶべきなのかもしれませんが，正直なところ，何か間違ったことをしているのではないか，と落ち着かなくなることのほうが多いです。ジェンダースタ

ディーズがポップに消費されるのは，マジョリティにとって大した「脅威」にならない，口当たりのよいスタディーズになっていることを示唆しているかもしれないからです。クリティカルなジェンダースタディーズというよりも，クリティカルなことを言っているように見えるスタディーズ，あるいはクリティカルなことを言っているように見せるのがうまいスタディーズになっている可能性はないだろうか，という落ち着かなさです。

信田 もしジェンダースタディーズが「脅威」でありつづけているとしたら，まだ「希望」はあるということですね。

平山 そうですね。もちろん誰にとっての「脅威」なのかにもよりますし，マイノリティに対して「脅威」になる言説がフェミニズムの名の下に放たれることもありますから，「脅威」でありさえすればよい，ということでもないですが。

　現在，国外の男性性研究に関する主要な論文を翻訳してまとめた翻訳論文集を準備中なのですが，そうした論文に共通する姿勢として明らかなのは，構造の変動に見える現象を安易に変動として語らない，という徹底した慎重さです。というのも，国外の男性性研究が明らかにしてきたように，性をめぐる不平等な構造は，それが表面的には「変わった」かのように見せることで，時代の変化にうまいこと適応しながら生き延びてきたからです。

　性に関する一見「新奇的」な現象が見出されると，構造的な性の不平等が変わりつつある兆しのように説明したくなる誘惑にかられることは，私たち研究者も含め，しばしばあります。でも，それを構造の変動として説明してしまうと，実はほとんど変わっていないものを曖昧にし，性の不平等の延命に加担してしまうことがある。

　翻訳論文集におさめた論文が，超高齢社会における男性性や，プロフェミニストの男性の増加といった「新奇的」な現象を扱いつつも，それがいかに既存の構造の再生産に繋がっているかを執拗なまでに論じているのは，その著者たちが「性の不平等が変わることなんてない」と絶望しているからではないと思います。不平等の維持に繋がりうるあらゆる「芽」をしらみつぶしに探しあて，不平等が維持されかねないプロセスを徹底して明るみに出そうとすることで，「今ある不平等を絶対にこのままにはしない」という意志と，ラディカルな変動への「希望」を，むしろ必死に繋いでいるのではないかと思います。

　先ほども申し上げた通り，ジェンダースタディーズへの関心はますます強くなっているように思います。また，ジェンダースタディーズをひとつのスタディーズとして立ち上げたフェミニズムに対して，肯定的であれ否定的であれ，自分はどう考えているかを言おうとする人，言わないといけないと思っている人は，増えてきたように感じます。その意味では，ジェンダースタディーズは，受容されつつあると言って良いのではないかと思います。

　一方で，受容されているからこそ危機が訪れている可能性もあります。というのも，これもまた先ほども申し上げた通り，構造的に優位な者たちにとって，その優位をほとんど傷つけないものに換骨奪胎されつつあるか，すでにそうなっているからこそ受容されている可能性も捨てきれないためです。そういう換骨奪胎を，私たちジェンダースタディーズの担い手自身が知らずに行っている可能性もあります。

　もちろん，その受容は，社会のなかで性の平等という価値観が広まっているからだ，と希望をもって見ることもできます。でも，少なくともそれを，執拗に疑ってかかるくらいの慎重さは，維持し続けるべきではないかと。

実際，先ほどお話しした論文集の著者たちは，歴史的に見てそのような慎重さがいかに不可欠かを示しているわけですから。受容されていることを危機の兆候と疑わなくてはいけないのは，ジェンダースタディーズの宿命なのかもしれません。

大嶋 そういう意味では30年以上，ジェンダースタディーズは一度も受け入れられてこなかった。

平山 だとすればそれは，ジェンダースタディーズが多少の変化では納得も妥協もせず，30年以上もの間，体制に物申し続けてきた証ですよね。そしてそれが，既存の体制のもとでは「目障りな抵抗」だときちんと認識してもらえるくらいには，その体制を慎重に厳しく分析することをやめなかった。

信田 抵抗が抵抗のまま受け止められてきたことを，私たちのプライドに還元したいですね。受容と危機が同時に到来することがジェンダースタディーズの宿命であるという平山さんの指摘は，ある意味で，この特集号の暫定的な結論ですね。

［2023年4月8日／TKP東京駅大手町
カンファレンスセンターにて収録］

註

1 大嶋栄子 編（2021）特集 トラウマ／サバイバル（臨床心理学21-4）．金剛出版．
2 大嶋栄子 編（2022）特集 ケアの声を聴く（臨床心理学22-6）．金剛出版．
3 内閣府男女共同参画局（2021）コロナ下の女性への影響と課題に関する研究会報告書——誰一人取り残さないポストコロナの社会へ（https://www.gender.go.jp/kaigi/kento/covid-19/index.html ［2023年6月1日閲覧］）．
4 平山亮（2017）介護する息子たち——男性性の死角とケアのジェンダー分析．勁草書房．
5 江原由美子（2021）ジェンダー秩序［新装版］．勁草書房．
6 信田さよ子（2000）依存症．文藝春秋［文春新書］．
7 上田勝久，山崎孝明，信田さよ子（2022）［鼎談］精神分析というプリズム——複数の歴史の痕跡に，臨床と知の淵源を求めて．臨床心理学22-5；545-558．

好評既刊

Ψ金剛出版　〒112-0005 東京都文京区水道1-5-16　Tel. 03-3815-6661　Fax. 03-3818-6848
e-mail eigyo@kongoshuppan.co.jp　URL https://www.kongoshuppan.co.jp/

生き延びるためのアディクション
嵐の後を生きる「彼女たち」へのソーシャルワーク
[著] 大嶋栄子

男性依存症者を中心に組み立てられてきたアディクション治療プログラムから排除されてきた女性たちが抱える「問題」は，決してアディクションだけではなかった。この難題を解決すべく研究と実践を繰り返すプロセスのなかで到達した脱医療的実践としての支援論は，女性依存症者に共通する四つの嗜癖行動パターンと三つの回復過程モデルを導き出す。あまりに複雑な回復をたどる「彼女たち」，想像を絶する不自由を生きる「彼女たち」，ずっと救われてこなかった「彼女たち」……身体と生活を奪還する「彼女たち」と共に生き延びるためのソーシャルワーク実践論。　　　　定価3,960円

アディクション臨床入門
家族支援は終わらない
[著] 信田さよ子

アディクション臨床における「当事者」とは誰か？　「抵抗とともに転がる」とは何を意味するのか？　「家族の変化の起動点」はどこにあるのか？　カウンセラーとクライエントの「共謀」とは何か？──DVや児童虐待をも視野に収める逆転の発想でアディクション臨床における心理職の役割を確立し，アダルトチルドレン，治療的共同体，被害者臨床を補完する加害者臨床などのコンセプトと実践を取り込む機動力でアディクション臨床とともに走りつづける臨床家の思想遍歴と臨床美学を一挙公開。藤岡淳子との初対談を収録したアディクション・アプローチの聖典！　　　　定価3,080円

実践アディクションアプローチ
[編著] 信田さよ子

1970年代からの依存症臨床は，当事者と専門家の開かれた対話を展開しながら脱医療モデルを志向し，マージナルな「異端の実践」ゆえに独自に進化してきた。アディクションからの回復における自助と共助の可能性の探索が今，専門家と当事者の交差域で新たな実践知を起動する。回復の遺産を継承してきた自助グループカルチャー，専門家・当事者の関係を転換する当事者研究，社会変動と新潮流をとらえようとする理論的考察，そして多彩な臨床現場から創発された援助実践──パラダイムシフトの熱量に突き動かされた専門家と当事者が織り成す「アディクションアプローチ」を総展望する。
定価3,520円

価格は10%税込です。

はじめるまえに知っておこう
——知の遺産をインストール！

GENDER

STUDIES

心理学の脱心理主義化へ向けて
ジェンダーの視点から

上野千鶴子
東京大学名誉教授／認定特定非営利活動法人ウィメンズ アクション ネットワーク(WAN)

心理学と社会学

心理学と社会学は相性が悪い。東京大学ではレイト・スペシャライゼーションの過程があるため，学部から専門に進学する際，少なからぬ学生が社会学を選ぶか心理学を選ぶかで迷う傾向がある。彼らの目には両者は隣接しているように見えるようだ。だが心理学に進んだ学生は進学後，ショックを受ける。彼らを待ち受けているのは，人間を相手にした研究ではなく，ねずみの世話だからだ。心理学の主流は認知心理学。それも実験心理学の手法で統計的処理がもっぱら。臨床心理学はその実，学問とさえ思われておらず，技法と考えられている。

社会学と心理学の径庭は深くて広い。社会学はペルソナ（人格）のあいだにある現象，すなわちinterpersonal phenomenaを扱うのに対し，心理学はペルソナのなかにあると想定される現象，すなわちintrapersonal phenomenaを扱う。個人と個人の「あいだ」に起きる現象（これを相互行為（interaction）と呼ぶ）は外から観察可能であるのに対し，個人の「内部」にある現象は外から観察することができない。その内部にある現象を心理（psyche）と名付けて研究対象にするのがpsychologyこと心理学である。心理は触ることも見ることもできないから，とりあえず「そこにあるもの」と見なされる虚構にすぎない。「そこ」にと言われても，身体のどこ

かは特定できない。脳なのか心臓なのか？　脳だとしたら，心理学は限りなく大脳生理学と近くなる。脳内の特定部位が，刺激に対していかなる反応をするかを経験的に研究するのが，認知科学としての心理学だということになる。

だが，「こころ」の問題に関心を持つ人々のやりたいことはそんなことではない。「こころ」という不条理なものに振り回されて，身体にも対人関係にも生活にもさまざまな影響が出る人々の謎を解きたい，そしてできれば困難を抱える人々の助けになりたいと思う人々がいる。そのなかにフェミニスト心理学がある。

フェミニズムと心理学の疎遠な関係

フェミニズムがあらゆる学問分野に影響力を及ぼしたことによって，心理学にもフェミニスト心理学が生まれた。また「こころ」の問題を抱えた女性を支援したいと，フェミニスト・カウンセリングという技法も生まれた。それを制度的に支える公的機関の相談業務が登場し，支援職の雇用機会を提供し，「こころ」の援助は対価を伴うサービス労働となった。各地の男女共同参画センターの相談業務や，大学のハラスメント相談業務も，法律相談と心理相談の二本建てが必須となり，法律相談を受ける法の専門家たちさえ，「こころ」が傷ついたひとたちに二次被害を与えないように，心理相談の研修を受け

ることが推奨されるようになった。

日本におけるフェミニスト・カウンセリングのパイオニア，河野貴代美の近著『1982年，女たちは語りはじめた』（河野，2023）は，その間の事情を克明に記している。フェミニスト心理職は，「フェミニズムがしごとになった」数少ない例なのだ。

だが今日に至っても，心理学の保守本流はフェミニズムから影響を受けているように見えないし，臨床心理職の職能集団である臨床心理士業界もフェミニズムの影響を受けているようには見えない。心理職は「心の時代」を受けて急速にマーケットを拡大し，学生，とりわけ女子学生の人気を集める職業になったのに，その養成課程にフェミニズムが入っているようにも見えない。他方で精神医療業界のなかからは，女性精神医療やトラウマ治療を標榜するフェミニズムへの接近があったが，これとて主流には食い込めず傍流に留まっている（宮地，2007/2018）。しかも医師法の「業務独占」特権に守られた医師たちは，診断と処方の権限を持ち，精神科医療は生物・化学療法に傾斜している。彼らは「こころ」とは脳内の現象であると「科学的」に診断しているからだ。

心理還元主義批判

このような動きを長い間，わたしはいらだたしい思いで見てきた。なぜなら，心理学は，「女の問題」を心理化する，すなわち心理還元主義の傾向が強いからだ。心理還元主義とは，「こころ」というありもしないものに原因を帰責する，という意味である。問題は「こころ」にあるのではない。対人関係に，権力に，差別に，構造にあるにもかかわらず。

わたしたち社会学者は，女性学・ジェンダー研究のもとで「女の経験の言語化・理論化」を図ってきた。「女の経験」の大半は，ジェンダー

から，すなわちその個人が「女性であること」から来る。フロイトが人格発達の理論を提示したとき，女性は母親との同一化を禁止されることで「メランコリー（抑鬱）」になる，したがって「女性的性格」とは抑鬱的な症候を指すとしたことで，ジェンダーを病理化した。「ひかえめさ」「謙虚さ」「自己評価の低さ」など「女らしさ」の美徳とされた特徴は，すべて「抑鬱的性格」に結びつく。その反面，もし女性が抑鬱的でなく，積極的で行動的，男性がやることを欲望すれば，そのとたんに「ペニス羨望」と診断されて，治療対象となった。

「こころ」の問題，すなわち精神科症状の診断基準であるアメリカ精神医学会の公式疾病分類DSMは，症候診断に徹して原因論を放棄したことに特徴がある。1974年のDSM-IIの第7刷で同性愛は初めて精神病の分類からはずれて脱病理化されたが，それというのも同性愛は社会が病理化したものだからだ。DSMは，個人をではなく，社会を診断したのである。その同性愛の病理化にもフロイトは貢献した。

同じことは「女の問題」についても言える。その典型がセクシュアル・ハラスメントとドメスティック・バイオレンスである（以降SHとDVと略称する）。SHとDVは，被害者が女でなければ起きない。もちろん被害者には男性もいるが，そこにあるのは非対称な権力関係である。ちなみにジェンダーとは男女の非対称な権力関係を示す権力概念であることを，決して忘れてはならない。

「ジェンダーの病」の脱病理化

フェミニスト・カウンセリングは女性の心理的困難を「ジェンダーの病」と捉えて，脱病理化してきたはずだった。だがその脱病理化はどのくらい，臨床心理学を動かしただろうか？フェミニスト・カウンセリングの40年の歴史の

あいだに，障害者の世界では，「医療モデル」から「社会モデル」へのパラダイム・シフトが起きていた。「障害」は障害者個人に帰責するのではない，社会がつくるのだと。だとしたら障害の治療や矯正よりも必要なのは社会の変化なのだと，彼らは社会変革を求めて闘ってきた。その成果が「障害者権利条約」であり，条約に言う「合理的配慮」である。そして彼らは障害学という学問分野を切り拓いた。

障害学はimpairmentとdisabilityを区別する。Impairmentは身体の機能損傷や障害など個人に帰属する特性，disabilityとはimpairmentにもとづいてもたらされた生活上の困難などの社会によってつくられる困難。女性の場合ならimpairmentが月経や妊娠，出産，disabilityが母になったことに伴う長期にわたる出産ペナルティとも呼ばれるべき社会的不利益だろうか。だが月経や妊娠のような身体機能は障害ではなく健康な身体の機能であり，少々不便だが治療すべき対象ではない。

井上輝子（井上，2022）によって「女性の・女性による・女性のための学問研究」と定義された女性学は，今から思い返せば，最初の当事者研究だった。障害学は障害者の当事者研究から生まれ，女性学と障害学は互いに学びながら成長してきた。だとしたら障害の「医療モデル」から「社会モデル」へのパラダイム・シフトを，なぜ「心の病」を扱う女性心理学は取り入れることができなかったのだろう？

障害の「社会モデル」は，変わらなければならないのは障害者ではない，社会だと宣言する。同じようにジェンダーの「社会モデル」もまた，変わらなくてはならないのは女性ではなく，男性優位社会だと宣言する。だとしたらSHやDVの被害者──あまりにありふれていて精神障害の発症率をはるかに超える──に必要なのは，心理的支援でなく，どんな制度や社会的資源があるかを示して，それを組み合わせるソーシャルワークであろう。必要なのは臨床心理士よりもソーシャルワーカーだ。にもかかわらず日本においてはソーシャルワーカーの認知度も社会的地位も著しく低い。それならせめて，臨床心理士たちに，制度リテラシーを身に付けて，ソーシャルワーク機能を果たしてもらいたい。

ケアする性？

それだけではない。臨床心理士にもソーシャルワーカーにも，女性が多い。心理職の8割近くが女性で占められている。「ケアする性」としての女性性を内面化した女たちは，社会の欠陥の後始末をすすんでやろうとするのだろうか。しかもいずれの職業も，対価が低く，専門職として自立できないレベルに留められている。フェミニスト・カウンセリングが女性センターの相談業務を担ったときにも，担い手の女性たちはその専門性にもかかわらず，ほとんどが非常勤で不安定雇用だった。スクールカウンセラーが配置されたときにも，多くが1校当たり週1日勤務の時間給雇用で，複数校をかけもちしなければ食っていけない労働だった。スクールカウンセラーの仕事は時間給5,000円で1日4時間勤務，月に8万円（日本スクールカウンセリング推進協議会による），単価が高そうに見えるが，大学の非常勤なみの低賃金で，かけもちしないかぎり「食えるしごと」にはならない。専任のスクールカウンセラーを置いている学校など微々たるものにすぎない。それだけではない。週1回勤務のスクールカウンセラーに，いったい学校内の問題の何が解けるのか？　なまじスクールカウンセラーなどを配置したばかりに，クラスの状況をもっともよく知っている担任がその責任を放棄して，いじめなどの問題をカウンセラーに丸投げしてしまうこともあるかもしれない。スクールカウンセラーはいったい何をやっているのか？　その就労実態と，配置の効果に

ついての検証がなされるべきだろう。

「食えない労働」に女が就く。いや，もっとあからさまにいえば，「女向きのしごと」だからこそ，「食えない労働」として制度化されたのだ。臨床心理職は，他の多くの非正規労働と同じく，「男性稼ぎ主」に依存した既婚女性，それも高学歴で専門性のある女性の，世間体のよい，かつ相対的に高賃金の「高給パート」にすぎない傾向がある。制度がつくりだしたこのような「非正規雇用」に対して，臨床心理学系の学会や専門職能団体が抗議の声を挙げたとは，寡聞にして聞かない。

ジェンダーの構造に起因する困難を女性が経験する。その支援をジェンダーの構造にからめとられた「ケアする性」としての女性が担う。女性の内部で問題は循環し，そこに相談業務の「守秘義務」が規制をかけて，問題はさらに封じこめられる。「女性問題」のゲットー化が起きる。男性優位社会は安泰である。

ジェンダー研究の脱ゲットー化

女性学は「女性問題」のゲットー化に抗ってきた。問題は女性にあるのではない，ジェンダー構造にある。したがって男はその一方の当事者なのだ。その考えのもとに女性学はジェンダー研究へと脱ゲットー化を果たしてきた。およそ人間がつくる社会で，ジェンダー非関与な領域はないから，ジェンダー研究に扱えない領域はない。ジェンダー研究は女がいるところでは女の研究を，女がいないところではなぜ女がいないかの研究を，やってきた。政治も経済も，「男らしさの最後の聖域」である軍隊も，ジェンダー研究の対象となった。

臨床心理学もジェンダー化すれば，脱心理主義化が起きるだろう。心理学は医学にはできないことを目指してきたはずではなかったか。そうでなければ，臨床心理学というあいまいな分

野は，精神医学と大脳生理学，すなわち「医学・生理学モデル」に吸収されてしまうだろう。臨床心理学が医学と対抗する根拠は，どこまでも「社会モデル」にあるはずだ。

そう考えてきたわたしには，新刊のメアリー・ボイル＋ルーシー・ジョンストン『精神科診断に代わるアプローチPTMF』（Boyle & Johnstone, 2020＝2023）は，まさに膝を打つような読書体験だった。PはPower，TはThreat，MはMeaning，FはFrameworkだが，翻訳者は「心理的苦悩をとらえるパワー・脅威・意味のフレームワーク」と名づける。わたしならパワーは「権力」，Threatは「恐怖」として，「権力と恐怖による支配を意味づける文化の枠組み」とでも訳すだろう。framingも正確にはreframing（再解釈）というべきだろう。本書には，社会構築主義，ナラティブアプローチ，当事者研究，自助グループ，障害の社会モデル，何よりジェンダー研究の成果が合流し，ひとつの大きな流れをつくりあげた感がある。

著者らは精神疾患の「個人主義的アプローチに批判的であった」と翻訳者の石原孝二は書く。ここでいう「個人主義アプローチ」とは，言い換えれば「心理還元主義」のことである。「こころ」という見えないものが個人のなかにあり，それがモノのように発達特性を持っていたり，障害があったり欠陥があったり病んだりするとされた。精神療法はそれに対処して生物学的・脳科学的な説明を与え，薬理療法を処方してきた。だが著者たちは言う。脳が病んでいるのではない，関係（権力と恐怖）が脳と身体に痕跡を残すのだ，と。事実，最近の被虐待児の脳科学的研究（友田，2017）では，被虐待児において海馬の萎縮がいちじるしく見られることを明らかにした。その因果関係は，外傷的経験である虐待が脳に痕跡を残すのであって，その逆，すなわち海馬の萎縮が虐待を招くわけではないのだ。そしてその海馬の萎縮さえ，適切なトリートメ

ントによって，回復力があることを臨床現場は実証している。

著者等はこう言う。

「PTMFの主な目的は，人生に起こることと，その反応の仕方との間のつながりについて，私たちが知れば知るほど，説明のために『精神疾患』を発明する必要は減っていくことを示すことにあります」（Ibid., p.176）

これほど精神医学に対して，挑戦的な心理学からの発言はあるだろうか。何より原著のタイトル，A Straight Talkingには「はっきり言えば」という挑戦的な響きがある。

かつて精神医学には家族療法というものがあった。個人への心理還元主義を脱して「関係の病」として家族療法へ向かった精神医学は，今度は家族還元主義に陥ることで批判を受けた。本書は個人も家族も脱して，社会構造へと向かう。ここでの「権力」と「恐怖」の実態とは，「子どもの頃の性的虐待，貧困，家庭内暴力，人種やその他の差別など」（Ibid., p.182）を指す。すべて個人の責任によらない，個人の外側にある外因ばかりだ。このような「権力」と「恐怖」をことさらに招きやすい人格特性があるわけではないにもかかわらず，それらは「境界性人格障害」「うつ」「双極性障害」「愛着障害」「不安神経症」等々と「診断」される。

「メンタルヘルス」と呼ばれる「症状」に代わって，共著者らは「排除，恥，屈辱，捕らわれた状態，劣等感，無価値，無力，不正・不公正などの感情と意味」（Ibid., p.213）を取り出す。これらは症候ではなく，すべて文化によって意味づけられた感情である。難民や移民の屈辱感や不正に対する怒りの感情を，精神医学が治療することができるだろうか。それどころか，性暴力被害者に「恥」の感情を植えつけ，低学歴者に「劣等感」を与えるのは，ねづよいジェンダー規範や学歴社会の競争規範なのだ。

言語を使っている限り，わたしたちは，言語に埋めこまれた文化的・社会的意味づけを逃れることができない。ジェンダー研究はそれを変えるために「性的いたずら」を性暴力と呼びかえ，「近親相姦」を性虐待と呼びかえることによって，女性の経験の「再定義」を行ってきた。著者等が言うように「言葉を変えることは，単に代替となる単語を使うことではなく，新しい考え方，経験の仕方，行動の仕方を開くこと」（Ibid., p.194）だからである。事実SHもDVも，女性が受けるジェンダー暴力を，その文化的なスティグマから脱スティグマ化するためにこそ，創りだされた概念だった。

本書の刊行と相前後して，東京大学TICPOC報告集『こころの支援と社会モデル』（笠井，2023）が刊行された。精神医療の専門家や心理職からなる人々の書物に「社会モデル」がタイトルに冠されている。編者のひとり，熊倉陽介はホームレス支援のなかで「ハウジング・ファースト」を唱えている精神科医だ。こころの支援よりまず安定した住まいと食事を。これほどソーシャルワーク的なアプローチがあるだろうか。

必要なのは社会変革

著者等の提言は壮大である。必要なのは精神療法ではない，社会政策と公衆衛生政策なのだと。引用しよう。

- 経済的，社会的不平等を減らすことは，集団の感情面の健康を向上させるために踏み出す一歩として，おそらく最も効果的であること。特に階級や年齢，民族性，性やジェンダーのためにパワーをもたない集団の人々にとって重要であること。
- あらゆる種類の逆境は，とくに人生の早い段階で起こった場合，心理面，教育面，職業，社会面や経済面に甚大な影響を及ぼし，負担が大きいことを認識すること。

- 家族と幼い子どもの発達をサポートすること。
- 精神科の薬の負の影響は，公衆衛生の主要な問題であると認識すること。
- 最後に，戦争は，世界的な苦悩の最大の原因となるため，紛争の解決は，国際的にも優先事項とすべきであること。

(Ibid., p.193)

このリストのなかで精神科医療に関して言及があるのは1項目だけ，それもネガティブな言及（精神科の薬物療法はないほうがよい）である。最後に戦争が登場することにも，息を呑んだ。戦争は究極の理不尽な暴力行使であるから，この不条理にふかく傷つく人々（殺す側も，殺される側も）がいることは当然であろう。

最後にかれらは，以下の国連高等弁務官のレポートを引用する。

「メンタルヘルスの政策は『化学物質の不均衡』ではなく，『力の不均衡』に言及すべきです」（人権高等弁務官事務所Office of High Commission for Human Rights, 2017, p.19 ; Ibid., p.198）

ここにおいてジェンダーとは何より非対称な権力関係を示す概念であることに，わたしたちは立ち返る。

壮大であるだけでなく遠大でもあるこれらの目標を示されて，納得はしてもどうすればそれが達成できるか，その道筋の遠さに呆然とする。だがこれらを達成するのは，もはや精神医学でも心理療法でもない，社会変革である。そしてフェミニズムはこれらの目標をめざして，不屈の闘いを続けてきたのだ。フェミニズムにとって平和が第一条件であることもまた，主張して

きた。たとえそれがどんなに迂遠な道筋であろうとも，決してあきらめないと続いてきたのが女性たちの闘いだった。

著者のひとりメアリー・ボイルは臨床心理学の教育者，ルーシー・ジョンストンは臨床心理士，名前からすればふたりとも女性であろう。本書は心理学から精神医学への挑戦の書であり，さらに心理学の脱心理主義化へ向けての自己解体の書である。こうした書物が日本で生まれないのはなぜだろうか。だが，同時に各地の現場で積み重なってきた自発的で断片的な活動のさまざま，ナラティブアプローチ，当事者研究，ピアカウンセリング，自助グループ，フェミニスト・カウンセリング等々の経験と蓄積があってこそ，ひとつの流れが生まれたと思えば，それらのひとつひとつは決してムダではなかったのだと思いたい。

文献

Boyle M & Johnstone L（2020）A Straight Talking : Introduction to the Power Threat Meaning Framework : An Alternative to Psychiatric Diagnosis. PCCA Books Ltd.（石原孝二，白木孝二，辻井弘美，西村秋生，松本葉子 訳（2023）精神科診断に代わるアプローチPTMF——心理的苦悩をとらえるパワー・脅威・意味のフレームワーク．北大路書房）

井上輝子（2022）日本のフェミニズム．有斐閣．

笠井清登 責任編集，熊谷晋一郎，宮本有紀，東畑開人，熊倉陽介 編（2023）こころの支援と社会モデル——トラウマインフォームドケア・組織変革・共同創造．金剛出版．

河野貴代美（2023）1982年，女たちは語りはじめた——フェミニストカウンセリングが拓いた道．幻冬舎．

宮地尚子（2007）環状島＝トラウマの地政学．みすず書房［新装版＝2018］．

友田明美（2017）子どもの脳を傷付ける親たち．NHK出版［NHK新書］．

フェミニストカウンセリング

河野貴代美

元お茶の水女子大学

3月刊行の拙著『1980年，女たちは「自分」を語りはじめた——フェミニストカウンセリングの拓いた道』（河野，2023）を軸に，フェミニストカウンセリング（以降フェミカンと略）に関する論考をとのご依頼である。米国では1970年発生以来フェミニストセラピィと呼称しているが，私はセラピィを日本でカウンセリングと呼び変えており，理由は後ほど述べたい。

当該書はフェミカンの歴史の概観であるが，著述の意図は，大きくいって2つある。1つは，女性の語り＝聞くということについて。もう1つは，フェミカンの実践において「疾病」（心理的困難）をどのように理解し，実践はどのようになされるかということである。

まず先の課題から。1980年，私が「フェミニストセラピィ"なかま"」として開業を決めたころ，女男の語りの違いに暗澹とした記憶がある。開業前の10年間を私は米国でフェミニズム運動に関わり，とくに運動を大きく担ったCR（意識覚醒グループ：女性の問題について各自が自由に語り合う。詳細は拙著）に関わってきたのである。CRの語りの主題は「私」でその都度のテーマが副題。自分がどう感じ，どう思ったのかをあくまで主観的に語り，結果的に自己を祖型し刻印する，言葉はそのための手段なのである。当時の私の落胆は，男性が「自分」を語れないことであった。ある時，シンポジュウムの登壇者が客観的な情報のみを述べるので，「あなたはどう思うのか」と聞いたことがあったが，彼はその時相当に困ったのである。歴史的に，男性は客観性を重要視し（だから名刺がアイデンティティ），女性は主観的に語り「それって主観でしょう」と否定されてきたのだ。とはいえ女性が簡単に「私」を語れるかと問われればそうではない。まずもって「私」など存在しなかったのだから。米国で1975年「Mr.」に対して「Ms.」と名付けられたフェミニスト雑誌が発行された。女性のみ既婚（Mrs.），未婚（Miss.）に区別される習慣に抗してである。Mrs. John Smith となれば，この中には旧姓どころか名前すらない。ジョン・スミス氏の付属としての夫人。

このように女性は誰かとの関係において，あるいは関係者と同化して存在するしかなかったのである。その対象者から自己を引き剥がさないと，人生の主人公としての「私」とは誰なのか，「私」は自らの人生で何をどうしたいのかは，解明のしようがないのだ。では，私からスタートするとはどのような語りなのか。

開業当初，革命的左翼系運動に関わった女性数人が来所された。革命が挫折し運動は消失した後，彼女たちに残されたものは，考えたこともない「自己」と目的を喪失した「自分をどうしたいのか」という課題であった。いくら自問を重ねても答えの探りようがなかったのである。この事態は，限られた範囲での世間話とか，決し

て自分の言葉に責任を持つことがなかった「普通の女性」の言葉を巡る状況とほとんど変わらなかった。語ることの意味／重要性など誰からも言われず認識にも及ばなかったのである。

　語ることのダイナミズム。意識，感情，行為が言葉に導かれ巡回し，その人にとっての意味を持ち始め，それを別の人に聞いてもらい共有される相互交流を，カウンセリングといい，1980年に一歩を踏み出したフェミカンなのである。

　2番目の課題。現代の精神科医療は，症状の意味を考えないことである。病院，クリニックでは，生身の人間を無視して，「症状」のみに拘るから，というかそれしか診ないから，投薬が必須になり，3時間待って3分の診療という結果である。

　フェミカンでは疾病＝症状という客観的な立場ではなく，本人の心理的困難というように主観化していることに注目いただきたい。Disease（疾病）をdis（反）-ease（安らぐ）に分けて考えたのは，スティーブ・ド・シェイザー（『ブリーフ・セラピーを読む』（ド・シェイザー，1994））である。クライエントは「安らげない」のである。自分が大変だ，どうにかしたい，と。私は異常と正常の境目はないと考え，症状＝困り方と「正常」はグラデーションのようにつながっていると考えている。したがって病理の言葉で，クライエントを理解しない，わかったことにしない。とりあえず，クライエントの体験というデータから離れず丁寧にかかわっていくことをなによりも大事にすることである。拙著のなかの「フェミカンの特徴」をご覧いただきたい。

　それでは紙幅の許す限り簡単にフェミカンの歴史を追おう。

　まず，私自身は全く意識してこなかったのだが，拙著の中の対談で社会学者の上野千鶴子さんは，私が滞米中にフェミカンを実践してきて，それ自体を日本に直輸入したと思われていて，

そうでないことを知り驚かれたことである。滞米中フェミニストセラピィのことは聞いていたものの，私自身はボストン救世軍の家庭福祉サーヴィス部で働いており，フェミカンの実践経験は皆無だった。米国のどこかでフェミニストセラピィのグループに所属するとか個人開業に踏み切るとかはほぼ不可能であったし，その機会も動機付けもなかった。

　帰国後，著作や他の資料から，個人面談およびグループ活動を考え出していったのである。しっかり受け継いできた理念は米国製Personal is Political（＝個人的なことは社会的に構築されている）だが，実践の内容は私個人や仲間との協働作業から出てきたものだ。私がこの3月米国アトランタで行われた第50回フェミニスト心理学会（AWP）で発表した「日本におけるフェミニストカウンセリングの特徴」的な「仕分け」は，「興味深い」と評されたものの，ほぼ米国フェミカン学会では聞かれなかったものである。それだけ日本のフェミカンは，独自性を持っているといってよかろう。

　まずは出だし。1968年，私は当時勤務していた古い大きな精神科病院から，米国で麻薬やアルコール依存者の回復に成果を上げているシナノンという自助施設での回復プロセスを学んでくる目的でそこに派遣された。米国でも従来の伝統的精神分析や心理療法では，依存からの一時的な離脱にしかならず，「依存者」からの評判は悪かったのである。施設は，サンタモニカの瀟洒なホテルを買い取り（1950年頃の設立当初は地域住民との諍いが絶えなかったようだが），自分たちで作りあげ，地域住民も巻き込んだ一大コミュニティーの趣があった。ほぼ全員入居者はホテルに住み，したがって一部屋5人という雑居状況の中で，全員必ず何かの仕事に関わっている。外で文房具を訪問販売するグループもある。私はメインフロアーの喫茶店で働いていた。

ここでのプログラムは沢山あるが主はゲームと呼ばれるアタック療法（と彼らはいわないが）である。10人前後サークルになって座り，日常生活の些細な案件を取り上げて，一人ひとりに猛烈な過剰な言語的暴力（20〜30分）を浴びせかける。結果対象者はほぼ全員泣き喚く。

簡単にいえばこれがゲームの目的である。彼らは概して嘘をつき弁解し何かを合理化しつつ暮らしている。依存するモノが欲しいための窃盗は日常的で，精神病院と刑務所の往復。ゲームでの攻撃はこのような被り物というか防衛をはぎ取り，正直な自分の誕生を目指すのである。正直に働き，仲間と繋がり，また仲間の中で，仲間と共に依存症から離れていく。長期にわたる脱依存症の先輩がそのまま残っていて，それは彼らの希望でもある。

この試みは反精神医学，反警察組織を明確にしたパラダイム・シフトといえるだろう。私がシナノンから学んだことは，プログラム自体にもまして，本来の意味で，率直で強くやさしい自分自身の発見に至る道であった。ゲームでの私自身の「晒し者体験」は残念ながら紙幅が許されない。そこに6カ月いた。後シナノンの仲間には戻ってくると約束したものの，ボストンに移り，大学院に入る機会を得て，プログラムを日本に持ち帰ることは叶わなかった。しかしこの体験は，後のカウンセラーとしての資質を考える重要な材料になっている。さらに性別役割分担が女性に与える空虚という欺瞞を読み解いた，ベティ・フリダーンの組織したNOW（全国女性機構）のボストン会員になり，そこでのCRの体験も，カウンセリングとは何かを考える貴重な考察資料になった。

1980年2月，まだ開業カウンセリングが現在ほど盛んに実践されていない状況の中，私にとっては賭けとでもいえるフェミカン実践の試行が始まる。最初の開業ルームは「フェミニストセラピィ"なかま"」としたが，セラピィとは治療という意味であって，それをめざすのではない我々の実践（回復，成熟）のためにカウンセリングと改称した。「治療」を使えば，「個人的なことは政治的」スローガンと衝突するし，カウンセリングの方がよりわかられており，受け入れられやすいと思ったからである。とりあえずソフト・ランディング。後に続くルームは，「フェミニストカウンセリング○○」とか「ウィメンズカウンセリング○○」となっている。

しかし幸いにも私の意図は日本の女性たちに十分に受け入れられたのである。真剣に自分に向かい合うこと，自分の気持ちに沿うような言葉を探し，見つけそれを表現していくこと，それを価値判断なく聞いてもらえる相手がいるという初めての舞台に彼女たちは登壇したのである。日本の女性たちもそのような機会に飢えていたといえる。あなたの病気を考えようではなく，「Personal is Political」というフェミニズムの主張をエンパワーメントの軸にして。

私はしばらく後に「カウンセリング講座」や「カウンセラー養成講座」を開設し，「自己主張のトレーニング（AT）」とか「自己尊重トレーニング（SET）」，無料のCR（意識覚醒グループ），自助グループ等グループ活動にも力を入れて行くようになる。

日本中にフェミカン・ルームの開設が続き，設立援助やスーパービジョンを求められ，最盛期には北から南まで約30カ所のルーム設立をみた。このような仲間との緩やかなつながりを求めて，「フェミカン研究連絡会」が1993年に発足，2000年の学会への改称論議を経て2001年に「フェミカン学会」となる。同時に学会認定のカウンセラーの資格認定が始まり，2002年に学会誌を発行するまでに成長してきた。また女性センター（男女共同参画センター）での相談業務におけるフェミニストカウンセラーの雇用は，時宜を得たといえる。

拙著で私はフェミカンの特徴を以下のように掲げている。

- 医療モデルに倣わない——法的医療制度に入っていないから，医療モデルに倣えないとは事実だが，ここでは医者vs患者との力関係を問うている。
- カウンセラーvsクライエントの関係の対等性——基本的にカウンセラーとクライエントは対等であるとの自覚。カウンセラーが性暴力に遭わない保障はないから，女性であることの体験の共有を重要視する。またカウンセラーの自己開示の議論。クライエントとの適切な距離を見定めつつ，自分を開くこと。つまりミステリアスなイメージや中立的立場の要請は，女性の生き方が問われているときに，意味があるだろうか。
- 脱病理化——フェミカンの主眼である。病理の言葉でクライエントを見たり説明しない。あるいはそれらの言葉でもってクライエントを理解したことにしない。私の師，ハリー・S・サリバンのエピソードを紹介しよう。彼は一人の患者を前に研修生に問う。「この人ってどんな人？」研修生はさまざまに彼の統合失調症の症状を述べ立てる。サリバン「そんなことわかってるよ。でもこの人どんな人？」とさらに。研修生には言葉がなかった。
- エンパワーメントの援助——これまで女性をエンパワーすることなど考えられなかった。男性の持つネットワークもそれぞれの領域における人材育成の概念もなかった。キャリアを育てた女性は，絶えず，家事育児もこなしていると弁明する必要があったのだ。男並みを目指すことが主眼ではない。常に「私が悪いのではないか」という自責感を「構築された性

差別的社会的構造の中に置かれている自分」と思えることが出発。
- 女性の体験を肯定的に捉えるジェンダー分析——女性の体験は，それがいかなる意味であろうとも，重要視されてこなかった。性別役割の家事・育児という普通にやれて当たり前の「仕事」が評価されるわけがない。「私のようなつまらない問題でもよいですか？」という質問に私は絶えず「あなたにとっては大事なことでしょう？」と返してきた。体験というデータから決して離れないこと（ローラ・ブラウン）。
- 「私」を主語にした「語り」の重要性——語ることが，何を意味するのかなど考察したことがなかった女性の歴史。語っても聞いてもらえなかったから独語にしかならなかった。「何言ってるの？」と聞かれても「なんでもない」と取り下げた自虐的態度の改善。
- セクシュアル・ハラスメント等性暴力被害裁判へのコミットメント——「どうしてキャーと言って逃げないのか」「大声で援助を求めないのか」といった典型的神話に挑戦し，裁判を勝訴に導くための鑑定意見書の作成である。フェミカンの関与は非常によい効果を持ちほとんど高裁レベルで勝訴してきた。以降裁判でこのような神話が検事側から持ち出されることはなくなった。

さてこの間にフェミカン学会にはさまざまな紆余曲折があるが，順調に進化をとげてきたものの，最近は会員数が減り，学会認定資格者も少ないままである。改善の余地が考察されるべきであろう。以上のようなフェミカンの主張は，さまざまな次元で，パラダイム・シフトの促しになっている。上野さんとの対談で，彼女から，

心理的問題を医療モデルではなく，社会モデルに変換すべきと問われているが，このパラダイム・シフトは学際的協働が必要とされる。

最後に米国のフェミニスト心理学会（Association for Women in Psychology：AWP）に触れて本稿を閉じたい。米国にはAPAが2つあり，全米心理学会と全米精神医学会である。本論でAPAと記す場合は米国心理学会の方であってこれとAWPとは別である。私は，何度もAWP学会に参加し，ある時にはフェミカン学会の会員に通訳をつけ集団で参加さえしてきた。そして私たちは多くのことを学ぶ機会を得てきたのである。

AWPは，APA内の，特に年度学会での女性差別的言動にイヤ気のさした，60年代末に女性解放運動の洗礼を受けた心理学者たち，フィリス・チェスラー（『女性と狂気』（チェスラー，1984）），ドロシー・リドル，キッチ・チャイルズ等が，女性への抑圧や社会正義，性差別への認識を求めてAPAの運営委員会に何度も要望書を出した。当時心理学会にいかなる性差別への認識もその兆しもなかったのである。当時女性解放運動，学生運動，公民権運動さらには反ヴェトナム戦争等の社会的・政治的運動が盛んであり，1963年にはB・フリダーンの著作が出るとかナオミ・ウェインステインは，60年末に女性学を大学で講じていたようであったのに。

チェスラーとリドルは，これまでに心理学会が女性の精神科医療に対して行ってきた悪行やその副作用としてのトラウマに対して百万ドルを要求する訴えを起こし（これは象徴的行為であって，結果は不明），チェスラー，リドルその他のフェミニスト心理学者が，1969年にAPAから独立したAWPを作った。"in Psychology"のinが興味深い。名称はフェミニスト心理学会でないが，フェミニストたちの集まりなので，私はこう呼称している。

AWPはたちまち多くのフェミニスト心理学者，フェミニストセラピィ実践者の集うところとなったのである。最盛期1991年には会員2,000名弱，47の州，海外9カ国を擁するまでになっている（Tiefer, 1991）。学会の参会者は1,000人。私はその頃に参加した経験があるが，分科会には参加者が常に溢れており，夜のエンターテイメントが非常に盛り上がっていた。お笑いトークはフェミニズムを材料に中傷したり侮ったりするのだが，それが笑いによって，軟化され，また侮られる通りだったりするので，おかしいのである。ダンスで一晩明かすメンメンもいただろう。全体の空気はフランク，オープンで楽しく包摂的である。今回韓国から留学中の20代の参加者（クィァ）は，APAよりずっとAWPの方が楽しいと。

今回の学会参加は，昨年トランス女性問題で紛糾したと聞いていたので，その実情を知りたいと思い，さらに日本におけるフェミカンの実践報告もかねていた。しかしトランス分科会は全く見られなかった。なぜかという私の問いに誰もがさあ？であった。早朝のヨガ，瞑想，講演，分科会，トークセッション，120位のグループ討論，さらにペーパー／ポスターセッションも含めると賑やかであった。私の報告には，10名余の参加者。「興味深い」「消滅しないでよくやってきたね」というサポーティブなものであった。会の参加者の一人から，中西部の州で森田療法や内観療法をやっているけど，知っているかと聞かれた。聞いたことはあるが，実践内容はよく知らない，と。ただ私の知る限り森田療法は入院が必須だと聞いてはいるが，そこは外来でやっているとの答え。しかし，このような東洋的実践者がフェミニズムに？は聞きそびれた。

現在は会員数400名弱まで減っており，分科会は多かったものの，22時過ぎに覗いたエンターテイメント部会では20人ぐらいがダンス

写真1　私の分科会の参加者（終了後一部が出て行った
　　　　あと，残った人と慌てて撮った写真）

写真2　高齢者の会の参加者

をしていたのみであった。なぜ衰退気味かを聞
いたら，フェミニズム問題はずいぶん解決した
ことと，過去10年ぐらいのアイデンティティ・
ポリティックスのせいではないか，という。後
者は大事な問題だが，ここに書くには紙幅が不
十分だし，参加者とこれを深める機会も持てな
かったのは残念だった。

文献

フィリス・チェスラー［河野貴代美 訳］（1984）女性と
　狂気．ユック舎．
スティーブ・ド・シェイザー［小森康永 訳］（1994）ブ
　リーフ・セラピーを読む．金剛出版．
河野貴代美（2023）1980年，女たちは「自分」を語りは
　じめた──フェミニストカウンセリングの拓いた道．
　幻冬舎．
Tiefer L（1991）A brief history of the Association for
　Women in Psychology : 1969-1991. Psychology of
　Women Quarterly 15-4 ; 635-649.

男性学・男性性研究の誕生と発展

伊藤公雄

京都産業大学現代社会学部

はじめに

1960年代後半の第二波フェミニズム＝ラディカル・フェミニズム運動の登場は，それまでの市民的権利における男女平等や，労働をめぐる女性の参画拡大の議論を超えて，近代社会において日常生活に至るまで貫徹されていた家父長制＝男性主導の仕組みの告発とその変革を迫った。この動きは，学術の分野にも拡大した。いわゆる女性学＝Women's Studiesの登場である。人間＝男性という視点から進められてきた学術研究を，「女性」という視座から捉え返すことで，それまで見えなかったものがはっきりと可視化されるようになった。歴史学，文学，社会学，政治学，美学，哲学など人文社会系の学問領域は根本的に見直しを迫られたのだ。その成果は，これまでの学術研究を大きく発展させることになった。

フェミニズム運動やそれをもとに発展した女性学が，学問の根本的な見直しを迫ったなら，もうひとつのジェンダーとしての（それまでマジョリティとしてあったがゆえに，かえって隠されていた）「男性性」という視座の登場は，理の当然だっただろう。

まず1970年代後半から80年代にかけて，アメリカ合衆国で男性を対象にしたカウンセリングの広がりや男性の意識調査などが注目を集める。「女性の悩みがあるなら男性の悩みもあるだろう」という観点への注目が生まれたのだ。たとえば心理学者のハーブ・ゴールドバーグは『男が崩壊する』（Goldberg, 1976=1982）や『新しい「男」の時代』（Goldberg, 1979=1981）などにおいて，「絶えず自己証明をする」「自分の欲求や感情を抑圧する」など，これまで男性を拘束してきた「男らしさ」のはらむ問題を明らかにし，次の時代の新たな男性性の提案を行なった。また，女性のセクシュアリティについてのレポートで知られるシェア・ハイトは，『ハイトレポート 男性版』（Hite, 1981=1982）で，男性たちが縛られている「男らしさ」へのこだわりが，女性差別の基盤を形成しているとともに，彼らを精神的にも身体的にも傷つけていることを明らかにした（伊藤, 1993, 1996など）。

アメリカ合衆国の男性性研究の出発点が個々人の意識を対象にするところにあったのに対し，ヨーロッパでは，歴史学や社会学の分野において，男性性の視座からの本格的な研究が少しずつ生み出されていく。たとえば，歴史学においては，テーベライトによってドイツにおけるナチズムと男性性の関わりについての研究が展開される（Theweleit, 1977-78=2004）。また，イギリスにおいてはトールソンの『男性性の限界』（Tolson, 1977）などの社会学的研究が，1970年代後半に相次いで登場することになった。

日本における男性性研究

　日本においても1980年代に，男性性を対象とした研究が開始された。テーベライトらがドイツのナチズムと男性性の関わりを研究したのに対して，伊藤公雄（伊藤，1984）は，イタリア・ファシズムの文化を男性性の視点から考察した。ほぼ同時期に渡辺恒夫が『脱男性の時代』（渡辺，1986）を発表し，さらに渡辺編『男性学の挑戦──Yの悲劇』（渡辺，1989）と「男性学」をタイトルにした本も登場することになる。

　渡辺編『男性学の挑戦』で男性性についての論文を書いている中河伸俊が，それに先立って『脱男性の時代』の書評で，伊藤と渡辺の比較を論じている。中河は，この論文で，日本における成立期の男性性研究における2つの視座をかなり的確に表現している。

　「近代的な『男らしさ』のイデオロギーは，『力，権力，所有』の3つの価値によって表現されるといわれる（伊藤，前掲書）。渡辺の議論には，このうちの権力についての論究が少ないような気がする」（中河，1986）。

　前述したように，アメリカ合衆国でも，男性性の考察においてまず精神分析学や心理学からのアプローチがなされた。そこには，性差別問題や固定的なジェンダー構造の歴史的な生成のメカニズムや権力関係といった「社会的」な視点は，しばしば見失われているように思う（学問の専門性からみれば当然ではあるが）。ただ，ジェンダー問題へのアプローチは，心理的なものと同時に，社会的・歴史的視野も必要になる。その意味で，男性性研究を含むジェンダー分析には，学際的な交流と協働が必要なのだろうと思う（渡辺（1989）は，そのひとつの先駆けだった）。

　残念なことだが，渡辺が開始した心理学からの男性性へのアプローチは，必ずしも心理学や精神分析の領域ではうまく受容されなかった印象がある（心理学の分野でジェンダーへの眼差しが拡大していくのは世紀の転換点の頃であり，しかも「まずは女性の視点」からだったとも思う）。

　社会学や社会科学の領域においても「男性性」研究は「キワモノ」扱いであり，直ちに大きく広がりを生み出したとはいいがたい。とはいえ，中村正や大山治彦，大束貢生，多賀太，須永史生，熊田一雄などとともに女性研究者としての海妻径子，澁谷知美（これらの研究については，天野・伊藤ほか（2009-2011）参照），さらに21世紀に入ると田中俊之など多くは社会学分野の研究者が男性性研究に取り掛かり，さらに杉田俊介，河野真太郎，熊谷謙介ら文芸批評の領域や，村田陽平らの地理学からのアプローチなど，多様な分野からの男性性研究が広がった。

男性運動の発展

　ここで男性運動についても触れておこう。1960年代後半，フェミニズム運動に触発されメイル・フェミニスト（男性フェミニスト）の動きが生まれる。しかし，この動きは，女性差別問題には注目するが，自分たち男性のもつジェンダー課題には十分に目を向けることはなかった。メイル・フェミニストのなかには，NOW（全米女性機構）の理事を務めていたワレン・ファレルのように，男性問題（男性もジェンダー構造の中で被害を受けていること）を主張した人々もいたが，女性グループからほとんど受け入れてもらえず，のちにアンチ・フェミニスト的な男性運動を展開するような人物も登場した（Farell, 1994=2014）。

　1970年代に入ると，最初からアンチ・フェミニズム的な男性運動もアメリカ合衆国には誕生した。（男性だけに課せられた徴兵の問題や，離婚後の親権をめぐって）「男性も差別されている」と主張する「男性の権利派」のような動き

である。この運動は，近代社会が男性主導の形でジェンダー化された構造に目を向けることなく（構造化された男女の非対称性を無視して），男性の「被害者性」のみに注目し，「男性差別」の告発を展開することになる。

　1970年代から国際的にも拡がったゲイ男性の解放運動の発展もまた男性運動の一翼を担うことになる。アメリカ合衆国では，さらに，アフリカ系男性（肌の色による差別とともに，「黒人男性は性欲が強くレイプ犯罪を犯しやすい」といった二重の差別に苦しむ）による運動（ワシントンでの100万人行進など）も展開されていった。さらに，NOMAS（性差別に反対する全米男性機構）のような，女性差別や同性愛者差別に反対するとともに，男性社会で男性の生き方を見つめ直す運動も生まれた。

　他方で，ベトナム反戦運動でも著名な詩人ロバート・ブライによる「ミソポエティック（神話詩）」運動のような，男性になるためのイニシエーションを喪失した，しかも（仕事での）「父親不在（身近な男性モデルの不在）」による現代の男性の不安定さ（男性としての自信喪失）の克服のための運動や，キリスト教原理主義による「男性は家庭や地域に帰れ（そこで男としてのリーダーシップを発揮せよ）」というプロミス・キーパーズのような保守的な運動も，全米に広がっていった（伊藤（1996, 2008）など参照）。

　1980年代のイギリスでは，新左翼運動の流れのなかで，性差別撤廃や男性性の課題を基礎に社会変革をめざす「アキレスの踵」の運動が誕生した。1990年代になるとカナダで，女性に対する暴力を男性の立場からストップさせようというホワイトリボンの呼びかけ（1991）がなされ，国連の「女性に対する暴力撤廃宣言」（1993）などともあいまって，国際的な広がりをみせていった。日本でも，1991年に，関西を起点に，男性性の鎧からの男性の解放をうたう

「メンズリブ研究会」が産ぶ声をあげ，全国的に広がっていった。韓国でも1990年代後半に，「育児に積極的にかかわろう」という父親運動の全国組織が設立されるなど，男性をターゲットにした社会運動は，国際的に広がり，21世紀に入って以後も，日本ではファザーリング・ジャパンやシングルファーザーの運動など，多様な展開をみせている。

男性学・男性性研究の広がり

　1990年代に入ると，男性性をめぐる研究は，国際的にも認知され，歴史学や社会学だけでなく，さまざまな分野で男性性に焦点を絞った学術研究が拡充されていく。

　当初，女性学（Women's Studies）に対応する形で男性学（Men's Studies）とも呼ばれていた男性性の研究だが，この呼称では，「女性学の裏返し」的に認識されるのではないかという声が出された。つまり，現代社会においては，女性のおかれた状況（女性差別）と，社会的マジョリティである男性の状況は異なっているにもかかわらず，女性学に対する男性学という呼称では，男女の非対称性をみえにくくするのではないかという指摘がなされたのだ。そこで，The Study of Men ないし Masculinities Studies のような呼び方も登場した。現在では，男性性研究は英語では Men & Masculinities や Research on Men and Masculinities といった用語で表現されることが多くなった。筆者も，ここ20年ほど，「男性学」ではなく，「男性学・男性性研究」を使用するようにしてきたのは，こうした事情が影響している。

　研究分野も，当初の歴史学や社会学だけでなく，文学や政治学，国際関係論や平和学など，ほとんどの分野で研究が展開されるようになった。1990年代後半には，医学や保健・健康研究などで，男性に焦点を当てたものも急増して

いる。

男性学・男性性研究の扱うテーマは幅広い。父親論，セクシュアリティ論，ポルノ研究，ゲイ研究，メディアの中の男性像の研究や，DVやハラスメントなど暴力にかかわる課題，過労死やワークライフバランス，男性の友情論，男性性と戦争，ケア論など，思いつくだけでも多くの研究が頭に浮かぶ。

なぜ今男性学・男性性研究か？
──揺らぐ近代社会の中で

それでは，なぜ今男性（むしろジェンダー＆セクシュアリティ全般）が研究の俎上に上ったのか？　背景には「近代社会」の揺らぎがある。つまり，ジェンダーや社会的マイノリティをめぐる研究増加の背景には，文明史的転換ともいうべき大きな歴史的背景が控えているのだ。男性性研究の視点からいえば，男性が社会的マジョリティであることを決定づけた近代産業社会が，変容しつつあるともいえる。

前近代社会においても，もちろん男女の役割分業は存在していたが，その一方で，文化によってジェンダーの構図は多様だったことも押さえておく必要がある。また，文化における多様性とともに，前近代社会においては，「身分」や「階層」におけるジェンダー構造が異なっていたことにも注意を払う必要がある。日本でいえば，武家の家父長制に見られるジェンダー構図と農業従事者のジェンダー，商業従事者のジェンダーは，それぞれ大きく異なっていたはずだ。

「男は外，女は家庭」のような性別分業が，社会に広がったのは，明らかに近代産業社会の産物だった。それまで人々は，世代，性別をこえて生産活動に従事していた。また，男女の役割（多くは独自の性別による分業がなされていた）の形も，文化や階層などによって異なっていた。この構図は，近代産業社会の登場によって大き

く変容する。工業化の展開の中で「子どもは学校で教育を，男は工場やオフィスで有償労働を，女性は家事・育児など無償のケア労働を」という，世代とジェンダーによるはっきりした「棲み分け」が生み出されたのだ。

ヨーロッパ近代においては，ナポレオン以後，「国民皆兵」という成人男性への徴兵制も導入された。こうして，身分制の秩序を超えて，社会総体で（もちろん，工業化＝国民群形成以前の身分制秩序の残滓も存続してはいたが），「男性と女性」の断絶（男性の女性への「支配」と生活面も含めた女性によるケア労働への「依存」という）＝近代型ジェンダー構造が生み出されたのだ。ナポレオンは，このジェンダー構図を，法的に担保しようとした人物でもある。1804年のナポレオン法典によって近代ヨーロッパ型の家父長制が法的に整備されたのである。すなわち，「男性家長の家族成員への保護と管理，既婚女性の夫への従属」が，家族法＝民法の形で社会化されたのだ（このナポレオン型近代家父長制は，ヨーロッパの多くの国で，法律レベルでは1970〜80年代まで維持された。スイスで「既婚女性は夫の許可なく就労してはならない」という法律が廃止されたのは1985年のことだ）。

工業化の中で生まれた近代的ジェンダー構造は，産業化の進む諸国に持ち込まれていった。工業化は，世代とジェンダーのはっきりした区分（もちろん，伝統的ジェンダー構図と混じり合いつつ）を社会に持ち込んだ。明治以後の日本社会のジェンダー構造もまた，ある意味ヨーロッパ起源のジェンダー構図の日本型適用だったといえるだろう。

ゆらぐ男性性と剥奪（感）の男性化

近代産業社会において確立した近代型ジェンダー構造は，1970年前後に揺らぎ始める。この時期以後，（あらゆる人の）人権と環境という二

大テーマは，国連を軸に大きな価値変容をもたらした。なかでも女性の人権は，「世代最大の人権問題」（国連）と位置付けられ，各国で制度の変更（特にヨーロッパでは，家父長制の廃絶と離婚と中絶をめぐる法改正）も含め，大きな社会変動が生じた。

この変動の背景には，工業社会（現在の用語でいえば蒸気機関の発明と鉄道網の拡大を生んだ「第一次産業革命」，20世紀への変わり目前後に誕生した電気エネルギーを軸にする大量生産の「第二次産業革命」）から，情報やサービスを軸にした第三次産業革命の広がりがあったはずだ。妊娠や出産を想定する必要のない男性労働者を軸に発展した工業社会から，ある意味，効率や利益の増大さえ担保できれば，担い手のジェンダーをそれほど問題にしない形へと変化し始めたのだ。

工業社会が生み出した男性主導の仕組みの揺らぎは，それまで「男性である」こと（のみ）で「特権」を保ってきた一部の男性の困難を，まず生じさせることになった。アン・ケースとアンガス・ディートンによる『絶望死のアメリカ』（Case & Deaton, 2010=2021）が描き出しているように，アメリカ合衆国の主に製造業に従事してきた非大卒・白人男性の薬物や自殺による死者の増加の背景には，製造業中心の男性主導社会の終焉があると思わざるをえない。21世紀以後のAIやIoTを基軸にした第四次産業革命への転換は，こうした傾向を弱めることはないだろう。性別によらず（性差別の構図は，さまざまな形でいまだ根強いが），資格や能力による経済的な優位性確保の仕組みは，従来の男性主導の仕組みを食い破りつつある。まさに「剥奪（感）の男性化」（伊藤，2018）が，世界中で生まれつつあるのだ。

ここで「剥奪感の男性化」について少しばかり整理しておこうと思う。ヒントになるのは，すでに古典ではあるが，チャールズ・グロックらの宗教社会学における「剥奪」の分類である。グロックら（Glock & Stark, 1965）は，宗教への入信に際してさまざまな「剥奪」が作用していることを明らかにしている。つまり，①「経済的剥奪」，②「社会的剥奪（社会的威信，社会的力，地位，機会などにおける不満）」，③「有機的剥奪（精神および身体的健康や，障がい，心身面でのスティグマなどにかかわる剥奪感）」，④「倫理的剥奪（自分の理想とするものと社会的現実のズレから生じる剥奪感情など）」，⑤「精神的剥奪（自分が価値ある世界の外側におかれているという剥奪感情，虚無的感情）」の5つである。

このグロックらによる剥奪論は，ここでいう剥奪感の男性化の分析においても活用できると思う。①経済的剥奪——国際的にみれば，新自由主義のグローバル化による男性労働者の実質賃金の低下。先述した『絶望死のアメリカ』が描く世界は，その代表例だろう。②社会的剥奪——「男の領域」と思い込んでいた場所に女性が参画することに対する不満。③有機的剥奪——「男らしさ」の鎧に縛られ，弱音がはけない，感情を表に出すことを抑圧してしまう，問題が生じても自分一人で解決しようとして身近な人にさえ相談しない。男性性そのものに由来する抑圧が身体や精神に深い傷を負わせる。④倫理的剥奪——身に染み付いている社会的規範が，自分の思い描いていた現実とズレ始めていることを感じたとき，男性たちは，「この社会はおかしい」という思いを抱き，そこからの疎外感，距離感を抱くようになる。⑤精神的剥奪——何もしたくない，何をしても無駄だという意識や虚無感の広がり。時に自暴自棄的行為につながる。男性性を対象とする場合，グロックらの分類に加えて，⑥性的剥奪（広義には有機的剥奪に含まれるのかもしれないが）を追加した方がいいかもしれない。具体的には「インセル（不本意の性的禁欲者）」と自称・他称される人々などは

その一例だろう。メディアによって煽られた性的欲望が，性的剝奪感をさらに増幅させることにも注意を払う必要がある。

おわりに

　近代＝男性主導社会の大きな転換点の中で，不安定化し，何か「奪われて」いるかのような思いに取り憑かれている男性たちが引き起こす社会病理現象に備えるためにも，男性を対象にしたジェンダー政策（中でも，男性対象の公的相談の充実は重要だ）の本格的登場が必要だ。公的な男性相談の拡大とともに，男性たちの「ケアの力」（自他の身体・生命・想いに対する配慮とそれに基づく行為）の養成が，今問われ始めている（伊藤ほか，2022）。

文献

天野正子，伊藤公雄，伊藤るり ほか編（2009-2011）新編 日本のフェミニズム［1-12］．岩波書店．

Case A & Deaton A（2010）Death of Despair and the Future of Capitarism. Princeton University Press.（松本格 訳（2021）絶望死のアメリカ──資本主義がめざすべきもの．みすず書房）

Farrell W（1994）The Myth of Male Power. Trade.（久米泰介 訳（2014）男性権力の神話．作品社）

Glock CY & Stark R（1965）Religion and Society in Ten-sion. Rand McNally.

Goldberg H（1976）The Hazard of Beeing Male : Surviving the Myth of Masculine. Nash Pub.（下村満子 訳（1982）男が崩壊する．PHP研究所）

Goldberg H（1979）The New Male : From Self-Destruction to Self-care. Morrow.（岩田静治 訳（1981）どんな二人が幸福か──新しい「男と女」の時代．PHP研究所）

Hite S（1981）The Hite Report on Men and Male Sexuality. Ballantine Books.（中尾千鶴 訳（1982）ハイトレポート 男性版［上・中・下］．中央公論社）

伊藤公雄（1984）〈男らしさ〉の挫折．In：作田啓一，富永茂樹 編：自尊と懐疑．筑摩書房．

伊藤公雄（1993）〈男らしさ〉のゆくえ．新曜社．

伊藤公雄（1996）男性学入門．作品社．

伊藤公雄（2008）増補新版 男女共同参画が問いかけるもの．インパクト出版会．

伊藤公雄（2018）剝奪（感）の男性化 Masculinization of deprivation をめぐって──産業構造と労働形態の変容の只中で．日本労働研究雑誌 699；63-76．

伊藤公雄，多賀太，大山治彦，大束貢生（2022）男性危機？──国際社会の男性政策に学ぶ．晃洋書房．

中河伸俊（1986）「脱エロス化」からアンドロジナスの回復へ．In：クリティーク5号．青弓社．

Theweleit K（1977-78）Männerphantasien 1-2. Verlag Roter Stern / Stroemfeld.（田村和彦 訳（2004）男たちの妄想［I・II］．法政大学出版局）

Tolson A（1977）The Limit of Masculinity. Tavistock.

渡辺恒夫（1986）脱男性の時代──アンドロジナスをめざす文明学．勁草書房．

渡辺恒夫 編（1989）男性学の挑戦──Yの悲劇．新曜社．

[インタビュー]

来たるべき知のために
ジェンダースタディーズと障害学の交差域

熊谷晋一郎
東京大学先端科学技術研究センター

[聞き手＝大嶋栄子]

大嶋　「あたらしいジェンダースタディーズ」と題したこの特集号では，フェミニズム，フェミニスト・カウンセリング，男性学，そして障害学とジェンダースタディーズとの接点を探るセクションを設け，ジェンダースタディーズへと結晶化されていく知の系譜を整理し，臨床実践へと接続することを試みています。そこで，障害学はこれまでジェンダーをどのように捉えてきたのか，当事者運動および当事者研究，そして障害学とジェンダースタディーズの交差域はどこにあるのか——この大きな問いを巡って，熊谷さんに幅広い視野からの考察を伺っていきたいと考えています。

時の徴候において
——ジェンダースタディーズと障害学の交差域

熊谷　障害学はジェンダーをどのように捉えてきたのか——まずはこの問いに応えることから始めてみたいと思います。最近，笠井清登さんと手がけた『こころの支援と社会モデル』という本の一節で，批判的障害学を含めた社会モデルの歴史的変遷をまとめる機会がありました[註1]。私自身の研究というより，さまざまな研究者による研究成果を整理しながら

書き綴った総説でしたが，障害学がジェンダースタディーズから実に多くを学んできたことを，あらためて再認識させられました。

　同時にこの論文を執筆するなかで，障害学がジェンダースタディーズから学んだという側面もありながら，同時に，双方の学問がより広域の知の布置に影響を受けながら変遷を遂げてきた2つの領域だったのではないかという思いも強くしました。かつてマルクス理論がグランドセオリーとして存在し，それを踏まえて議論しなければならなかった時代がありました。社会学者の上野千鶴子さんもマルクス主義フェミニズムの視点から，『家父長制と資本制』[註2]に象徴されるような，ケアを労働問題として見直すフェミニズムを牽引されてきました。障害学でも同様に，医学モデルから社会モデルへの変遷は，マルクス理論の影響を強く受けています。

　続いて到来する構築主義の時代には，ジェンダースタディーズの領域において，ジュディス・バトラーの『ジェンダー・トラブル』[註3]のように，セックスはつねにすでにジェンダーであるとする言説が登場します。障害学においてもこれと呼応するように，インペアメント（impairment／本人が備えた身体特性に起因する「障害」）は存在しない，ただディ

スアビリティ（disability／本人が備えた身体特性と社会環境との齟齬に起因する「障害」）のみが存在する，ゆえにインペアメントは社会的に構築されているという言説が登場します。ここでもまた構築主義というグランドセオリーの影響下で，ジェンダースタディーズと障害学の双方において，ジェンダーとディスアビリティ，セックスとインペアメントという対応関係が取り結ばれ，セックスやインペアメントの社会構築性が強調されました。

さらに近年は，哲学者の千葉雅也さんたちが精力的に紹介してきた「新実在論」[註4]という哲学的潮流も生まれています。人間の認識とは相関しない物質は実在する，言語によってすべてが構築されているとは断言できないという，いわば更新された実在論の言説です。ジェンダースタディーズがこの実在論的転回をどのように受容しているのか，私にはフォローできていない部分も多いのですが，少なくとも障害学には大きなインパクトを与えうるし，与えるべきだと考えております。すべてが社会的に構築されていると言い切ることで捨象されるものがあるという議論が浮上し，インペアメントの物質性＝実在性に新たな視線が向けられるようになっています。

このようにジェンダースタディーズと障害学には，時代ごとに変遷するグランドセオリーという「第三項」に媒介されながら変遷してきた側面と，双方が横軸の影響関係にあった側面，その2つの表情があるように思います。私自身，アカデミアにおいて障害学とジェンダースタディーズがどのように影響を与え合っているのか十分理解ができていないのですが，近年ではジェンダースタディーズ，クィアスタディーズ，障害学を架橋する研究も発表されるようになり，今後議論が深化していくフィールドになる予感もしています[註5]。

〈衝突〉と〈対話〉を追想する
―― 『当事者主権』というレガシー

熊谷 ジェンダーと障害の交差域に関して，私の研究関心は長くスタディーズではなくアクティビズムの世界にありました。2003年，中西正司さんと上野千鶴子さんの共著による『当事者主権』[註6]が出版されます。今から振り返ってみても，日本のアクティビズムにおいて重要な一冊です。その革新性のひとつは，ケアする側とケアされる側，双方の視点がある種の〈衝突〉を伴って編纂されたところにあると私は考えていて，とりわけ争点は，介護保険制度を巡る対蹠にありました。

日本の介護保険制度に関しては，不払い労働（unpaid work）として家庭に閉ざされてきた介護＝ケアを有償化して社会化したという意味で，ある時期までは，そこに解放的文脈を読み込んで前向きに捉えるフェミニズムの言説も多かったと記憶しています。

ですが障害者サイドはこれに鋭く対立してきました。われわれ障害者にとって介護保険は脅威以外の何物でもなく，高齢者に焦点を当ててケアが設定されているだけでなく，権利ではなくリスクという観点からのアプローチになっていたからです。保険制度は元来，人権という発想ではなく，自動車保険と同じようにリスクをみんなで分散しようとする発想ですよね。これはつまり，ケアを受ける状態とはリスク（非常事態）であるという発想です。障害者へのかくも剥き出しのスティグマにまみれた制度設計（構造的スティグマ）である以上，障害者にとって承服しがたいものだった。障害者コミュニティからは，現役を退いた人たちがケアを受けるという前提があるうえに，ケアを受けるのは一定期間という条件で介護保険制度が設計されているようにしか見えなかった。これでは爪切りもして

もらえないし，職場や映画館，デモ行進に行くのも介助してもらえないことになって，人生を謳歌するための権利を享受するという発想でケアが捉えられてはいませんでした。

翻って『当事者主権』では，このような状況下において，ケアする側に置かれた女性たちの解放か，それともケアを受ける側にある障害者の解放か，相容れないと思われた両陣営から，対話的に両者の解放が模索されていったわけです。

犠牲と分断を超えて
──依存先の剥奪と権力の発動

熊谷　以上の議論はおそらく，「自立とジェンダーをどう考えるか？」という，もうひとつの問いを呼び起こします。私は障害をもつ子どもを育てる親主催の会に呼ばれて講演をすることがよくあって，そこでは必ず「私たち親子が刺し違えちゃいけませんね」と伝えることにしています。親と子どちらかが犠牲になる「ゼロサムゲーム」を繰り返してはいけない，親子双方をネグレクトしている社会の問題を親子が連帯して問い返さなくてはならない，という私なりのメッセージです。

実際，社会は親だけではなく障害をもつ子どもをもネグレクトしつづけていて，時をさかのぼれば，「母よ！　殺すな」という青い芝の会のメッセージが社会に投じられた時代がありました[註7]。1970〜80年代当時，障害をもつ子を育てる親の負担を軽減しなければならないという世論がかつてなく高まっていました。では実際に何がなされたのかというと，国主導による大規模障害者施設の建設ラッシュです。これにより，たしかに在宅ケアをする親の負担は軽減されたのかもしれません。ですが実際に施設内で起こっていたのは障害児者への自由の制限，それも不可視化

されたそれであり，神奈川県の知的障害者福祉施設「津久井やまゆり園」で2016年に起こった「相模原障害者施設殺傷事件」に至る，優生思想と一脈通じる精神的土壌が基礎づけられたのがこの時代でした。

だからこそ一方の解放が他方の解放を阻害する歴史を反復してはならない，しかし一体どうすれば双方の解放が実現されるのか──ここで重要になってくるのは，ケアする側もケアされる側も依存先が少ないこと，生きていくための依存先が極度に絞り込まれている状況，さらに言えば依存先そのものを奪われている状況にあるという視座を確保することではないでしょうか。障害者が親や家族以外の存在にも依存できるように社会の仕組みを整備していくべきで，それも依存先が施設だけに限定されるものであってはならない。もちろん施設におけるケアのすべてを否定するつもりではありませんが，多くの施設では1人の障害者に対してケアする側が圧倒的に不足している現状があります。まさにこの人数比こそ権力の源泉ではないかと私は考えているんです。

これを敷衍すれば，この社会で女性が置かれている状況も，障害者が置かれている状況も，人や資源を含めた依存先の寡少性によって権利を剥奪されている構造自体は変わらないのではないでしょうか。だからこそ当事者団体と親の会は，その利害において反目するのではなく，双方にとって依存先の多い社会の実現に向けて連帯し，共にソーシャルアクションを起こす必要があるはずです。

声は沈黙の彼方から
──女性障害者と解釈的不正義

熊谷　女性が置かれた状況と障害者が置かれた状況が交差するこの地点において，これまで

障害の語り手たちが圧倒的に男性優位だったこと，つまり語り手たちのジェンダーバランスも再考する必要があります。このジェンダー不平等によって何が起こるのか。障害者は権利として当然ケアを受けて然るべきであるという障害者運動の主張は，男性障害者において相対的に葛藤を引き起こしにくかったかもしれません。なぜなら男性ジェンダーは，女性からのケアを受けて然るべきものという地位〔ステータス〕に安住し，ここに障害が結び付くと，ケアを受けるポジション自体がさらに強固に固定されていくからです。

ところが，女性障害者においてはそうではありません。女性はケアの与え手であるというステレオタイプと，障害者はケアの受け手であるというステレオタイプの間で，女性障害者は葛藤を呼び起こす存在様態を背負わざるを得ないからです。そしてこの不均衡は女性障害者本人にも時に内面化され，「本来はケアをすべき立場の自分がケアを受けている」という認識を知らぬ間に植え付けられることすらありえます。こうして，男性障害者の多くが経験することのない，ケアを巡る調達資源の寡少性が女性障害者に押し寄せるわけです。ケアを受けることが社会的にも自明視されず自認もされにくい状況に置かれてきた女性障害者固有の苦しみは，にもかかわらず，語り手たちのジェンダー不均衡ゆえに，未だ十分には語られていません。

この課題には，女性障害者を取り巻くさらなる課題も接木されます。1996年に廃止された旧優生保護法下で，本人の承諾なく障害者の強制不妊手術が実施されてきた事実が明るみになり，これに抵抗する障害者運動のアクティビズムを通じ，産む権利，そして子を育てる権利が求められてきました。私たち障害者はケアされるだけではなくケアする存在でもあると世に問うことは，とても大切な障害者運動の主張のひとつです。

一方で，特に若い世代の女性障害者の声に耳をすますと，上の世代の女性障害者から「あなたも子どもを産みなさい」と善意から言われて違和感を覚えるというささやきも聞こえてきます。権利を奪われてきた世代からすれば，産む権利や子を育てる権利を行使するのは当然のことでしょう。ですが，若い世代からすれば，産む権利のみならず「産まない権利」を主張するのもまた当然です。権利剥奪からの解放という自由（free from）と，新たな権利への自由（free to），この2つの動きは「平等な選択肢の保障」という点で，矛盾しないことを自覚する必要があります。

近年，女性障害者が電車でハラスメントに遭ったり痴漢に遭ったりする被害も大きな問題になっています。女性障害者が抱える苦しみは総じて「解釈的不正義」[註8]の状況に置かれ，言語化されなかったがゆえに「なかったこと」にされてきたのではないでしょうか。

ダルク女性ハウスの上岡陽江さんは，いつかこんなことをおっしゃっていました——男性主導の運動は，みんながお酒を飲みながら議論が進んでいくことも多いけれど，そのような「ピンクの雲に乗ったアクティビズム」ではなく，「しらふの運動」が必要だと。もちろん，男性主導の障害者運動の成果は計り知れません。ただ，それによって覆い隠されてきたものも決して少なくはない。そのなかにあって安積遊歩さんや油田優衣さんは，障害とともに生きる女性というポジションから，この事態に新たな言葉と問いを与えつづけている語り手と言えるでしょう[註9]。

すべては当事者の声から始まった
——研究と運動のエラボレーション

熊谷 最近，綾屋紗月さんたちも参画している

自閉症当事者による国際的ムーブメントが活性化しています。正式名を "Global Autistic Task Force on Autism Research"，頭文字をつなげて "GATFAR" と呼ばれる，世界中から25を超える自閉症当事者団体が集まった国際ネットワークです。

2022年，世界五大医学誌のひとつといわれる "Lancet" が，今後5年間で自閉症研究が進むべき方向を当事者と専門家が協議して決定する方針を提示しました[註10]。ところが蓋を開けてみると，当事者として抜擢されたのは自閉症当事者の親が中心で，自閉症当事者もいたものの一部に偏っていたんですね。実際，ガイダンスの内容も当事者の行動変容や薬物治療が中心で，バランスとしては当事者のニーズというより周囲のニーズに応えるものに偏っていました。自閉症当事者としては，たとえば感覚過敏や，胃腸など内臓の内的感覚や，睡眠の質など，身体のモニタリングに関心があるのですが，本人の「困りごと」にはあまり焦点が当てられず，当事者団体が発表してきたニーズ調査も引用されていなかった。

そこで緊急声明を発表するために立ち上がったのが先ほどのGATFARというわけです。GATFARは瞬く間に世界中にネットワークが広がり，自閉症当事者のアクティビストから，セクシュアル・マイノリティでもある自閉症当事者，さらに自閉症当事者である医師や研究者まで，多様なエキスパートたちが参集しました。アジアを含めて北半球から南半球まで参加地域もさまざまです。このGATFARが "Lancet" の記事を批判するポジション・ペーパーを公表したのですが，残念ながら "Lancet" のリアクションは彼らが期待したものではありませんでした。

ところがつい先日，事態は大きく展開しました。"Nature" 誌が，GATFARによる一連の取り組みを報告した記事[註11]を掲載した

のです。当事者視点が来たるべき自閉症研究を切り拓いていく可能性を予見させ，いよいよ次のフェーズに入りつつあります。かつて自閉症以外の障害当事者の世界も歩んできた歴史的プロセスが，今まさに自閉症の世界でも始まり，エキサイティングな状況が訪れている。

思えば先ほどもふれた青い芝の会も，親の会が主導してきた時代を経て，親の会が準備したインフラから当事者グループが生まれ，やがて親と袂を分かっていった経緯をたどりました。自閉症の世界も同様に，かつては「冷蔵庫マザー」と呼ばれる母親による養育の「失敗」から自閉症児が育つと言われた時代があり，性別役割分業のなかで過度に養育の責任を負わされた母親たちの運動が，自閉症児の母親でもある何人かの研究者を巻き込んで起こりました。しかしその矛先は男性優位の社会ではなく，自閉症の学説に向けられ，運動の結果，自閉症は親の養育ではなく子どもの脳の問題とされ，子どもを治療する方向に舵が切られるという，なんともバランスの悪い形に振り子は振れてきました。ですが今度はまた別の方向に振り子は振れ，当事者の行動変容を目指す介入を強いてきた——その多くは善意からだったとはいえ——親や社会に対して，自閉症当事者が批判的ポジションを旗幟鮮明にする動向も生まれているのです。

このような経緯を振り返ってみると，ジェンダー化された家族の力学は，単にひとつの家族内に留まるものではなく，アクティビズムの推進力になり，研究にも影響を与えてきたことがわかります。それでも残念なことに一方の解放が他方の抑圧になってしまう事例もあって，分断を超えた連帯の可能性の追求はこれからの大きな課題になるでしょう。

〈打ち捨てられた人〉を見つめて
——当事者の系譜と「つながりの作法」

大嶋 時代が求める必然性ゆえに当事者たちの声が立ち上がり，やがて制度を形にしていったこと，ひとたび制度が整備され，次世代が先行く仲間たちのレガシーを継承するとき，新たなニーズとターゲットへと軸足が移っていくこと……障害学とジェンダースタディーズの交差域を巡る熊谷さんの包括的な視点には，学ぶべきことが実に多くありました。

ここまでの議論を踏まえながら，私が最も関心を寄せているテーマ，今この社会において，ある種の新たな「分断」が進行しているのではないかという懸念について，熊谷さんと共に考えていきたいと思います。

熊谷さんが言葉にされたような全体状況を局所的にでも見渡せる人，そのための情報をみずから集めて読み解くことができる人，あるいは，そもそも情報を手にするためのルートをもつ人がいる一方で，他方の極には，このような全体状況からも情報へのアクセスからも置き去りにされていく人がいて，ある種の階層分化が着々と進行しているのではないか……私が危惧しているのはこの「分断」のことです。では，情報へのアクセシビリティが高いグループと，これまで以上に情報から断絶していくグループとのあいだに，いかにして架橋する言葉を積み上げていけばいいのか——臨床フィールドで実践に従事しながら，このところ私はずっと悩みつづけています。

そのなかにあって綾屋紗月さんたちが参加するGATFARは目が離せない新たな動向ですね。シスジェンダー・ヘテロセクシュアルの男性中心に声が上がる傾向が強いなか，このような批判的再考を推進する当事者運動，一度すべての価値観を転覆させるようなアクティビズムが求められているのかもしれません。

熊谷 現在，GATFARの代表は先ほど紹介したヘタ・プッキさんという女性が務めていて，自閉症は男性割合が高いとされるなか，しかしGATFARをはじめとする自閉症アクティビズムのなかでは女性が活躍している現象をどう考えるべきか，私も強い関心を寄せています。近年，自閉症当事者の自己再定義に使用される「ニューロダイバーシティ（神経多様性）」という言葉に次いで，クィアセオリーを援用した「ニューロクィア」という言葉も生まれ，これまで周縁化されてきた声が勢いよくアクティビズムを動かしていて，交差性という面では，かつての障害者運動とはずいぶん雰囲気が異なっているようです。

ですがご指摘の通り情報格差の問題は大きく立ちはだかっていて，すぐに当事者グループとつながれない当事者たちにどのようにアプローチすべきなのか，これはただちに答えの出ない問いですね……

大嶋 改革運動の必要性を認識するマインドを育てる環境が身近にあり，実際にアクセスできる人たちがいる一方で，私がフィールドで出会う女性たちのなかには，自閉スペクトラムという言葉も知らないし，脳のユニークネスが招くトラブルなんて聞いたこともないという人は珍しくありません。自分が生活しやすくなるためにどのようなサービスを利用すればいいのか，誰を頼って相談すべきかガイドしてくれる制度はあるのか，そもそも自分の状況を理解してサポートしてくれる人をどのように探せばいいのか——これら生活者としての問いは自助努力へと投げ出されたまま，まるで社会から打ち捨てられてしまったような人たちがいる。こんなふうに地域社会で打ち捨てられてしまった人たちに，わたしたち支援者は今できることをどのように届け，当事者同士が出会えるルートをどのように準備したらいいのか……

熊谷　多くの障害者が経験してきたことですが，人生のなかで，まるで稲妻が走るように当事者の系譜に出会う瞬間があり，それと認識しないまま当事者の系譜につながってしまったという感覚が訪れることがあります。もちろん生まれ落ちたときにはつながっていないわけですから，そのタイミングは人によって異なりますが，先行く仲間とその遺産との邂逅の瞬間というものがある。

　そして同時に，依存症の世界で言われるような，先行く仲間から新しい仲間へとメッセージを運ぶことで当事者同士がつながる蓋然性を高めるために，一体どのようなシステムを構想すべきか……実際，あの手この手ということになるわけですが，「社会から打ち捨てられた人が最初に出会う可能性が高いのは誰か？」と考えることが，ひとつのヒントになりそうです。もしそれがソーシャルワーカーであれば，ソーシャルワーカーとつながるためのルートの整備が急務になるでしょう。もちろん，ソーシャルワーカーのような専門職と直接つながれないケースも想定されますから，最初につながる人——支援者であれ非支援者であれ——を通じて，専門職と制度と社会資源が織り成す世界の入口に立ち，やがてサポートにつながるであろう広大な世界をキャッチできる仕組みも必要でしょうね。

　Eテレの番組「バリバラ」に出演している玉木幸則さんは，障害領域のソーシャルワーカーである相談支援専門員協会の顧問や，特定非営利活動法人「メインストリーム協会」理事として，当事者の系譜を伝えていくことをライフワークとされています。また，日本薬物政策アドボカシーネットワークの古藤吾郎さんたちが運営する「ハームリダクション東京」は，SNSを使ったチャット相談を通じて，これまでつながれなかった人が新たにつながるためのプラットフォームを提供してい

ます[註12]。いずれも今後，参照されるべき貴重な先行事例ですよね。

大嶋　〈打ち捨てられた人〉が最初につながる蓋然性の高いソーシャルワーク領域は，長年をかけて良くも悪くも専門分化が進んできました。これまでつながらなかったものを架橋するには，横のつながりが絶対的に必要になります。そのためにも，自分の専門領域に閉じ籠らずジェネラリストとして仕事をしていくこと，自分の専門ではないと目の前の課題をネグレクトせず，目下の課題に詳しい別の専門職・専門機関へリレーすることが求められるはずです。

　先ほど，稲妻のように当事者の系譜につながるという話がありましたが，依存症の世界でも全く同じことが語られますよね。ある日のミーティングが稲妻のように参加メンバーの運命を変えることは稀ではなくて，そこに私たちは「ハイヤーパワー」という名を与えたりしているわけです。ですから出会いの蓋然性の種子をどれだけ多様に蒔いておけるのかということに尽きるし，専門職の支援だってそこからしか始まらないとも言えるでしょうね。

来たるべき知のために
——当事者研究という触媒

大嶋　このような"つながりの作法"の重要性は，支援のフィールドだけでなく，学問領域にも該当するものではないでしょうか。現在，フェミニズムの世界では加速度的に世代交代が進み，特に若い世代の研究者によって障害とジェンダーのインターセクショナリティが意識されつつあります。フェミニズム理論の細分化と稠密化も進行していて，たとえばクィアセオリーひとつを取っても日々多くの論考が誕生しています。このような情勢のなかで，

熊谷さんは，障害学とジェンダースタディーズのクロスリンクの前線はどこにあるとお考えでしょうか？

熊谷 障害学とジェンダースタディーズのクロスリンクはよくわかっていない部分も多いのですが，障害学においてはむしろ，アクティビズムとの接続が，少なくとも私の回りでは議論されていて，障害というものが時代を彩るグランドセオリーの応用問題となることだけは避けなくてはならないという意識が共有されてきました。いつの時代も，グランドセオリーを応用したいという欲望が肥大し，障害が演繹的に論じられるリスクはゼロではありません。「理論のための理論」となることを回避して，障害という現実から出発して理論を生成していく帰納法に踏み留まり，そのうえで知のアクチュアリティをいかに担保するか――これは高度な緊張感を伴う議論になるでしょう。

まさにここで，先ほど紹介したGATFARに象徴されるように，アクティビズムをリードする当事者が，どのような学問分野と手を組もうとしているのかということは，十分に検証されるべき問いだと思います。どこと組むかという「戦略」は，既成の学問領域とのコンタクトゾーンでもあり，見方を換えれば，既成の学問領域が「理論のための理論」になっているリスクを査定されるホットゾーンでもある。机上の空論ではない実学は障害学で求められているだけでなく，大嶋さんが紹介してくださったように，障害とジェンダーのインターセクショナリティがジェンダースタディーズでも求められていて，今この時代を彩る徴候のひとつとも言えるでしょう。

大嶋 「理論のための理論」を回避するというメッセージを敷衍してみると，当事者研究には，さまざまな理論を自由にブリコラージュしていくという大きな特徴がありますよね。

熊谷 そうですね，当事者研究の要諦は，「困りごとから出発し，困りごとに帰還する」という“素朴さ”にあると私は考えてきました。「理論のための理論」をずっと聞かされていると，そもそもの関心のはじまりにあった「困りごと」が見えなくなって，ふと我に返る瞬間がありますよね。冒頭でもふれた『こころの支援と社会モデル』という本の一節「社会モデル」では，具体的な「困りごと」と近年論じられているセオリーとの架橋を私なりに試みました。当事者と専門職という両陣営からの批判が集中することが予想されますが，「困りごとを失ってしまったら，果たして何のための学問・理論か？」という危機感に突き動かされた仕事でもありました。

少なくとも私見では，構築主義は慢性疼痛や性格の悪い幻聴に効くことがありますし，新実在論は2年に1回の精神障害者手帳の更新を強いる制度の残酷さを読み解いてくれるなど，「困りごと」と学問・理論はつねに密接に連関しているものです。「困りごと」を手放さないからこそ，たとえば哲学の新潮流とも当事者は手を組むことができるわけで，当事者研究が手放してはならないものはまさに，“一人ひとりの素朴な困りごと”にあります。当事者研究は，名状しがたい困りごとの表現や解決に役立つ概念や知識を提供してくれるなら，いかなる研究でも理論でも参照する“したたかさ”を備えていると言ってもいいかもしれません。

私自身の経験に照らしてみると，ジェンダースタディーズは母との関係という困りごとに効く「特効薬」のようなものでした。ジェンダースタディーズは，原家族やパートナーシップを含む家族問題一般を解くうえで絶大な効果を発揮しますよね。とりわけ私のように障害をもって生活をしていると，その効果はより先鋭化するところがあって，家族の苦

しさ・重さといった，名状しがたくもつれた糸が徐々に解かれていく知的興奮を与えてくれる。実際，困りごとを基盤に当事者研究を進めていくと，ジェンダースタディーズとも障害学とも必然的につながらざるをえなくなります。ひとつに見えた「困りごと」も，つねに複合的要因から組成されていて，多方面からアプローチしなければ解明されないはずですから。

*

熊谷　ここまで大嶋さんと一緒に，ジェンダースタディーズと障害学の交差域を探ってきて，複数の学問領域は頭で考えてつなげるものではなく，個人の「困りごと」に伴う解釈的不正義を是正しようというモチベーションを触媒に，必要性と必然性に導かれて，複数の知がつながっていくのが本来あるべき姿ではないかと思うようになっています。これは同時に，すでに体系化された任意の学問が，ひとつの「困りごと」を前にして自らの無力さをつねに痛感させられることをも意味します。ですが，このような無力さの自覚こそが，領域をまたぐ知が芽吹いてゆくための燃料になると言えるのでしょう。難しいけれど正解が約束されているパズルゲームを解くのとは違って，日々目の前に到来する「困りごと」にチャレンジすること——当事者研究において私が大切にしているこの「知の推進力」こそが，ひとつの触媒となり，ジェンダースタディーズと障害学を結節させてくれるはずだと信じています。

[2023年5月17日／Zoomにて収録]

註

1　熊谷晋一郎（2023）社会モデル．In：笠井清登 責任編集，熊谷晋一郎，宮本有紀，東畑開人，熊倉陽介 編著：こころの支援と社会モデル——トラウマインフォームドケア・組織変革・共同創造．金剛出版，pp.224-240.

2　上野千鶴子（1990）家父長制と資本制——マルクス主義フェミニズムの地平．岩波書店［岩波現代文庫＝2009］.

3　ジュディス・バトラー［竹村和子 訳］（1999）ジェンダー・トラブル——フェミニズムとアイデンティティの攪乱．青土社［新装版＝2018］.

4　新実在論（New Realism）は，20世紀初頭のアメリカにおいて，構築主義的価値への反動として形成された，マルクス・ガブリエルの新実存主義，カンタン・メイヤスーやグレアム・ハーマンの思弁的実在論など，同時展開される複合的な哲学的潮流を指す。たとえば以下を参照——カンタン・メイヤスー［千葉雅也，大橋完太郎，星野太 訳］（2016）有限性の後で——偶然性の必然性についての試論．人文書院.

5　たとえば以下の議論を参照——井芹真紀子（2019）〈不在〉からの視座，〈不在〉への視座——ディスアビリティ，フェミニズム，クィア．現代思想47-3；289-298.

6　中西正司，上野千鶴子（2003）当事者主権．岩波書店［岩波新書］.

7　横塚晃一（2007）母よ！殺すな．生活書院.

8　ミランダ・フリッカー［佐藤邦政 監訳，飯塚理恵 訳］（2023）認識的不正義——権力は知ることの倫理にどのようにかかわるのか．勁草書房.

9　安積遊歩（2022）このからだが平和をつくる——ケアから始まる変革．大月書店／油田優衣（2019）強迫的・排他的な理想としての〈強い障害者像〉——介助者との関係における「私」の体験から．In：熊谷晋一郎 責任編集：当事者研究をはじめよう（臨床心理学増刊第11号）．金剛出版，pp.27-40.

10　"The Lancet Commission on the future of care and clinical research in autism." Published December 6, 2021.（https://www.thelancet.com/commissions/autism［2023年7月1日閲覧］）

11　Emiliano Rodríguez Mega（2023）'I am not a broken version of normal'：Autistic people argue for a stronger voice in research. Nature（10 May 2023）（https://www.nature.com/articles/d41586-023-01549-1［2023年7月26日閲覧］）

12　「ハームリダクション東京」ホームページ（https://hrtokyo.net/）.

V・ウルフのフェミニズムと
中井久夫のS親和者的ケア

小川公代

上智大学外国語学部

ケアの価値が毀損されるのは
なぜか

　国会でのジェンダー不均衡が長らく指摘されているが，実際に統計を見てみると，国会議員の女性比率は衆院がわずか9.7%，参院が23.1%である[註1]。このように国会の議員構成が男性に偏ったままだと，審議のあり方や発言の仕方に慣例が生まれ，女性やマイノリティの経験とはかけ離れた発想で議論がなされてしまう。現に，今年1月の自民党議員と岸田首相らの「リスキリング」発言は，「産休・育休」をめぐる彼らの誤った認識を浮かび上がらせ，SNSなどで炎上した。新しいスキルを身につけること自体，決して悪いことではないはずで，元来肯定的に語られて然るべきである。しかし，国会の代表質問で「産休・育休中のリスキリング」が提案されたとき，仕事を「休む」ことで女性たちにとって時間が増えるという彼らの誤認が透けて見えた。そもそも，なぜ育休中の女性はなかなか「リスキリング」できないのか。それは彼女らが多くの時間を家事や子育てに費やしているからであり，「負担が増える」ことはあっても，ケア負担がなくなることはない。このため為政者たちの想像力の欠落，あるいは他者理解のなさは，ケアの価値の毀損とさえ捉えられるだろう。

　1980年代まではイギリスも日本並みの女性議員比率だったが，さまざまな取り組みの結果，33.9%にまで引き上げられた[註2]。政治学者である三浦まりによれば，女性参政権100周年の2018年に，議員による点検を実施した英国議会では，「産休などで出席できない議員の代理投票が認められるようになった」[註3]。このような女性の経験が今後イギリスの政治に活かされることが期待される。歴史をふりかえっても，女性の法的，社会的地位の向上のためには，女性たちの必死の努力を要した。英作家ヴァージニア・ウルフは自己実現の道が閉ざされていた女性たちの抑圧的な状況を小説のなかで描いたが，それは20世紀初頭の家父長社会に縛られていた女性たちの気持ちに寄り添うためであった。イギリスで，男女平等選挙権が実現したのは1928年である。

　家父長的な男性たち（政治家のリチャード・ダロウェイや学者のラムジー氏）は，あくまでヒロインの夫やパートナーとして——焦点化されていない登場人物として——描かれている[註4]。そのせいか，これまでのウルフ研究でも，『船出』（*The Voyage Out*, 1915），『ダロウェイ夫人』（*Mrs Dalloway*, 1925），『灯台へ』（*To the Lighthouse*, 1927）など，女性が主人公として据えられた小説が取り上げられることが多い[註5]。おそらくウルフが，特権階級の男性と結婚し，その家族のケアを担う女性たちに着目していたのは，彼女自身が同様の家庭環境で育てられたか

らだろう。だからといって，ウルフが男性性の問題に無関心だったかというとおそらくそうではない。むしろ，彼女は社会のなかに男性性が立ち上がる場面に注意を向けていたのではないだろうか。たとえば，ウルフはこれらの作品において当時の女性たちの生きづらさを浮かび上がらせる方法論として，彼女らが目指すことを許されなかった社会的地位の高い職業についた男性ら——政治家，学者，医師など——のヒュブリス（＝傲慢さ）をさりげなく，かつ印象深く描いている。そういう意味では，作家人生のなかでウルフが取り組もうとしていた男性性をめぐるフェミニズムを読者は大きく取りこぼしてきたのかもしれない[註6]。

そう考えると，将来を嘱望されたエリート青年ジェイコブ・フランダースが物語の中心に据えられた『ジェイコブの部屋』（*Jacob's Room*, 1922）は，ウルフの作品にしてはかなり珍しい。ジェイコブは若くして戦死するが，生前彼が出会う，階級も，家柄も，年齢も異なる女性たちが傍役として描かれている。ウルフが描く女性登場人物は他者のニーズを感受する力を備えているが，これは精神科医の中井久夫が「S親和者」と呼んだ，ケアの根幹にある性質と結びついている。本稿では，ケアが近代社会の家父長的な価値に対抗する性質としていかに重要であるか，中井の議論を参照しながら考えてみたい。それと同時に，ウルフのフェミニズムが，そのような閉じられた家父長社会に風穴を開ける可能性を探っていたことを検討する。

家長組織による刻印成型がなかったとしたら……

ウルフ文学，とりわけ『ジェイコブの部屋』が再読されるべきであると筆者が考えるのは，ウルフが男性を必ずしも敵対する相手として排除するのではなく，彼らに有害な男性性を背負わせる社会の構造にも目を向けているからである。「リスキリング」についてもそうだが，男性為政者たち個人の偏見や差別意識だけが糾弾されがちである。しかしケアの価値を毀損する社会の構造を見つめ直すことも重要ではないだろうか。ウルフもまた，その問題について書いていた。「過去のスケッチ」というエッセイで，家父長文化における男性たちの教育や社会制度について，彼女は次のように綴っている。

> ウィンチェスター，ニューカレッジと内閣をとってしまったら，ハーバード・フィッシャーはいったいどうなっただろうと，先日私は自らに問うてみた。家長組織による刻印成型がなかったとしたら，彼らはどんな形になっただろう。私たちの男の親戚は全部，機械の中にほうり込まれ，向こうの端から六〇歳かそこらで，校長，海軍大将，大臣，判事になって出てくるのだ。農耕用の馬が荒れ狂い，蹄鉄も打たない状態で町中を駆け回るとは考えられないのと同じく，彼らが自然のままの人間と思うのは不可能だ[註7]。

「ウィンチェスター」というのは男子全寮制の名門パブリック・スクールであり，「ニューカレッジ」は，オックスフォード大学のカレッジ（寮）のひとつである。ハーバード・フィッシャーは，ウルフの「親戚」（従兄）であり，名門校，名門大学に進学したエリートで，のちに政治家，教育院総裁にもなった[註8]。ここでウルフは，「家長組織」（patriarchal machinery）という言葉を用いているが，この言葉を直訳すれば，「家父長制の装置」である。いかに前途有望な男たちが教育（広義では社会化）によって，いわば「機械の中にほうり込まれ」て「刻印成型」にはめられ，人間らしさを損なってしまうのかを問題にしているのだ。

特権階級の男性がエリート養成機関としての学校や大学などによって，他者理解を含む人間的な経験から疎外されてしまうのとは対照的に，つねに周縁化されてきた女性たちは，家事，妊娠・出産，子育てといった経験などを介して他者の苦しみを敏感に察知し，そのニーズに応答してきたということだろう。たとえば，代表作『灯台へ』では，ディナーが終わりに近づいてくると察知したラムジー夫人が「お開きの時間だわ。みんなお皿に残ったものをつつきまわしているだけ。ひとまず，主人〔ラムジー氏〕の話にまわりがひとしきり笑うまで待つとしましょう」と自己中心的な夫や「まわりのひと」のニーズに応答している[註9]。このように，ウルフが小説において女性の心の声を響かせてきたことと彼女の語りの手法とは無関係ではないだろう。ウルフは，「家庭の天使」のイデオロギーの影響下で行動が制限されてしまう女性たちに生き生きとした内的世界を与えたが，その語りを可能にしたのは「意識の流れ」と呼ばれる手法である。

ラムジー夫人のこのような敏感さは，精神病理的な観点からは「Ｓ親和者」の気質と呼ぶことができる。これは，統合失調的な「気質」に注目した中井久夫による，その「微分的（回路）認知力」[註10]を表す言葉でもある。中井が注目したＳ親和者たちのもう一つの特徴はパターナリズムに抗する姿勢である。中井とウルフの共通点はそれだけではない。前者が関心を寄せる統合失調症とは統合機能が阻害されてしまう疾患であり，自分と外界の境界があいまいになりやすく，幻覚や妄想が起こることもあるが，じつはウルフ自身にも，幻聴のような統合失調症の症状がたびたびあり，彼女が自殺したときに残した遺書にも，その症状について触れられていた[註11]。中井も，ウルフも，偶然にも自他境界とケアについて語っていたのである。

Ｓ親和者たちの〈謙抑〉

まず，中井はＳ親和者の敏感さを狩猟採集民のなかに見出し，それを農耕社会以前の人々の自然との関係性において説明している。Ｓ親和者が外界に対して敏感なセンサーを備えていたのは，彼らが危険な信号をとらえる機能を必要としたからである[註12]。しかし，農耕社会において人間はもはや自然の一部ではなく，「自然から外化され，自然と対立」し，「恒常的な権力装置」を前提とするようになる（『分裂症と人類』，pp.20-21）。「権力」の構造において，さまざまなものを計量，測定，配分，貯蔵する能力が言祝がれるのが農耕社会であるなら，動植物や人に配慮するための感覚や「心の生ぶ毛」（同，p.33）が大きな役割を果たすのが，狩猟採集社会という考え方である。

斎藤環が，中井のこの「心の生ぶ毛」ということばにとくに注目しているのは，「ふるえるような，いたいたしいほどのやわらかさ」をケア従事者の資質として重視しているからである[註13]。斎藤にとっても，そしておそらく中井にとっても，「心の生ぶ毛」は，「ケア」を実践する上でなくてはならないものであり（同，p.35），それこそがＳ親和者の気質と結びつくものである。そして，ケアとは「パターナリズム」や「押しつけがましい治療」とは正反対の営為なのである（同，p.33）。中井が治療の一環として患者の「足を洗う」ことに注目していたのも，それが治療者の傲慢さを克服するための「謙抑を端的に示す記号論的行為」でもあるからだろう（同，p.198）[註14]。

斎藤環によれば，中井が考えるＳ親和者とは，「つねに現在に先立つ者」である（『100分de名著 中井久夫スペシャル』，pp.47-53）。

狩猟採集民の時間が強烈に現在中心的・カイロス的（人間的）であるとすれば，農

耕民と共に過去から未来へと時間は流れはじめ，クロノス的（物理的）時間が成立した。農耕社会は計量し測定し配分し貯蔵する[註15]。

このカイロス的時間は，ウルフの「意識の流れ」の語りとも呼応する。おそらくウルフにとって救いとなったのが，そういう近代科学が切り開いた認識に基づいた時間感覚，すなわち「クロノス的時間」とは正反対の「カイロス的時間」[註16]──身体を伴って経験する主観的な時間──を小説中の女性たちの「意識の流れ」によって表現できたことかもしれない。ウルフの語り手たちの物語は時系列で語られることはなく，現在と過去がたえず往還している。

中井がカイロス的時間を「人間的」と形容するのも，アガンベンのいう，「そのなかで存在の流動が脈打っては停止し，ふたたび鼓動を始めては繰り返していく」[註17]ような，生命の時間とも重なり合うだろう。そもそも「経験」というものは数値化とは相容れない，不確実なものである。機械やシステムとは違い，その場その場で柔軟な対応が求められる。ウルフが時系列で物語を描かなかったのは，クロノス的な物質世界と人間的なカイロス的世界のヒエラルキー的関係を転倒させるためではないだろうか。

また，ウルフも中井も，近代人の利己的な視点を乗り越えようとする。中井も，S親和者たちの「非常時にはにわかに精神的に励磁されたごとく社会の前面に出で，個人的利害を超越して社会を担う気概」に注目している（同，pp.31-32）。

ウルフは「男性性」をどう描いたか

『ジェイコブの部屋』が重要な作品であると思われるのは，主人公がまさに近代人の利己心と近接性を帯びる「男性性」を獲得していくプロセスを描いているからだ。この小説に関する研究は比較的少ないながらも，1980年代以降の『ジェイコブの部屋』論を振り返ってみると，ウルフの「男性性」をめぐる批評の歴史を辿るようで興味深い。ジュディ・リトルは，フェミニストたちの厳しい批判の矢面に立たされる前途有望なジェイコブを擁護する立場から論じている[註18]。他にも，この「前途有望な男」なジェイコブを夭逝したウルフの弟トビーのイメージに重ね，多少美化して論じる研究もある[註19]。

このように愛すべき存在としてジェイコブが論じられるのとは対照的に，「そんなに好きになれない」と明確な家父長的な登場人物として批判する見方もある[註20]。筆者は，ウルフがジェイコブをいずれの立場にも回収されない，家父長的な価値観に抑圧された「人間」として描いていることに注目したい。社会の構造に目を向けるウルフの態度は，ジェイコブが「一人前の男」になろうとしたとき，「まさにものごとに巻き込まれようとしていたからだ──」という一節からも読み取れるのではないか[註21]。

ジェイコブと逢瀬を交わした娼婦のフロリンダや既婚女性サンドラ・ウェントワース・ウィリアムズだけでなく，ジェイコブに夢中になるファニー・エルマーやジェイコブの友人の妹クララ・ダラントたちの心の声を通して，ジェイコブという人間の"成長"が語られている[註22]。すなわち，アイロニカルな意味での「前途有望」な男として──「機械の中にほうり込まれ」て「刻印成型」になる男性予備軍として──のジェイコブが女性たちの「意識の流れ」に漂っている。彼自身はといえば，ケンブリッジ大学の学生となって不安と憂鬱を抱えている。

ジェイコブもまたS親和者的な気質の持ち主であることが次のような彼の察知力からもうかがえる。「あの老人たちの世界〔弁護士，医者，国会議員，実業家など〕」の「衝撃として襲ってくる」。このように，家父長的な制度は「われわ

れの存在の上にまっ黒な輪郭でおおいかぶさってくる」（同，p.57）危険をジェイコブは捉えているが，次第に「男ばかりのつき合い」（同，p.144）に取り囲まれていくうちに，Ｓ親和者的な性質を発揮することができなくなってしまう。彼は「誰かわからないがこのように人生を形づくってしまった者に対して，今にも怒って抗弁しそうであった」（同前）[註23]。

頭脳や教養で雁字搦めになっていくジェイコブとは対照的に，無教養なフロリンダであるが，彼女の「感情」は評価される（同，p.138）。ジェイコブは，イギリスを離れ，イタリアやギリシアを訪れていても，憂鬱が晴れることはない。「元気旺盛のときはケンブリッジの若者たちに宛てて，芸術，道徳，政治についての手紙を書いた」りするが（同，p.167），おそらく感情と比較すると，「言葉はあまりにもしばしば使いならされてきた」という問題はある（同，p.166）。フロリンダの手紙の「綴りはひどいものだった」が，彼女が「感情を偽ることができな」いという資質については，彼に「よい点を認めさせた」（同前）。

小説の最後で，フロリンダは妊娠していることが判明する。産むにしても，産まないにしても，人生における困難に直面するであろうことが示唆されている。

　　……彼女は妊娠していたのである──間違いなしとスチュアート母さんが言って，友だちに訊いて，薬を勧めてくれた。あんなに軽やかに水面を歩いていたのに，踵をひっかけられて沈んでしまって（訳注－キリストが海の上を歩いたという奇蹟を使った比喩）[註24]。

シーリア・マーシックは，「中絶か望まない出産・子育て」を強いられるフロリンダのみならず，ジェイコブが愛する女性たちが家父長的

な「社会の制約がもたらす犠牲者である」と述べている[註25]。おそらく唯一わずかな特権を享受できているのは上流階級に属するクララ・ダレントであるが，彼女も教育や就業において自己実現することはなく，声を上げることもかなわないのだ（同，p.106）。

『ジェイコブの部屋』では，ジェイコブ自身は「これこそぼくたちの育てられてきた方法なのだ」と享受する特権や男性性に自覚的であり，それを「嫌悪」さえしている。「何とかしなければならない」と焦っているようにも思われる（同，p.254）。しかし，ジェイコブは近代人特有の「個」を確立するにいたる。彼は，「彼自身がたまたま孤独なのではなく，あらゆる人々が孤独だという確信」にいたり，「あらゆることから切りはなされ」ることに，ある種の安堵感を抱くのだ（同，p.259）。

他者から切り離されて安堵するジェイコブと対照的なのは，Ｓ親和者と呼ばれるにふさわしいサンドラ・ウェントワース・ウィリアムズである。サンドラは，「わたしは世界のあらゆる面に対して敏感なのだから」（同，p.283）と，その敏感さ，感受力と引き換えにジェイコブが手に入れるであろう特権的なもののすべてを手に入れ損なっていることにも気づいている。「『でも』彼女は心の中で自問した。『わたしは，彼の何を欲しいのだろう？　きっとそれは，わたしが手に入れ損なった何かなのだわ……』」（同，p.294）。彼女がＳ親和者的であるのは，「わたしは，あらゆる人に対する愛情でいっぱいなんだわ」（同，p.261）のようなカイロス的な語りからもうかがえる。他方，ジェイコブは「グロテスクな肉塊になり下がってい」ると感じた「婦人たち」を「いまいましい」存在として捉えてしまう。そのジェイコブの「幻滅感」は，「もうじき一家の父親，銀行の重役になるような，人生の盛りにいる者たちには普通予期される」ものとして定着していく（同，p.279）。結末部分

に，戦死してすでに他界しているジェイコブの子どもをサンドラが育てている場面が断片的に示される[註26]。

　中井にもパターナリズムへの厳しい批判の態度があった。彼は森鷗外が男性性，あるいは「ヒュブリス」に抗い続けたことを示す証左として，彼の詩「沙羅の木」を挙げている。小さな「白き花」が「はたと落ち」ることにさえ気づいている鷗外の敏感さに共感したのだろう[註27]。中井自身，「民間治療はたえずヒュブリスへの誘惑あるいは誇大万能者への傾斜に曝されている」と言っている[註28]。奇しくも，S親和者たる鷗外も死を意識していた。中井は，これが「日露戦争における戦死を予感して」書かれた詩である考えている（『分裂病と人類』，p.85）。『ジェイコブの部屋』の序盤で，「ぼくは今あるがまのぼくで，そういう自分でありたいと思っています」と宣言するものの，彼のこの希望は家父長文化によって戦死する前に潰えてしまっていた。ウルフは，ジェイコブのありえたかもしれない未来の姿を読者に委ねることによって，「家父長制の装置」の解体という希望へと繋ぎたかったのではないだろうか。ベル・フックスは，「フェミニズム運動が，女性と男性を闘わせるためのものではなく，その闘いを終わらせるためのものであることを忘れてはならない」と主張しているが，ウルフのフェミニズムも，まさに文学によって人と人との関係性を変えようとする試みであるといえそうだ[註29]。

註
1　内閣府男女共同参画局（2022）男女共同参画の最近の動き（2022年3月）（https://www.gender.go.jp/kaigi/renkei/ikenkoukan/82/pdf/1.pdf［2023年4月26日閲覧]).
2　内閣府男女共同参画局（2022）女性活躍・男女共同参画の現状と取組について（2022年10月）（https://www.city.kurayoshi.lg.jp/user/filer_public/c9/ad/c9adf07a-2225-46ff-bfa2-7552e39631b6/jiang-yan-zi-liao-2.pdf［2023年4月26日閲覧]).
3　「国会は『ジェンダー平等』再認識を イギリスにならい世界基準の自主点検を求める声」（東京新聞，2022年2月28日（https://www.tokyo-np.co.jp/article/162653［2023年4月26日閲覧]))。
4　このことを踏まえると，『ダロウェイ夫人』のシェルショックに苦しむ帰還兵セプティマスは，家父長的な男性像からは逸脱したキャラクターである。
5　ウルフの実験小説『波』（The Waves, 1931）は例外的に男3人と女3人の物語であり，ジェンダー的には偏っているとはいえない。ただし，特権を持つ大人に成長する少年たちが家庭の主婦や心に傷を負う女性に成長する少女たちと比較されてもいる。ウルフの主人公の傾向を見ると，『オーランドー』（Orlando : A Biography, 1928）（最初は男性であった主人公が人生半ばで女性に変身する）以外，主人公はたいてい前途多難な女性か他者のニーズに応答するケア実践者である。
6　小川公代（2021）ケアの倫理とエンパワメント．講談社，p.51。
7　ヴァージニア・ウルフ（1983）過去のスケッチ．In：J・シュルキンド 編［出淵敬子ほか訳］：存在の瞬間──回想記．みすず書房，p.204（強調は筆者）。
8　フィッシャーの母親メアリ・ルイーザ・ジャクソンは，ウルフの母親ジュリア・スティーヴンの姉にあたる。
9　ヴァージニア・ウルフ［鴻巣友季子 訳］（2009）灯台へ．In：世界文学全集 II-1（『灯台へ』『サーガッソーの広い海』）．河出書房新社，p.140。
10　中井久夫（1982）新版 分裂病と人類．東京大学出版会，p.33。
11　Patricia Waugh（2015）The art of medicine : The novelist as voice hearer. The Lancet 386；54.
12　たとえば，中井はブッシュマンがカラハリ砂漠において水を獲得するために研ぎ澄ませる感受力に言及している。それは，「水分の多い地下茎を持つ草の地表の枯蔓をそうでない草のそれから識別する能力」である（前掲，p.13）。
13　斎藤環（2022）100分de名著 中井久夫スペシャル．NHK出版，p.34。
14　ここで注意しなければならないのは，中井が必ずしも狩猟民たちを「美化」しているわけでもなければ，反対に，狩猟採集段階から農耕段階，そして「工業化社会に至るのが進化だと考えている」わけでもないことだ（前掲，p.22）。
15　中井，前掲，p.20。
16　ジョルジョ・アガンベン［上村忠男 訳］（2007）幼児期と歴史──経験の破壊と歴史の起源．岩波書店，p.27。

17 ジョルジョ・アガンベン［上村忠男 訳］（2016）身体の使用——脱構成的可能態の理論のために．みすず書房，p.291.

18 Judy Little（1981）Jacob's Room as comedy : Woolf's parodic bildungsroman. In : Jane Marcus（Ed）New Feminist Essays on Virginia Woolf. Macmillan, p.122.

19 Nancy Topping Bazin & Jane Hamovit Lauter（1991）Virginia Woolf's keen sensitivity to war : Its roots and its impact on her novels. In : Mark Hussey（Ed）Virginia Woolf and War : Fiction, Reality, and Myth. Syracuse UP, p.15. バジンとローターによれば，『ジェイコブの部屋』の主人公はトビーをモデルにしており，ジェイコブの戦士は腸チフスで亡くなったトビーへの追悼（memorial for her brother Thoby）である。

20 Catherine Nelson-McDermott（1999）Disorderly conduct : Parody and coded humor in "Jacob's Room" and "The Years". Woolf Studies Annual 5 ; 82.

21 ヴァージニア・ウルフ［出淵敬子 訳］（2021）ジェイコブの部屋．文遊社，p.256.

22 この言葉をあえて引用符に入れたのは，ウルフにとって，この種類の"成長"は必ずしも好ましいものではなかったからだ。

23 「世を避けて引きこもった部屋，古典の文学作品に向かって激しく逆戻りをした」が，解決策としては「何の役にも立たない」と考えている（同，p.144）。

24 ウルフ，前掲，pp.312-313.

25 Celia Marshik（2006）British Modernism and Censorship. Cambridge UP, p.105.

26 そこには，夫への罪の意識も，ジェイコブを失った感傷も挟まれない。ただ，「ジェイコブはショックを受けるでしょう」と「乳母車に教えられてジミーは手を振った」という短文から，夫に不義をしたサンドラが，おそらくジェイコブの息子ジミーを生み，育てていることだけが伝えられるのみである。Vara S Neverow（2004）The return of the great goddess : Immortal virginity, sexual autonomy and lesbian possibility in "Jacob's Room". Woolf Studies Annual 10（Special Issue : Virginia Woolf and literary history : Part II), p.213. ; Imola Nagy-Seres（2019）Malleable sculptures in Virginia Woolf's Jacob's Room and early travel diaries. Journal of Modern Literature 42-2（Varieties of embodiment : Whose body?）（Winter 2019）; 161.

27 中井久夫（2011）思春期を考えることについて．筑摩書房，p.227.

28 中井久夫（2001）治療文化論．岩波書店，p.196.

29 ベル・フックス［野崎佐和，毛塚翠 訳］（1997）ベル・フックスの「フェミニズム理論」——周縁から中心へ．あけび書房，p.60.

新たなミソジニーとマスキュリニティ

河野真太郎

専修大学国際コミュニケーション学部

新たなミソジニーの何が「新た」なのか

本論では，現在「新たなミソジニー」と名づけうる現象が存在するという仮定のもと，その新たなミソジニーはいかなる特性を持っており，いかなる事情で生じたものであり，そしていかにして解除していけるか——これについてはそのとば口に立つのがせいぜいであろうけれども——を考える。

そのような目的を述べたとたんに，いくつもの保留が必要になるだろう。まず，ミソジニーはこれまでもずっと存在してきたものであり，現在のミソジニーも変わるところはない，という反論がありうる。本論は現在のミソジニーが全面的に新しいものと主張するわけではない。本論では，レイモンド・ウィリアムズが「残滓的・支配的・勃興的」と述べて記述しようとした文化の変化のプロセスの観点をミソジニーや男性性，さらにはフェミニズムにも適用していく[註1]。つまり，現在「支配的」に見えるものも，過去の「残滓的なもの」と，生じつつある「勃興的なもの」（もしくはウィリアムズの細分化によれば「前−勃興的なもの」）によって成り立っているのであり，文化現象はそのようにしか記述できない流動的プロセスのなかにある。ミソジニーにしても同様である。ミソジニー的男性運動には長い歴史があるが，ここで捉えたいのはそれが現代においていかなる変化の途上にあるのかということだ。

プロセスとして捉える以上，「ミソジニー」というものを独立で抽象化して取り出すことはできない。それは，本論で示すように，新たなフェミニズム，新たな男性性，そしてその背景にある新たな資本主義との関係の網の目のなかに現象するものであり，さらにそれらのフェミニズム，男性性，資本主義そのものが，ミソジニーと同様に「プロセス」と「関係性の網の目」のなかに存在するのだから，事態は非常に複雑である。

したがって，本論はミソジニーを，切りはなされた個人の内面に無から湧き上がる感情としてのみ捉えることはしない。それは同時に，社会・歴史的に構築されたものである[註2]。その構築のありさまを複雑に捉えることによってこそ，新たなミソジニーの「解除」に向けた一歩が踏み出せるものと信じている。

インセルがミソジニーを代表することについて

まず，新たなミソジニーと言われればすぐに思いつくものから出発しよう。それは，米国であれば「インセル」に代表されるようなミソジニーである。インセル（incel）とは，involuntary celibate，つまり「不本意な独身者」の略である。この言葉そのものは，1997年にトロントに住む

バイセクシュアル女性が始めた，出会いのためのウェブサイト Involuntary Celibacy Project に由来する[註3]。だがこの言葉は，この女性が意図したものからは大きく逸脱していく。それは，オンラインのフォーラムをベースに，反フェミニズム的，ミソジニー的な運動となっていく。インセル運動の歴史については中道左派シンクタンクであるニュー・アメリカによる政策提言「ミソジニー的インセルと男性至上主義」が簡潔にまとめているが[註4]，その文書が出発点（つまり，インセル運動の「到達点」）とするのは，2014年5月23日に起こったカリフォルニア州サンタ・バーバラでの，22歳男性エリオット・ロジャーによる無差別殺人である。彼は銃を乱射し，6名を殺害して自殺する前に，自分より楽しい暮らしをし，セックスをしている人びとに対する怨嗟を動画にして投稿していた。

　これに類似する事件は世界で次々に起こった。2018年には，トロントで無差別に車で人をはねて10名の死者を出したアレク・ミナシアンが，犯行前にフェイスブックでインセルという単語を出しつつエリオット・ロジャーを称賛していた[註5]。日本においても，ミソジニーが背景に感じられる無差別傷害事件が続発している。2021年8月6日に小田急線で女性の大学生を刺した犯人の供述は衝撃的だった。彼は，2021年に入って生活保護を受け始め，事件当日には食料品を万引きして警察に通報されていたという。また，「大学や出会い系サイトで知り合った女性に馬鹿にされてきた。華やかな女性や一緒にいる男性の首を切りたいと思うようになっていった」と供述し[註6]，「幸せそうな女性を見ると殺したいと思っていた」，また事件当日に被害者を選んだ理由としては「勝ち組っぽいと思った」と述べた[註7]。

　小田急線事件が衝撃的だったのは，それが明白なフェミサイド（未遂）であったということだけではない。貧困にあえぐ男性が女性一般への恨みを募らせつつ，最終的に「勝ち組」という言葉を使ったことである。これは，この後述べる，ポストフェミニズム状況に反応して生じている新しいミソジニーの表現としてはあまりにも型通りであり，それゆえに背筋が凍る。

　それに追い打ちをかけたのは，同年10月31日に京王線で発生した放火・無差別傷害事件だろう。こちらの被害者は高齢男性であったものの，犯人が映画『ジョーカー』（2019年）を模した衣装を着ていたことが衝撃的だった。『ジョーカー』は「バットマン」シリーズのスーパーヴィランのジョーカーの前日譚である。この映画は，一言で言えばジョーカーをインセルとして描いた。主人公のアーサー＝ジョーカーは障害を持った青年で，社会の底辺でもがいている。そんな彼が最終的に暴力によって暴徒のリーダーに祭り上げられていく物語は，男性至上主義の暴走という側面もあるトランプ支持者の「革命」を彷彿とさせるものだった。京王線事件の犯人はそのジョーカーを模したのである。

　このように，日本でも，そのような名称は使われないものの，インセル的な男性性の暴走がアメリカやカナダと軌を一にして生じている。

ポピュラー・ミソジニーとは何か

　ここで提起したいのは，そのような極端な事例に現代のミソジニーを代表させてよいのかどうか，という疑問である。これらの暴力がミソジニーの行き着く先を表現していること自体は否定しがたい。しかし，ポピュラーな感情としての新たなミソジニーのすべてがこれらの暴力によって表現されていると考えてしまっては，なんといってもそれらのミソジニーが女性一般を諸悪の根源として攻撃対象とするような論理に「つきあう」ことになりかねない。そのようなミソジニストたちの置かれた社会・歴史的な状況を理解し，彼らの「真の敵」を見いだす努

力が必要であろう。

サラ・バネット＝ワイザーの著書『エンパワード──ポピュラー・フェミニズムとポピュラー・ミソジニー』での議論は，そのような努力の入り口としては格好のものである[註8]。バネット＝ワイザーは，「ポピュラー・フェミニズム」と「ポピュラー・ミソジニー」が現代では対になって生じていると論ずる。ポピュラー・フェミニズムは，いわゆるポストフェミニズムに近いが，バネット＝ワイザーはあくまで別のものとして理論化する。その差異についてここでは詳述しない。ともかくも，「ポピュラー」という言葉が示す通り，ポピュラー・フェミニズムは現代のメディアの「可視性の経済」のもとで可視的になりポピュラーなものになっているフェミニズムのことである。それは，「不平等の深い構造に異議を申し立てないがゆえに」ポピュラーたりえている[註9]。

それに対するポピュラー・ミソジニーは，「ポピュラー・フェミニズムへの現代の反応」である[註10]。この組み合わせについては，バネット＝ワイザーは終章でヒラリー・クリントンとドナルド・トランプの対決について論じていて，それを例に取れば分かりやすいだろう。人種差別やミソジニーを隠しもしない，それゆえに人気を博したトランプとその支持者のミソジニーは，クリントン的な「フェミニズム」への反応としてもっともよく理解できる。ただし，クリントンをフェミニストの問題ない代表として扱うこともできない。彼女が押し進めた福祉の解体，ウォール街との彼女のコネクション，有色人種により大きな影響を及ぼした犯罪の厳格な処罰と収監といったこと「にもかかわらず（もしくはおそらくそれゆえに），クリントンはポピュラー・フェミニズムの非常に適切な代表なのだ──彼女はどうやって「リーン・イン」するかを知っており，起業家的な女性の一流の模範なのだから」[註11]。

ポピュラー・フェミニズムという形で部分化された（それは明らかに，すべての人のためのフェミニズムではないのだから[註12]）フェミニズムと，そのフェミニズムの部分的イメージへの反応としてのポピュラー・ミソジニー。ただし，この対立をなぞって記述するだけでは，その外側に出ることはできない。私が重要だと考えているのは，バネット＝ワイザーがポピュラー・フェミニズムとポピュラー・ミソジニーの両者が同じ条件を共有していると指摘している点である。その条件とは，新自由主義だ。

これらの主題のそれぞれは，能力（capacity）と傷（injury）という双子の言説を中心に回る論理を基礎にしている。私が言いたいのは，ポピュラー・フェミニズムとポピュラー・ミソジニーの両者は，個人の（仕事，自信，経済的成功のための）能力という新自由主義的な概念を利用するのだが，また同時に両者は，傷を，この能力を発揮することの主要な障害物として据えるということだ。つまり，女性にとっては性差別主義という傷，男性によってはフェミニズムと「多文化主義」という傷である[註13]。

バネット＝ワイザーの記述の背景に横たわっているのは，新自由主義における「能力」の観念である。これについて私は『戦う姫，働く少女』ならびに『新しい声を聞くぼくたち』[註14]において論じた。新自由主義時代の生産体制としてのポストフォーディズムと，そこでの「能力」の変化が，ジェンダー体制の変化をもたらしており，ポストフェミニズムや新しいミソジニーはそのような体制への適応もしくは反応（反動）であったというのが，そこでの議論の骨子である。

ここではその「能力」の具体的内容（例えばポストフェミニズム的女性が持つことを推奨さ

れ，その反面，従属化した男性には欠けている，コミュニケーション能力や感情管理能力）について詳述はできない。だがここで重要な論点として確認しておきたいのは，ポピュラー・フェミニズムとポピュラー・ミソジニーが新自由主義という同じ状況を背景としているというバネット＝ワイザーの指摘である。

私が『新しい声を聞くぼくたち』で指摘したのは，ポピュラー・ミソジニーが反応しているのは，ポピュラー・フェミニズムだけではなく，この新自由主義時代に応答して調整された「新しい男性性」でもあるのではないか，ということだった。

歴史をふり返れば，1970年代の第二波フェミニズム以降において，男性性の意識的な組み替えは常にフェミニズムへの応答／反応として行われてきた。そのうち，男性の有害性を減らしていこうというメンズリブや男性学，さらには男性性研究の歴史はある程度記述されてきた[註15]。それに対立する保守主義的な「男性権利運動」の日本における展開についてはまだこれから研究が進められるべき領域となるし，現在の日本における「ポピュラー・ミソジニー」と呼べるものについての研究も，まだ十分に進んではいない[註16]。これまでのところ，前節で述べた小田急線事件，京王線事件のような極端な事件がそのような感情を象徴しているだけである。そのような形ではなく，より「ふつう」の感情のありようを記述する「日本的ポピュラー・ミソジニー」の研究が望まれる。

残念ながら本論はそのような研究ではない（し，筆者はそれを研究対象とはしていないので書くことができない）。そうではなく，残る紙幅では，ポピュラー・ミソジニーが新自由主義という広い背景をポピュラー・フェミニズムと共有しているというバネット＝ワイザーの指摘を糸口に，ポピュラー・ミソジニーの論理の一面を記述し，それを解除する方法を考察したい。

ゼロサムゲームとケアの倫理

バネット＝ワイザーは，度々ポピュラー・ミソジニーの論理を「ゼロサムゲーム」の論理だと述べている。つまり，「女性が勝ってより可視的になるときに，男性は負けてより不可視になる」という論理である[註17]。最後に，この「ゼロサムゲーム」をキーワードにポピュラー・ミソジニーの外部を想像する試みをしたい。その外部とは，端的に述べると，「ケアの倫理」である。

これについて，「ケアの倫理」の基本文献と言えるキャロル・ギリガンの『もうひとつの声で──心理学の理論とケアの倫理』[註18]の第2章「関係性の複数のイメージ」で検討される事例は非常に示唆的である。ギリガンは，11歳の2人の子供，ジェイクとエイミーが，「ハインツのジレンマ」を解くことを求められた際の反応について記している。「ハインツのジレンマ」とは，『もうひとつの声で』で主要な批判対象となる発達心理学者ローレンス・コールバーグが開発した，人間の道徳発達を計測するためのテストのひとつであった。その内容とは，ハインツという男が，妻を難病から救うために彼の手に届かない薬を盗むべきかどうか，という質問と，その答えの理由を掘り下げていく質問で構成される。

男の子のジェイクは薬を盗むべきだとはっきりと答えた。そしてその理由は，人間の命はお金とは比較できないからだ，というものだった。

それに対し，女の子のエイミーの答えは，歯切れの悪い（もしくは，ある視点からは歯切れが悪く思える）ものである。

　うーん，ハインツが盗むべきだとは思いません。盗む以外の方法もあるかもしれないと思います。たとえば，お金を人に借りるとか，ローンを組むとか。でも，とにかく本当に薬を盗むべきではないと思います。でも，ハインツの妻も死ぬべきだとは思い

ません[註19]。

理由を問われたエイミーは，ハインツがもし盗んだら牢獄に行くことになり，妻の世話を結局はできなくなるだろうから，よく話し合ってお金を見つける方法を見つけるべきだ云々と答える。

この2人の答えは，この年齢において男子の道徳的発達が女子のそれを追い抜くという一般通念を裏付けるようなものになっているとギリガンは述べる[註20]。エイミーの回答は，「論理的思想の失敗」，「発達が阻害されているようなイメージ」を提示している[註21]。だが，ギリガンの主眼は，そのようなイメージが彼女の批判する発達心理学（書名にある「心理学の理論」）という枠組みによって生み出されたイメージである，ということなのだ。その枠組みでは，エイミーの道徳発達のあり方を分節化することができない。

エイミーの道徳発達とは何かを考える前に，ジェイクに注目してみよう。私がここで注目したいのは，ギリガンがこの言葉を使っているわけではないが，ジェイクがゼロサムの論理に支配されていることだ。ギリガン自身は，ジェイクがモラル・ジレンマを数学の問題のように解けると考えている，と述べている[註22]。だが，彼の論理は，薬を盗むことと妻の命をゼロサム的な関係で捉える論理である。盗むか，妻の命を諦めるか，そのどちらかなのだ。

これは単に，与えられたルールに従っているだけと思われるだろうか。そのことは，エイミーの答えとの比較によって検討されるべきだろう。ギリガンは，「エイミーはジレンマの中に，人間に応用された数学の問題ではなく，長期的に考えるべき関係性のナラティブを見いだしている」と述べている[註23]。ジェイクはジレンマをあれかこれかのゼロサム的（数学的）問題として捉え，一度そのどちらかを選べばそれで終わりだ

と考えている。それに対するエイミーは，選択の後にも続く2人の人生に思いをはせ，それを破綻させないためにはどうするべきかを考えている。ある意味でエイミーの方がより現実主義的だとさえ言える。

ただ，私は，ギリガンが触れていないエイミーの特色に注目したい。それは，彼女が，お金を人に借りる，ローンを組むといった，質問には含まれない，ジレンマの設定の外側の条件を持ち出している点だ。

新自由主義社会とは，一言で言えば，人びとがゼロサムの論理を信じこまされている社会である。資源は限られており，誰かが取れば誰かが失う。限られた資源を政府が使うことは不公平であり，それは公平な市場での競争に託されるべきである。そのような新自由主義の論理は，「資源は限られている」という大前提を人びとに信じこませることに依存している。つまりそれは，ゼロサムの原理を信じこませることだ。そしてこのゼロサムの原理は，ポピュラー・ミソジニーの原理でもある。相対的には裕福なミドルクラス男性の中にさえも弱者男性論的ミソジニーが見いだされる際には，このゼロサムゲームの論理における剥奪感が理解の鍵になる。

エイミーはその原理を信じない。質問の外側に借金やローンという新たな資源を生み出してジレンマを解決しようとする。

通常，ケアの倫理は心理学の理論とは対立する，というよりはそれは男性的で権威主義的な心理学の理論では捉えきれない倫理のことである。だが私は，新自由主義的なゼロサムの論理の前提を根本的に疑う態度に，「ケアの倫理」という名前を与えてみたい。それは，自分たちの苦境を，限られた資源を自分たちから奪う者たち（女性たち，フェミニストたち）のせいにするポピュラー・ミソジニーを超えて，苦境の本当の原因への探求に彼らを向かわせるような倫理である。

註

1　ウィリアムズが「残滓的・支配的・勃興的」という観点をもっともまとまった形で論じたものとしては, Raymond Williams, *Marxism and Literature*, Oxford UP, 1977, pp.121-127 を参照。

2　これは, ミソジニーについての重要な著者であるケイト・マンの基本認識でもある。『ひれふせ, 女たち──ミソジニーの論理』小川芳範 訳, 慶應義塾大学出版会, 2019年および『エンタイトル──男性の無自覚な資格意識はいかにして女性を傷つけるか』鈴木彩加・青木梓紗 訳, 人文書院, 2023年を参照。また, 構造的なものである以上, ミソジニーは男性のみが抱くものではなく, その構造に囚われた女性のものでもあることは, マンの著作および上野千鶴子『女ぎらい──ニッポンのミソジニー』朝日出版社, 2018年を参照。

3　Jim Taylor（2018）The woman who founded the 'Incel' movement.（https://www.bbc.com/news/world-us-canada-45284455［2023年4月27日閲覧］）

4　Megan Kelly, Alex DiBranco, & Julia R DeCook（2021）Misogynist incels and male supremacism : Overview and recommendations for addressing the threat of male supremacist violence. *New America.*（https://www.newamerica.org/political-reform/reports/misogynist-incels-and-male-supremacism/［2023年4月26日閲覧］）

5　以上についてはレイチェル・ギーザ『ボーイズ──男の子はなぜ「男の子」らしく育つのか』冨田直子 訳, DU BOOKS, 2019年などを参照。

6　「『俺はなんて不幸な人生』小田急線刺傷, 容疑者が供述」『朝日新聞デジタル』2021年8月10日［2023年5月1日閲覧］

7　「最初に女子大生を襲った理由は『勝ち組っぽい』服装だから…小田急切りつけ男」『読売新聞オンライン』2021年8月8日［2023年5月1日閲覧］

8　Sarah Banet-Weiser, *Empowered : Popular Feminism and Popular Misogyny*, Duke UP, 2018.

9　Banet-Weiser, p.11.

10　Banet-Weiser, p.xi.

11　Banet-Weiser, p.174.

12　この点については, シンジア・アルッザ, ティティ・バタチャーリャ, ナンシー・フレイザー『99%のためのフェミニズム宣言』惠愛由 訳, 人文書院, 2020年, Dawn Foster, *Lean Out*, Repeater, 2016 を参照。ポストフェミニズムがとりわけ階級的排除に基づいたフェミニズムであることについては多くの研究の蓄積がいまやある。Angela McRobbie, *Aftermath of Feminism : Gender, Culture and Social Change*, Sage, 2008 や Catherine Rottenberg, *The Rise of Neoliberal Feminism*, Oxford UP, 2020を参照。日本語においては, 菊地夏野『日本のポストフェミニズム──「女子力」とネオリベラリズム』大月書店, 2019年, 河野真太郎『戦う姫, 働く少女』堀之内出版, 2017年, アンジェラ・マクロビー『フェミニズムとレジリエンスの政治──ジェンダー, メディア, そして福祉の終焉』田中東子・河野真太郎訳, 青土社, 2022年などを参照。

13　Banet-Weiser, p.4.

14　河野真太郎『新しい声を聞くぼくたち』講談社, 2022年。

15　例えば大山治彦・大束貢生「日本の男性運動のあゆみI──〈メンズリブ〉の誕生」『新編 日本のフェミニズム12 男性学』岩波書店, 2009年, pp.245-58を参照。

16　アメリカにおいて, 男性解放運動が保守的な男性権利運動へと取りこまれていったことを, 『クレイマー, クレイマー』(1979年)を中心とする「イクメン映画」の分析を通じて論じたものとしては, 関口洋平『「イクメン」を疑え！』集英社, 2023年を参照。

17　Banet-Weiser, p.156.

18　キャロル・ギリガン『もうひとつの声で──心理学の理論とケアの倫理』川本隆史・山辺恵理子・米典子 訳, 風行社, 2022年。

19　ギリガン, p.104.

20　ギリガン, p.99.

21　ギリガン, p.103.

22　ギリガン, p.101.

23　ギリガン, p.104.

塀の中のジェンダー問題
LGBTQ受刑者のスティグマとサンクチュアリをめぐって

坂上 香

NPO法人 out of frame 代表／一橋大学客員准教授

ボランティア 理解に苦しむのは，ここ（男性刑務所）には何千人もの男性が収容されているのに，ゲイだと公表している人に出会わないこと。

男性受刑者 そりゃあ，ここにはゲイがいないからだよ。

（米国の刑務所ポッドキャスティング Ear Hustle より）[註1]

はじめに

ジェンダーを「居場所のなさ」や「排除される存在」という観点から捉え直そうとする本特集において刑務所を語る際，その前提を共有しておく必要がある。

刑務所は，居場所を欠く，排除された人々の場だということ。

そもそも，犯罪自体が他者を排除し，居場所を奪う行為だ。罪を犯した人々は，その報いとして刑務所という物理的にも精神的にも社会から隔離された場に収容されるわけだが，彼らもまたそこで社会的偏見にさらされ，「排除される存在」になる。

そして居場所を，「サンクチュアリ（心から安全だと感じ，安心して本音を語れる場）」と定義すれば，語ることが懲罰の対象になりうる刑務所は，「サンクチュアリの不在空間」と考えられる。

ただし，刑務所にも変化は起こっている。2000年代後半，島根県にある男子刑務所「島根あさひ社会復帰促進センター」（以下，島根あさひ）が，「TC（Therapeutic Community：回復共同体）ユニット」を開設したことがその一例だ。国内で1箇所，しかも男性のみという極めて限定的な状況だが，少なくともTC内では，受刑者同士の対話や関わりを通してサンクチュアリが生まれ，従来の懲罰的姿勢を回復へと転換させていることは，本誌（坂上，2020，2021）や映画『プリズン・サークル』（2019＝公開／坂上香＝監督）でも紹介してきたとおりだ。

一方で，特定の属性や経歴を有する受刑者にとって，TCは機能しうるのかという疑問も抱いてきた。本稿では性的マイノリティ，特に同性愛受刑者に焦点をあて，スティグマ（関係性によって与えられる恥や偏見）の観点から，彼らにとってのサンクチュアリを考えてみたい。

なお，レズビアン＝L，ゲイ＝G，バイセクシュアル＝B，トランスジェンダー＝T，クエスチョニング（セクシュアリティに悩んでいる，もしくは決められない状態）やクィア（セクシュアル・マイノリティ全般）＝Qを総称するLGBTQは，すでに社会的に認知されていることから，LGBTQ受刑者の呼称を使う。

LGBTQとスティグマ

スティグマとは一般的には不名誉や恥，偏見などと理解されているが，本稿では，下記のゴッフマンの考えに依拠する。

> スティグマという言葉は，人の信頼をひどく失わされるような属性をいい表すために用いられるが，本当に必要なのは明らかに，属性ではなくて関係を表現する言葉なのだ，ということである。ある種の者がそれをもつとスティグマとなる属性も，別のタイプの人には正常性を保証することがある。したがってそのような属性はそれ自体では，信頼をかち取ることになるものでも，信頼を失わせることになるものでもない。
>
> （Goffman, 1963＝2001, p.16）

たとえば受刑者は，塀の外では「スティグマ所有者」だ。自らを正常とみなす「ノーマル者」が，受刑者という属性を「恥ずべき特異性」と受け取り，それを受刑者が内面化するからだ（Goffman, 1963＝2001）。ただ塀内に限定すれば，受刑者全員が特異性を共有するため，スティグマにはならない。

一方，LGBTQ受刑者は，塀の内外両方においてスティグマ所有者となる。いずれの場にも，スティグマが存在するからだ。

スティグマ所有者はさらに2つのカテゴリーに分類される。たとえば外見や所作等から判断できるトランスジェンダー（全てではないが）や性的指向を公開している場合は「スティグマ顕在者（特異性が明らかな人）」，それ以外（LGBQ）は「スティグマ潜在者（特異性が知られていない人）」にあたる。LGBTQの8割以上が隠して生活しているから，LGBTQの大半がスティグマ潜在者といえる。

「存在しない人」扱いとゲイの沈黙

スティグマの形成には，当事者を異端視するノーマル者が必要不可欠で，彼らは次の3つの方法でスティグマ所有者を扱うと考えられる。過小評価，過大評価，もしくは「存在しない人（non-person）」扱い（薄井，2022）。

たとえば冒頭の会話は，ノーマル者（＝異性愛・シスジェンダー受刑者）によるゲイ受刑者に対する「存在しない人」扱いにあたる。欧米社会では，ゲイが「脆弱」で「異常」という刷り込みが強固だが，歴史的に同性愛行為が犯罪化されてきたことも関係している（Hereth & Bouris, 2020）。加えて，ゲイであることが知られれば，暴力を受ける危険性が高まる。しかし，彼らを保護するための特別措置がとられることはごく稀だ（Carr et al., 2020）。

よって，米国の場合は，法的・文化的・歴史的背景からくる「存在しない人」扱いと暴力があいまって，ゲイの沈黙が維持されていると理解すべきだろう。

ハイパーマスキュリンな男性刑務所

そもそも刑務所は，ハイパージェンダー化（hyper-gendered）された全制的施設だ（Sabo et al., 2001）。バイナリー（性別二元論），ヘテロセクシュアル（異性愛）かつシスジェンダー（生まれついた性別と同じ性自認をもつ人）に基づいた男女別に収容する施設で，規範，規律，心得（価値観），検身，役割，作業，職業訓練，面談や職員からの指導などを通して，ジェンダー規範を強調・強化したり，セクシュアリティや多様性を抑圧・排除したりする傾向があるからだ。ただし，その現れ方や程度は，国，文化，制度や組織，時代によっても異なる。

男性刑務所は，家父長文化を基軸にした男性性のヘゲモニー的特徴（規範的異性愛，暴力，

知識，権力など）が強調されるハイパーマスキュリンな場だ（Hefner, 2018）。国内の男性施設では，"大声"での点呼や号令，行進，丸刈りなど軍隊式の所作や慣習，厳格で過度にマスキュリンな規律に顕著だ。加えて，受刑者の監視や指導にあたる刑務官も過度なマスキュリニティを求められる。こうした環境からくる職員と受刑者の関係性も独特で，たとえば刑務官は受刑者の間では「オヤジ」と呼ばれているが，ここには強く厳格な「父親としての職員」と，従属的な立場の「息子としての受刑者」という独特な構図／役割が見てとれる。

一方，国内の女性刑務所では，マスキュリンな所作や慣習の一部（剃髪など）は免れるが，女性としてのそれら（正座や縫製作業など）を課されている。また，国内の施設に見られる化粧や装飾の一切の禁止は，女性性の排除（自尊心の剥奪）にあたると考えられるが，欧米では制約はあるものの，その一切が禁じられているわけではない。他方，赤子を抱く母子像が国内の女性刑務所のみに設置されているように[註2]，〈母親としての役割（慈愛を抱き，慎み深く，ケアする存在）〉の固定化と強要も特徴的だ[註3]。

危険視される性的指向

この構図に収まらないLGBTQ受刑者たちは，いかに処遇されているのだろう。

国内では，トランスジェンダー受刑者の場合に対してのみ，矯正局が特別な処遇に関する通知（「性同一性障害等を有する被収容者の処遇指針について」）を出している。ホルモン療法の投薬の必要性や，雑居，入浴，剃髪などの問題が理由としてあげられ，一定の条件を満たした場合には隔離収容を行っている。

それ以外のLGBQについては，矢野（2018, 2019）も指摘するように，矯正内の通知は出されておらず，法律全般においても何ら規定が

ない。

性的指向に関しては，基本的にアンケートや面談を通した「自己申告」によって特定される。ゲイの場合，性的指向を理由に，他の受刑者との接触を制限され，単独の収容，入浴，運動などが可能な施設に送致されるようだ。たとえば「島根あさひ」は単独室だが，集団の入浴や運動のため，性的指向に同性が含まれると判明すれば別の施設に移送されると関係者は言う。

興味深いのは，米国でゲイが隔離収容される理由が保護であるのに対して，日本では性的指向が危険視される点だ。この6月に成立したLGBT理解増進法に，留意事項として「全ての国民が安心して生活することができることとなるよう」とまるでLGBTQの人々が脅威であるかのような但し書きが加えられたことと重なる。

入所時アンケートと面談

ここからは，窃盗罪で2年間「島根あさひ」に服役したAへの聞き取りから，男性の同性愛受刑者への対応の実態を見ていく。ただし，アイデンティティや開示に対する姿勢，スティグマへの反応は多様であり，抱える問題やニーズも異なることから，AがLGBTQを代表しているわけではないことを書き添えておく。

Aは，現在ITサービス業に従事する40代の男性で，性的指向が同性である。外見からはわからず，ごく限られた人にしか開示していないことから，スティグマ潜在者にあたる。筆者はAの出所後に知り合い，1年ほど経ってからゲイであることを本人から伝えられた。

刑事司法制度内で性的指向についてAが初めて聞かれたのは，刑務所入所時の考査（新入時教育）期間である。靴のサイズ，視力，アレルギーや処方薬の有無などと一緒に「男性と性的行為をもったことがありますか？」という質問項目があり，「はい」「いいえ」で答える二択だっ

たという。

「はい」に〇しました。初めて聞かれたんで，正直に答えなきゃって。出したその日に考査の刑務官に呼ばれて，アンケートを見せられて，〇のところ指さされて「お前，そうなのか？」って聞かれて。「ヤベぇ」と思って。目つけられたかなと思って。やり過ごそうとして，「昔の話です」って。そしたら「誰にも言うんじゃねえぞ」って言われました。大ごとになるのかな，これって。

スティグマの学習

スティグマ所有者であることを本人が内面化していくことを，ゴッフマンは「スティグマの学習」と呼ぶが，Aのそれは幼少期に始まる。

幼い頃から「立ち居振る舞いが女の子っぽい」と言われたり，「オカマ」と陰口を叩かれていた。親はそれを気にして，「男らしい」と思われるスポーツクラブに彼を入れたり，勉強や運動に秀でることでいじめを回避させようとした。Aもまた親の期待に必死で応えようとした。

Aがゲイであることを認識したのは小学校の高学年だった。罪悪感のような感覚を持ち，常に知られないように心がけた。成人してから昔の同級生と飲むと，「おかまちゃんっぽかったよな」，「グレーゾーンだった」，「中学の時から疑惑があった」などと言われ，傷ついた。

初めてカミングアウトしたのは22歳の時だ。大学生時代から依存していたパチンコの費用のために借金を繰り返し，卒業後は就職も決まらず放浪していた頃で，行き場を失って大学時代の教授の許に身を寄せていた。家族のいる前で教授から「何が辛いのか？」と聞かれ，「自分はゲイだ」と口走った。教授はリアクションに困っていた。自分の父親からは「理解できない」，「（借金に関して）言い訳するな」と叱責

され，姉からは「いつ治るの？」と病気扱いされた。

「ゲイであることを明かしてはならない」という思いが強まり，逮捕されるまでの10数年間，ひたすら隠し続けた。刑務所入所時に開示しようとしたのは，刑務所をひとつの転機として「自分を偽らないで生きていこうと思った」からだった。

ところが，大ごとであるかのように思わせる刑務官の素振りを見て，Aは再び事実を隠す方向に向かう。

数日後，2回目の面談が行われた。居室に同じ刑務官が呼びに来て，面談室に連れて行かれた。そこには中国地方更生保護委員だという背広姿の3人が座っていた。

「中国地方更生保護委員です。単刀直入に聞きます」って言われて，「男性が好きなんですか？」って。「昔はそういうこともありました。若い頃。でも今は違います」って，はっきり言いました。（委員らは）訝しげだったけど，それ以上は聞いてこなかったです。

出所後の担当である更生保護委員が入所段階でなぜ面談をしたのか不明なまま，LGBTQの処遇に関する説明も一切なく，Aが塀の外でも明かせなかったアイデンティティを，一方的に聞き出そうとした。加えて，先の刑務官とも共通する，背広姿の3人組が醸し出す「ただならぬ空気」をAは嗅ぎ取り，再び否定した。

2日後の3回目の面談では，再び3人の更生保護委員が「このあいだも聞きましたが」と切り出し，同じことを聞いてきた。Aも前回と同じように返答した。この時も一切の説明がなく，Aから質問できるような雰囲気もなかったという。面談は即座に終わった。

考査期間が終わり，一般ユニット（刑務作業

中心）に配属される直前，刑務官から「あのことだけは，どこのユニットに行っても言うなよ。いじめられるぞ」と釘を刺された。

性的指向をめぐるこの一連の動きは，Aに「嘘を突き通そう」と思わせ，沈黙を強要するメカニズムとして機能した。

TCでの語れなさ

入所後，Aは窃盗に関するプログラムを受講したことで，「俺，このままでいいのかな」と思い始める。同じ頃，TC修了生の話を聞く機会があり，「TCに行って，もっと自分の奥深いところを見つめ直したい」と思うようになった。

TCユニットは志願制で，最低2クール（1クール＝3カ月）が義務付けられ，40人程度が共同生活を送りながら，週に12時間程度プログラムを受ける。米国の先駆的TC"Amity"のカリキュラムを使って語り合うなかで，生い立ちやライフイベントを振り返り，罪に至った思考や行動の原因を探り，新しい生き方を築いていこうとする（坂上，2012，2022）。担当するのは，民間の支援員だ。

AのTCへの所属が決まったのは志願から1年ほど経ってからで，何度か志望した末だった。最初のクールで「思っていたより，根掘り葉掘りみんな聞いてくる」と驚いた。2クール目に入ると，周りが自らをどんどん掘り下げていくなかで，「いつもブレーキかけながら坂道を漕いでるような，漕ぎきれないような感じ」がして焦り始める。

　自分はギャンブルで犯罪に走ったことは間違いなくて，で，ギャンブル始めた原因のひとつとして，性的な生きづらさっていうのがあったのはわかってたんですけど，正直に話すことができなかったんですよね。もしかしたら，そこってすごい大きいか

もしんないし，わずかなのかもしんないし，犯罪に関わるファクトとしては，どれぐらいかはわからないんですけど。でも，取り上げないと実際どうだったかわからない。自分は話さなかったし，できなかった。相談もできなかった。それが，だんだん重荷になってきて……

アイデンティティを否定する出来事

TCはLGBTQに機能しないのではないかという疑問は，実は，映画『プリズン・サークル』の撮影中から筆者が抱いていた疑問のひとつだった。映像資料を手がかりに，ある出来事を振り返ってみる。

その日，TCメンバーのXは，10人程度のグループのなかで，「大人数の前で話すのは初めてで，今日はある程度覚悟してきた」と切り出し，次のように自らの性／ジェンダーの揺らぎを言葉にしていった。

「男でいることが嫌だ」，「小さい頃から女の人になりたいなって」，「自分のなりたい理想は，綺麗で自立してる姉みたいな女性」，「男としての性欲が嫌」，「性別を変えたいって気持ちがずっとある」，「男らしくっていうのじゃなく，自分らしく生きたいって思うけど，頭のなかで解決しようとしてる」

支援員の一人は，「そういう可能性があることを否定するつもりはないですけど」と前置きしたうえで，次のように返した。

「考え過ぎじゃないですかね」

耳を疑った。そして，「可愛がられたいだけなんじゃないですか？」，「言ってることが噛み合ってない」など，否定的な発言を繰り返した。

Xも，それまで発言していた他のメンバーも，その間ほとんど口を挟まなかった。そしてXはうつむいたまま，「これ以上言葉にできません」と言って終わった。

支援員の理解不足，もしくは偏見だろうか。筆者のなかでは腑に落ちない出来事として残った。数年後，出所した元TCメンバーに話をしたところ，こう指摘された。授業は刑務官が監視しているし，LGBTQと判断されると，その人がTCにいられなくなるかもしれない。支援員は，Xを守ろうとしてそう言ったんじゃないか，と。

なるほど，問題回避のためにXのアイデンティティを否定して，その場をやり過ごそうとしたのであり，個人の偏見ではなく，構造的な問題だったとすれば，腑に落ちる。ただ，Xや他のスティグマ潜在者にとって，あの日の話し合いは，沈黙とスティグマの強化に他ならなかったはずだ。

そもそもLGBTQを理由にTCや島根あさひにいられなくなること，性的指向が同性というだけで特別視・危険視すること自体がスティグマ化ではないか。刑務所が当然のごとく要請している自己申告も，当事者には容易なことではない。さらに言うと，2年間の撮影期間中，性暴力の加害の話は頻繁に出ても，被害についてはごく僅かしか出てこなかった。"Amity"では日常的に交わされる話題なのだが，LGBTQ同様，性暴力の被害についても，沈黙強要のメカニズムが働いているのだろうか。

自殺未遂

LGBTQ受刑者は，自傷，自殺のリスクが特に高いことが海外の調査で明らかになっている（Hail-Jares et al., 2023）。AもTC参加から4カ月目に，自殺未遂をしていた。

　嘘が嘘を呼ぶっていうか，TCでも本当のことが言えないから，どんどんおかしくなっていって，人と衝突ばっかり起こすようになっていくんですよね。「これ以上TCにいても」っていう気持ちが大きくなって

いって。当時ユニット清掃係だったんですけど，居室に戻る時間に戻らず，そのままトイレの洗剤飲んで，2階から，頭から飛び降りたんです。結局，頭打たなくて，背中打ったんですけど，病院に運ばれて，洗浄されて。中性洗剤だったから，そこまで中毒にもならず。医務室に1カ月。でも，自殺未遂は立派な懲罰なので，懲罰房に2〜3週間居て，毎日反省文を書かされたりとか。

実は，塀の外でも自殺を試みたことがあったようだが，この時は，死ぬつもりというよりは，TCを離脱するための方法に過ぎなかったという。点検拒否（点呼の際に返事をしないこと）など，懲罰対象になる方法はいくらでもあったのに，あえて自殺を試みたのは，「異物扱い，居るべきではない人扱いされてた」ことへのAなりの抵抗だったのではないか。

本音を聴いてくれた2人の存在

Aは自殺未遂の経緯について懲罰委員会で取り調べを受けた。本当の葛藤については一切触れず，「人と揉めて嫌になった」と偽った。

2カ月後，一般ユニットに配属され，担当の刑務官から呼び出された。

「何か言えないことがあるのか」と聞かれた。報告書の内容に違和感を覚えたようで，「ここだけの話にとどめてくれますか？」とAが聞くと，刑務官は「わかった」と答えた。今までの経緯を明かすと，「ま，そりゃ話せんよな。わかったよ」と共感を示し，「隠して，一般的に振る舞ってるうちは，お前のことは守れるから」と言われた。

隠すことをここでも要請されたわけだが，刑務官の共感的な反応によって，Aは初めて受け入れられたと感じたのだった。

もう一人，自分を受け入れてくれたと感じたのが，TC修了後に同じユニットに配属されていたYだった。TCに居た時期は違ったが，親近感が持てて，頻繁に話していた。

　　出所する2日前になって，（Yに）素性を明かしたんです。TCで（懲罰に）上がったことも，人と揉めてて自暴自棄になったって嘘ついてたから，僕は「ごめんなさい」って謝ったんですよね。そしたらYさんが逆に「ごめんなさい」って。「そこまでごまかさなきゃいけなかったんですね。もっと早く言ってくれてればよかったのに。僕にだけでも」って。涙流して話聞いてくれて。

Aは，この一般ユニットを「唯一心穏やかに居られた場所」と表現した。

その後の生きづらさと自助グループ

出所後，Aは関東圏の更生保護施設に2年間身を置いた。LGBTQではないことが前提の島根あさひに居たことで引き受けてもらえたが，事前に開示していたら，拒否されただろう。

入所後，信頼できる職員に少しずつ開示していったが，そのたびに困った顔をされ，「島根でも嘘ついてたのか」，「ここで何かしないでね」，「それとわかる行動をやったら出ていってもらう」と言われ，阻害感を味わった。

出所後のAにとってのサンクチュアリは，ギャンブル依存症のGA（ギャンブルアノニマス）とLGBTQの自助グループだ。

　　今の自分には，〔言葉を〕吐く場所があるんだと思います。何年も通ってるし，何十年も前の競馬の話してたりする人もいて，「この人また同じこと喋ってるわ」と思うけど。昔の自分が「毎日毎日人のお金盗んで

た」，「職場のお金使い込んでた」って言えるのはいい。今はそれをせずに生きられてるんだから。それで感情のブレが少なくて済んでるんだと思います。

おわりに

本稿では，主にAのナラティブを通して，ゲイに対する存在否定，沈黙強要，排除が男性刑務所でいかに起こっているかを見てきた。

興味深かったのは，Aがサンクチュアリを感じられたのはむしろTC外であったことだ。現制度下では，更生プログラムよりも，良心を持った個人の対応にこそ，可能性があるということだろう。出所後の自助グループにも希望が感じられる。

いずれにせよ，従来の矯正体質とLGBTQに対するスティグマが，TCのありように悪影響を与えてきたことは明らかだ。それは受刑者のみならず，職員の多様性をも抑圧してきたのではなかったか。たとえば性的指向が危険視される矯正現場は，LGBTQである職員にとっても厳しい環境だろう。

参考になるのが，米国のTC "Amity" だ。現副代表はヒスパニック系のゲイで，元受刑者だ。当事者スタッフの立場から積極的に発言している。"Amity" は昔から，マイノリティの雇用や多様性に関するカリキュラム化にも積極的で，女性やLGBTQ，服役経験者，人種的マイノリティを常に意識してきた（坂上，2012）。だから，制約が多くハイパーマスキュリンな男性刑務所であっても，"Amity" 内ではさまざまな問題が共有可能なのだ。

国内に話をもどすが，2025年には刑法改正により懲役刑がなくなり，矯正教育が中心になる。TCのような場のニーズはより高まるはずだ。しかし，従来の矯正観や処遇の根本的な見直しを行わないのであれば，これまでと同じように，

現場は沈黙の強要に加担せざるをえなくなる。

　塀の中の脱スティグマ化には，制度改革と個人の変容の両方が必要だ。前者にはLGBTQの人権をマジョリティと同等に認める法律が，後者には「ノーマル者」に潜むスティグマ体質を認識する機会が欠かせないだろう。

註

1　米国カリフォルニア州のサンクエンティン刑務所内にあるスタジオで制作され，外部スタジオで編集・公開されているポッドキャスティングEar Hustleのシーズン2エピソード18，“Down Low”（公開2018年6月6日）より。番組を進行するナビゲーターは2人で，ボランティア（アーティスト）と受刑者が担当。
2　母子像は更生保護婦人会などからの寄贈。
3　しかし，だからといって子どもとの面会交流に関して特別な配慮がなされているわけではなく，施設における乳児の養育については，制度はあるものの運用事例はなく，また実施する意思も見えない「母親幻影のお仕着せ」であることも忘れてはならない。

文献

Carr N, Serisier T & McAlister S（2020）Sexual deviance in prison：Queering identity and intimacy in prison research. Criminology & Criminal Justice 20-5；551-563.

Goffman E（1963）Stigma：Notes on the Management of Spoiled Identity. Prentice-Hall.（石黒毅 訳（2001）スティグマの社会学──烙印を押されたアイデンティティ．せりか書房）

Hail-Jares K, Cumming C, Young JT, Borschmann R, Lennox N & Kinner SA（2023）Self-harm and suicide attempts among incarcerated lesbian, gay and bisexual people in Australia. Australian & New Zealand Journal of Psychiatry 57-4；562-571.

Hefner KH（2018）Queering prison masculinity：Exploring the organization of gender and sexuality within men's prison. Men and Masculinities 21-2；230-253.

Hereth J & Bouris A（2020）Queering smart decarceration：Centering the experiences of LGBTQ+ young people to imagine a world without prisons. Affilia 35-3：358-375.

Sabo D, Kupers TA, & London W（2001）Prison Masculinities. Philadelphia：Temple Uuviersity Press.

坂上香（2012）ライファーズ──罪に向きあう．みすず書房．

坂上香（2020）受刑者の痛みと応答──映画「プリズン・サークル」を通して．臨床心理学 20-1；86-90.

坂上香（2021）刑務所内TCとサバイバル．臨床心理学 21-4；414-421.

坂上香（2022）プリズン・サークル．岩波書店．

薄井明（2022）「スティグマ」というエニグマ──ゴフマン社会学の新たな地平へ．誠信書房．

矢野恵美（2018）トランスジェンダー受刑者の処遇──特例法と刑事収容施設法．ジェンダー法研究 5；155-172.

矢野恵美（2019）ジェンダーの視点から見た刑務所──男性刑務官の執務環境とセクシャルマイノリティの処遇．In：山元一，只野雅人，蟻川恒正，中林暁生 編：憲法の普遍性と歴史性──辻村みよ子先生古稀記念論集．日本評論社．

トラウマをほどく
トランスジェンダーの来たるべき物語のために

岩川ありさ
早稲田大学文学学術院

支配的な物語をときほぐす

物語とトラウマの関係について考えるさい，臨床心理学と私の専門である文学研究をつなぐ視点をどのようにして見つけることができるだろうか。本稿では，トランスジェンダーの物語が増加し，多様になることで，シスジェンダー中心[註1]でかたちづくられてきた，ジェンダーをめぐる多くの困難やトラウマが解消されてゆくという展望を示す。トラウマ的な出来事の連鎖を断ち切り，人びとがより生きやすい社会をつくるためには，それぞれの人が自分の生を生きており，「被傷性」（ここでは社会的な傷つきやすさの意味）を持っていると確認するところからはじめなければならない。差別や偏見の流布は，マイノリティを死のふちに追いやり，生存者・サバイバーの人びとに大きなトラウマをもたらす。

トラウマとは，あまりにも衝撃的な出来事を経験したときに生じる精神的外傷のことを指す。命を落とすかもしれないような出来事を生きのびた経験であり，言葉にすることは困難を極める。心の傷を引き起こした出来事の記憶は潜伏して，その人に影響を及ぼしつづける[註2]。トラウマを生じさせる出来事は多岐にわたっており，世界各地で起きている戦争や紛争，頻発する地震などの自然災害，性暴力，家庭内暴力（DV），いじめなどの暴力もあげられる[註3]。

トラウマを負った人びとが直面する困難のひとつは，自分に起きたトラウマ的出来事の経験を語るための物語が少ないという事態である。トラウマについては，これまでも，多くの物語が紡がれてきた。けれども，ときに，理解されやすく，共感しやすい物語に加工されることもある。じくじくとした痛みや傷は置き去りにされ，トラウマ的な物語が消費されてしまうことも多い。だが，トラウマについての物語は，ほつれていたり，きれぎれであったり，沈黙していることも含めて，発せられるのではないだろうか。それは，決して，わかりやすい物語にはならないだろう。

トラウマについて考えるとき，トラウマ的な経験を語るにはどうすればよいのかに光があてられることがある。傷を被った人がいかにしてその出来事を語れるか，それを経てどうすれば回復への道がつくれるのかという問いである。臨床の現場で，この問いが重要であることはいうまでもない。だが，どうすれば語れるかについて考えようとするとき，その背後には，どれほど多くのことをこれまで聴いてこなかったのかという問いが隠れている。語ることが困難であるのは聴くための枠組みが十分にできていなかったからであるという前提を確認しておくことが必要になる[註4]。ひとつらなりの物語になることを拒絶するようなトラウマ的な出来事の記憶をわかりやすい物語に仕立ててしまうので

はなく，自分の側の理解の枠組みを問うことが求められるのだ[註5]。つまり，聴き方の発明，読み方の更新こそが鍵なのだ。

そのさい，気をつけなければならないのは，マイノリティのトラウマ的な経験は，捨象されたり，不可視化されてしまうことも多いという点だ。語られてすら，マイノリティのトラウマ的な経験が聴き届けられない場合もある。私には関係がない，それは例外的なケースだ，もっと大事な問題があるなど，マイノリティのトラウマ的な経験を無効化するためのレトリックは巧妙に張りめぐらされている。

もしも，臨床心理学と文学研究がともに，トラウマについて何かできることがあるとすれば，そのひとつは，こうしたレトリックをときほぐし，新しく言葉をあみなおす作業だろう。

作家のレベッカ・ソルニットは，『それを，真の名で呼ぶならば──危機の時代と言葉の力』の「ブレイク・ザ・ストーリー」という章で，物語を伝える人（ここでは特にジャーナリスト）の仕事は，物語をつくるのみではなく，あてがわれ，決まりきっているかに見える物語を精査し，物語のくびきから自分たちを解放することにあるという[註6]。いわば，これまでの支配的な物語のなかでは，語られないでいたこと，かえりみられないできたもの，ステレオタイプに描かれてきた人びとや出来事のひとつひとつを根底から問いなおす実践を行うことで，伝えられないできた物語を伝えうるというのだ。

物語は，自分をかたちづくるよりどころであると同時に自分を縛りつける枠組みでもある。自分自身が生きるとき，どうしても必要でありながら，とらえられてしまう側面がある。しかし，私は，文学者の立場から物語について研究しているとき，物語には，自分の生を規定しようとする力に抗い，支配的な物語のあり方をときほぐす働きがあることにも気がつく。物語には強い拘束力と呪縛が潜んでいると同時に，そ

の拘束力をときほぐす働きがつねに生じている。

臨床心理学においても，文学研究においても，聴くこと，感受すること，沈黙に敬意を持ちつづけることは必須となるだろう[註7]。また，ある人びとの経験を捉えそこねるような枠組みしか持てずにいるならば，問いなおし，再構築する必要がある。広く流通したマジョリティの物語のなかで，トラウマを負ったマイノリティは居場所を失ってしまう。シスジェンダー中心の物語，異性愛中心の物語は，あたかも「自然」であるかのようにふるまう。だが，それは社会のなかで，「自然である」という言説や知が流布され，ジェンダー・マイノリティやセクシュアル・マイノリティが排除されたり，周縁化されているために起きている事態なのである。トラウマとジェンダーをめぐる問題について，もう一度，その解釈枠組みや分析枠組み（あるいはそのための概念）そのものを問うことからはじめるよりほかない。

固定的なイメージを問いなおす

ジャーナリストで作家のカロリン・エムケは，人びとを「個」として見ず，「人間を繰り返し特定の役割，特定の位置，特定の特徴でばかり判断していると，どうなるか」[註8]という問いを投げかけ，「現実の矮小化」によって，「想像力の枯渇」が生じると述べている[註9]。エムケも言及しているとおり，トランスジェンダーの人びとへの憎悪は，具体的な個人の物語を知ることなしに，憎悪を加速させる情報によって，多様なはずの人びとを「たったひとつの形」[註10]でしか捉えないようになるところに原因のひとつがある。臨床心理学と文学研究はともに，語られてこなかった物語に意識的になり，固定化したイメージをときほぐす姿勢を崩してはいけないだろう。多様な背景を持ち，それぞれの歴史を持っているトランスジェンダーの個々人を

尊重することは，固定的なイメージを打ち壊す第一歩だ。しかし，現状はどうだろうか。トランスジェンダーへの差別やバッシングは激しくなり，偏見の流布は続いている。ヘイトスピーチ，ヘイトクライム，いじめ，流言飛語，差別への荷担はジェンダー・マイノリティのトラウマを引き起こす。

　これまで，トランスジェンダーの人びとは，シスジェンダー中心の社会のなかで，社会制度の設計や法律の制定，インフラストラクチャーの整備を行うさいなど，話しあいのテーブルにつくことすらできなかった。多くのトランスジェンダーの人びとは，暴力にさらされたり，社会福祉が受けられなかったり，教育や就労の機会を奪われてきた。そのために生じていた不利益や不均衡を是正するために何ができるのかという問いを，臨床心理学や文学研究をはじめ，学問研究にたずさわる人は持つ必要がある。だが，よく考えると，「トランスジェンダーの問題」は本当にトランスジェンダーだけの問題なのかという問いが浮かびあがる。

　2022年に日本語訳が刊行されたショーン・フェイの著書『トランスジェンダー問題──議論は正義のために』（高井ゆと里 訳，明石書店）はメルクマールになる1冊だ。トランスジェンダーの人びとは，これまで，一方的に，かつ，ひとくくりにして単純化され，その生の多様性や尊厳を奪われ，「議論」の対象とされてきた。けれども，トランスジェンダーの人びとは，「議論」されたり，「論争」の的にされたりする「問題（イシュー）」では決してない。『トランスジェンダー問題』で，フェイは，トランスジェンダーの人びとが解放された世界は，社会の不均衡なシステムに苦しめられ，不当な扱いを受けている人びとが生きやすい世界となると指摘する。トランスジェンダーの「固有」の「特殊」な問題だといわれてきた問題は，シスジェンダーを中心とした社会において生じており，この社会

に生きているすべての人にかかわっている。家父長制がまかりとおり，資本主義的な搾取，差別や迫害が続く世界の不正義を終わらせ，社会そのものの変容を求めることは，トランスジェンダーのみではなく，さまざまなマイノリティが被る困難を解決し，不正義と戦うための連帯と希望につながるだろう。

　『トランスジェンダー問題』の訳者である高井ゆと里は，「朝日新聞」（2023年4月18日朝刊）のインタビューで，「トランスジェンダーが抱える問題を個人の身体と心に押し込めるのではなく，社会が性別に関してどう振る舞い，どんな制度を作ってきたのか，そのことでトランスの人がどう困っているのかに目を向ける必要があります」[註11] と答えている。あたらしいジェンダー・スタディーズについて考えるとき，もう一度，社会が規定しようとするジェンダー規範の問題に立ちかえることが重要だ。そして，社会制度の不均衡を是正するためのアクションを広範囲な連帯によって引き起こしてゆくことが求められる。ジェンダー平等が実現した社会は多くの人にとって生きやすい社会になるだろう。フェミニズム，クィア理論が専門のジュディス・バトラーは，「ジェンダーをほどく」のなかで次のように述べている。

　　フェミニストのなかには，トランスジェンダーの運動は性的差異をずらしたり取り込んだりする試みだと言って，公的に憂慮の念を表明している人もいますが，この見方が忘れているのは，一般の価値観がこの二つの運動──トランスジェンダーの運動とフェミニズムの運動──を必然的に出会わせていることです。もしもジェンダーを歴史的カテゴリーと取れば（そうすべきだと，ジョーン・スコットが主張しています），分析的仕事としてわたしたちに残されているのは，いかにジェンダーが機能しているの

かを知るために，わたしたちの思考の枠組みを継続的に修正していくことです[註12]。

バトラーは，さらに，「あたかも自然で必要不可欠の特質であるかのように女性性を女の身体に帰着させること自体が，規範的枠組みのなかで起こっているのであり，そこでは，女性性を生物学的女に割り当てることが，ジェンダーそれ自体を生みだすメカニズムになっている」[註13]とも指摘する。

バトラーの指摘で明らかになるのは，現在のジェンダーの規範的なあり方を問い，不均衡をなくしてゆく仕事をトランスジェンダーの運動とフェミニズムの運動はともに行いうるということである。もちろん，フェミニストのトランスジェンダー，トランスジェンダーのフェミニストは多いので，このふたつの運動はそもそも出会っている。

現在の社会のなかで想定されている「女性性」を「生物学的な女」と結びつけ，そこからトランスジェンダーの女性たちを排除する方向性を持つフェミニズムは既存のジェンダーを強化する。そうではなく，ジェンダーがどのように機能し，誰を排除しているのかを問い，ジェンダーという視座から何を変えてゆけるのかについて展望することが必要だ。固定的なイメージを打ち壊し，「個」からはじまるあたらしいジェンダー・スタディーズを切り開くのは今なのだ。シスジェンダー中心でかたちづくられてきた社会が生み出す不平等や不均衡について話しあうことをはじめよう。子どもを産むことがあたりまえとされてしまう異性愛と生殖が中心の社会，男性らしさ，女性らしさが規定されてしまうジェンダー規範が強い社会，男／女，シス／トランスといったジェンダーの差異によって賃金格差が生じ，貧困に陥ってしまう社会 etc…本当に話しあう必要があるのは社会にあるジェンダーをめぐる障壁についての話なのだ。

生きのびるための物語

最後に，トラウマ的な出来事をどれだけ減らしてゆけるのか，差別や憎悪の連鎖を断つことができるのかについて展望してみたい。自分に起きたトラウマ的出来事の経験を語るための物語が少ないというのは，実は，普段の生活においても，自分について語るための物語が少なく，不可視化されたり，ステレオタイプでしか語られないできたこととも関係がある。多様な物語が語られ，それを受けとることができる社会になれば，トラウマ的な出来事への防波堤ができてくる。トランスジェンダーの人びとへの暴力や攻撃や差別が起こらないように努力する社会がかたちづくられる。顔を持ち，隣に暮らしている誰かの話として，トランスジェンダーの人の話を聴くことができる。

2022年に刊行された『反トランス差別ZINE われらはすでに共にある』（反トランス差別ZINE 編集部＝青本柚紀，高島鈴，水上文。2023年8月に現代書館から増補版『われらはすでに共にある：反トランス差別ブックレット』が刊行）は，トランスジェンダーの人びとの物語が，どれだけ豊かで多様であり，その語り方もさまざまであるかを教えてくれる1冊だ。三木那由他はエッセイ「くだらない話がしたい」のなかで，「ただ単にゲームを楽しんではしゃいでいるだけの言葉が，差別への抵抗のために顧みるべき『当事者の証言』になっていく。下手な冗談や軽口を言うと差別保存のための材料にされそうで（そんな例をいくつ見てきただろう？），否応なしに私は，『品行方正』になってしまう」（p.8）と書く。

三木の言葉を読んでいると，私は，自分自身が学んできた文学研究の基本的な姿勢を思い出す。①予断なく向きあうこと，②細部を大切にすること，③言葉のなかの他者を尊重すること，④自分の枠組みを問うてみること，⑤この言葉

によって誰が生きられるようになるのか，考えること。ほかにもたくさんあるけれど，自分の主張の勝利のために，他者の言葉やふるまいを「材料」として扱いそうになるときこそ，立ちどまるべきなのだ。すると，私ならば，「くだらない話がしたい」というエッセイのどこに注目するだろうかという疑問が浮かびだす。私は，どんなゲームをしているのかについて知りたい。どうやってはしゃいでいるのか，そこからはじまる物語こそが，私たちの物語の未来なのだ。おしゃべりをしたり，ゲームをしたり，表現をしたり，芝居をしたり，パフォーマンスをしたり，雑誌をつくったり，いろいろなことをしながら，自分たちの声や言葉や動きや感情や物語をとりもどす。その繰り返しこそ，ともにあるための物語のはじまりなのだ。

　私の仕事は批評をすることなのだが，批評の役割のひとつは，さまざまな物語を社会や歴史のなかに位置づけ，生きるために必要な人に届くように最善をつくす営みなのだと思う。おそらく既存の批評のイメージとは異なる。だが，生きのびるための物語を届けるための批評があってもよい。この時代の困難さのなかで，これが私の物語だったのだと感じることができると，トラウマは少しずつほどかれる。そして，規範的なジェンダーによって生きづらさを感じている多くの人が生きやすくなる社会をつくるための第一歩となるだろう。その試みはもうはじまっている。

註

1　生まれたときにわりふられた性別とは異なるジェンダーのあり方を生きる人や生きたいと望む人のことをトランスジェンダーと呼ぶ。シスジェンダーとは，生まれたときにわりふられた性別を越境せず，横切らずに生きられる人のことを指し，シスジェンダー中心主義とは，シスジェンダーを基準・規範とする社会や制度を指す。

2　宮地尚子（2013）『トラウマ』岩波書店［岩波新書］，p.3.

3　American Psychiatric Association［髙橋三郎，大野裕 監訳］（2014）『DSM-5 精神疾患の診断・統計マニュアル』医学書院，p.272. 参照。

4　宮地尚子は，『環状島＝トラウマの地政学［新装版］』（みすず書房，2018）のなかで，ハナ・アーレントの「忘却の穴」やガヤトリ・C・スピヴァクの「サバルタンは語ることができるか」という問いに言及し，「トラウマの核」にある「ブラックホール」について言及している。そして，「そこに穴があるということ，近寄れないもの，理解できないものがあるということを知っておくことには，はかりしれない価値がある。見えないもの，聞こえないものがあることに気づけば，そこから逆に，たくさんのことが見え，聞こえてくる」（p.9）と述べている。

5　ジュディス・バトラーは，『生のあやうさ──哀悼と暴力の政治学』（本橋哲也 訳，以文社，2007）のなかで，「私があなたを知るためには，私自身の言語が壊れ台無しにしなくてはならない」（p.95）と書いている。

6　レベッカ・ソルニット［渡辺由佳里 訳］（2020）『それを，真の名で呼ぶならば──危機の時代と言葉の力』岩波書店，p.195.

7　宮地尚子は，前掲『環状島＝トラウマの地政学』で，「声をあげつづける人たちへの敬意と，声をあげられない人たちへの想像は両立するはずである」（p.214）と述べている。

8　カロリン・エムケ［浅井晶子 訳］（2018）『憎しみに抗って──不純なものへの賛歌』みすず書房，p.58.

9　エムケ，前掲書，p.58.

10　エムケ，前掲書，p.58.

11　「（インタビュー）トランスジェンダーの現実『トランスジェンダー問題』翻訳者・高井ゆと里さん」（聞き手・田中聡子）『朝日新聞』2023年4月18日朝刊。同日，「それは誰のための議論なのか「トランスジェンダー問題」を考える」という題名で，朝日新聞デジタル（2023年4月18日）にも掲載された（https://digital.asahi.com/articles/ASR4J3G6QR-3RUPQJ00B.html［2023年5月25日閲覧］）。

12　ジュディス・バトラー［竹村和子 訳］「ジェンダーをほどく」，竹村和子 編（2008）『ジェンダー研究のフロンティア5 欲望・暴力のレジーム──揺らぐ表象／格闘する理論』作品社，pp.176-177.

13　バトラー，前掲論文，p.177.

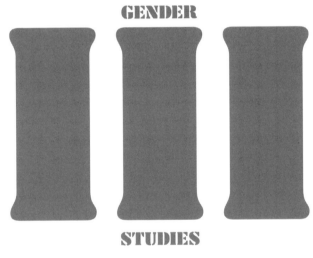

当事者とジェンダー ——知を再編成する

GENDER

STUDIES

それがなくても大丈夫
AC からフェミニズムへ

高野かおる
当事者

　たぶん私はフェミニズムだけを入り口にしていたら，私の痒いところに手が届かなかった。政治や社会から入ったら私には大文字すぎた。個人のカウンセリングを受けるうちに，もしかして私はそうなのかなと，アダルト・チルドレンへ繋がった。でもずっと私は「嘘」をついているようだった。自認はしたけど「みんなみたいに被害がない」。

　だが「アルコール依存症である親のもとに生まれて成長した人」と「AC（Adult Children）」の「現在の自分の生きづらさが親との関係に起因する」とするならば。やっぱり私だ。

　自分の被害を認めることはとても難しい。

身体と言葉

　私の体は3cm浮き，半身横にずれていた。14歳で60kgから38kgになった。「痩せた女の子」は問題視されない。「太った女の子」は大問題。春から夏の半年間に消えたお肉は小学生1人分。座高は20cm縮む。私は拒食症だけの摂食障害。きっかけは風邪。1日の絶食で4kg体重が一気に落ちた。丁度いいからそのまま減らしたら？の母の一声と，落ちる体重の面白さにはまった。みるみる減る体重とキンキンに冴える頭。勉強ははかどりついでに成績も上がる上がる。苦手な長距離まで速くなる。不登校にもなれず「ふつうの痩せた女の子」になった。いいことづく

めで人の目からこぼれ落ちた。制服の肩はトーキング・ヘッズのデイヴィッド・バーンよろしくガバガバにこぼれた。

　拒食症でも私は希望の進路を諦めたり，特に制約などなく生活した。経済的にも恵まれている。環境に問題はない。まだまだ痩せなきゃと38kgの身体で張り切って赤い厚手のパーカーを着込んでランニング。問題なのはそこに適応できない私。

　数字の奇数みたいにキンキンな頭とは逆に，首から下はいつもボワボワ。タワシで擦るようにゴシゴシと乱暴に扱われる身体。カリッと覚醒しているのに，最大公約数をなぞる抽象的な何かに聞こえる単語が口から出て行く。私は自分の言葉に信頼を失っていた。言葉って嘘つけるし。独り内省的になり自家中毒。私は使う言葉も話すという選択肢も持っていなかった。あの時，話す関係性があればどう違ったんだろう。

　私は外に出たかった。

　ハイペースな拒食症は高校生になりなんとなく "やまった"。STOP した，完治でなく。摂食障害についてはひとまずそれでいい。完璧にきちっとやめようと努力したら，ちょっと横にずれ薬，酒，セックス，買い物の助け舟に困難さが絡まるかもしれない。拒食症が今も横にそっといて，あるなーの感じぐらいが丁度いい。

食事と晩酌

チャンポン。その呑み方を知ったのは大人になってから。それは父が私に毎日見せ続ける日常の食事。正月の夜。走行中の車の後部座席のドアがふあーっと開く。忙しなく流れる車のヘッドライトの煌めきとタイヤと道路が起こす風が顔にかかる。叫ぶ幼稚園児の私と弟。左へ方向転換する母のハンドル。開いたドアに手をかけ満面ニマニマの泥酔した父。あんなお父さんがいるなんて毎日面白いでしょう。なんて残酷な言葉。

父は戦後生まれの団塊世代。「オヤジはすごい」と戦争中海軍にいたオヤジ（祖父）を崇拝しオヤジの軍歌を耳にコピー。高度経済成長もバブルの恩恵も受けた男子校・体育会系。父は「日本の一般人」のど真ん中をモデルのように歩く。ビートルズやディスコよりオヤジの軍歌と演歌。ものすごくわかりやすい。私はそのわかりやすさがわからない。私が最も苦しむのは，父が他者との境界を溶かすこと。父は自分へ容易に他者を侵入させ，父もまた他者へ溶けていく。「お父さんの子どもだからお父さんとおんなじ！」と叫ぶ。私の自分のためのNoは，父の存在の否定へ変換される。宙に浮く私のニーズ。私はニーズを守るため鉄の壁をせっせと作り上げる。どこまでも追われ侵入される。ニーズを「個」としてもいい。なぜ父は当然のように自身の個を放棄し他者に明け渡すのか。私の父，ということだけではわからない。

ACの概念で対象人物を研究する。試しに歴史を背景に〈父という人〉を放り込む。私から父を引き剥がすために。この人は何を吸い，見ないことに決めたんだろう。同時に現れる疑問。なぜ父は毎日アルコールにのまれるのか。なぜ父はあんなに崇拝するオヤジと過ごした子ども時代を「覚えてない。ぷっぷぷー」と茶化すのだろう。

野次馬になる

父のアルコール問題から離れ，すごく個人的なので詳しくは伏せるが，13歳の私が，大人になった私が，2022年11月まで，長く人生が支配された出来事がある。他人から見れば「なんだそんなこと」。たった「そんなこと」が私を捕らえた。仮にそれを「理科室」と呼ぶ。

摂食障害，父のアルコール問題，性被害も，ウッとなっても言葉にできた。でも「理科室」だけはほんとムリ。シャレにならない。真に受けないで。恥。思わぬところで刺激され鳩尾がぎゅっとなり視野が正面だけになる。感覚を落っことす，ピュッと出る暴力性。危な過ぎる。

そういえば私，どうやって60kgになったんだろう。6歳から毎年10kg増える。他者が太った私の身体を勝手に注目し，デブブタゴリラと名づけ，勝手に触れる「物」にした。6歳から13歳までは過食症？　何があったか怖いけどのぞきたい。肥満児検診の水色のお知らせがクラスの皆の前で毎月渡される。首の上まで食べるとブレーカーがブン……ブン……と1つずつ落ちる。真面目に考えつつ野次馬視点も必要かもしれない。

戻ってきた言葉

ここまで来てこれがなぜ「ACからフェミニズムへ」なのか。戦争や歴史やPTSDやトラウマだとか唐突すぎて，いぶかしく感じるだろう。正直後付けかもしれない。

それくらい真っ只中の私は必死だった。必要だったんです，私が生き直せるなら，使えるもんならもうなんでも使う，と。私はトラウマを忘れたかった。でもこの記憶を感じなくなることが怖かった。だから宗教やカリスマ教祖に染まりさらにふんわり浮いてずれるより，具体的知識を手に現実の地に足をめり込ませて，ちゃ

んと見ることを選んだ。

　私は個人のカウンセリングで日常・現在・過去のなんだか困ってることの言語化を始めた。同時に信田さよ子氏をファシリテーターとするACのグループカウンセリング（ACG）でACの知識を学び，更なる言語化の練習をした。始めた頃は言葉なんて出ない。抽象的な「自立した・異次元の○○・美しい○○」のような，何か言ってそうな音ばかり出る。カウンセラーからの問いに，ぱーんとホワイトアウトして「宿題にします」と逃げた。ある日は言葉がただの塊となり目の前でバラバラと砕けた。真剣なのに，なんか今の『はじめ人間ギャートルズ』とか昔のギャグ漫画みたいだなー，と落ちた残骸を眺めた。

　ACGは他の自助グループと同じく言いっ放し・聞きっ放し。ただ各自が使う言葉に信田氏が知識・経験・歴史・参考文献に基づく修正や言い直しを丁寧に行う。「愛情や自己肯定感は使わないで下さい。他の言葉で言えませんか？」。信田氏は自嘲か本音かそれを「言論統制」と呼ぶ。ここで学んだトラウマとPTSD，加害者プログラムの視点は私自身の回復のためにとても役に立った。そして事故のようにフェミニズムにも出会う。

　簡単に内省に向かう私にとって外に出る言葉や知識でもって適切なブレーキ（時々アクセル）を踏んでくれるというのは，安心して失敗をする練習ができる場だった。困難さが重なる他者の話，本や映画，現実と具体的な言葉を硬軟織り交ぜ飛び交わす。私が話しても言葉は届くんだ，と実感すると他者の言葉を聞けるようになる。私はしんどい時は他者の話に耳が閉じるので，体調・環境のバロメーターにもなって，面白い発見だった。

緑の地

　本来なら最も安心できるはずの家の中で日常的に酔う大人がいる緊張感を，私は常に感じて生きていたことに気づく。身体の大きな声の大きい大人の男が，家の中でアルコールにのまれ，怒気を放ち，わけがわからない生き物になっている日常を想像してみてほしい。音や表情やビジュアルとしても。その大人からぬるりぬるりと境界線を侵入される怖さを。

　私は鉄壁の個を作り，父の影響に抵抗し振り切っているはず。だったのに，結局現れたのは父だった。ショックだ。やはり私の困難さを考える上で立ち戻ることになる。

　思い出すのは映画『マッドマックス 怒りのデスロード』（ジョージ・ミラー＝監督）。主人公フュリオサは支配者イモータン・ジョーからの脱出を企て，攻撃や困難を越え緑の地を求め進む。いくら進めども緑の地はどこにもない。気づき，悲嘆に暮れる。そして再び生き延びるために来た道を戻る。そういえば「ウォーボーイズという名の子ども」に身体のケアと戦闘をさせ，「完璧な子どもを産ませるための女たち」を監禁し乳製造機としても城に縛りつけるイモータン・ジョーは家父長制の象徴だった。ミラー監督はこの作品を撮影する際にフェミニズムの視点が必要と気づき監修に入れ，学んだと解説している。

しらふはこわい

　アルコールにのまれる父の記憶のなさと語れなさ。トラウマと加害者プログラムの視点で父を個人として見る。逃げ場のない「家族」を，たまたま同じ時代にそこに集まった，それぞれが歴史を持つ「個人」かもしれない，と子どもの視点から見てみる。高速道路の脇にぼんやり緑に光る避難出口を見つけたようだった。

歴史に放り込んだ〈父という人〉は日常的に起こるフラッシュバックをぼやかすために毎日酔いにのまれるのではないか。ついでに一番大きな幼児になることで「男・夫・父の権力」を家族の中で棍棒のように振り回し，妻や子からケアと注目を引き出す。幼い私がその父の心身の状態を嗅ぎ取り日々ケアしていたのか。強烈だなあ。

大人の私は父をPTSD・トラウマまみれの人として解く。すると父との間にカウンターとビニールカーテンが置かれた。「対象化」とはこのこと？　父は今どこに「飛んで行った」のか。逆さまにしたダルマのような憤怒の顔をした父に「他人に親切をする時のセリフ」を考え対応する。この人はフラッシュバックの中にいる。これはケアのようだけど，赦しやケアではない。私のための二枚舌を使う。言葉と知識が私の本体をプロテクト。父が安心することで父のその眼から私がこぼれた。私の願いは大人である父が自分の心身を放棄せずにいてくれること。それだけ。私のことは見なくていい。「親が想う以上に，子は親を想う」を自覚してやるのは，大人になっても思ったよりキツい。

なぜなぜ子ども

私の世代の義務教育は，近代史からは何だか唐突で駆け足。読んでおけばいいと。なぜ戦争が始まり敗戦したのかが繋がらない。何があったの？　被害は？　加害は？　帰って来た人はどう生活に戻れたの？　沖縄戦は？　応答されない「なぜ」が膨れ上がる。言葉への信頼を取り戻すうちにいろんな「なぜ」が湧き上がる。自分の足元の日常と大きな歴史を何度も行き来すると，閉じた空間（身体・家族）でおきていることと外側（政治・国）でおきていることはよく似ているかもしれないと気づくことにもなった。

外に出る

私の思考はACの枠からつま先を少しだけ外に出す。私個人におきたことをちょっと傍に置き「なぜ」を見る。戦争と戦地から帰った男──父のオヤジもその一人──がいる家の中を想像する。敗戦からたった約10年での高度成長期。戦地の記憶も生々しいまま10年なんて「ふつうに」仕事や日常をどう送れていたのか。蓋をされた被害と加害の記憶。その身体や記憶の激しい痛みはどうなかったことにしたんだろう。日常や記憶においても国や人々からなかったことにされていく過程を，東日本大震災・原発事故から12年の今の姿とも重ね想像する。

語れない記憶は身体の中で静かにしてくれるだろうか。私の「理科室」のように不意に暴れはしないのか。暴れ出したものを受け止める役目は誰が担わされたのか。子どもだった父の眼や耳に残る語れない，家族で飛び交った言葉や映像を想像する。そう考えたら75年以上経った今もまだ家族の中で戦争は横に並んでいるように思えた。

直近2019年以降コロナ禍やロシアのウクライナ侵攻が続く中，ボワボワとあったことをなかったことにし，ここぞとばかりに煽る言葉に呑み込まれ酔いにまみれているこの国が私はとても怖い。「新しい戦前」と囁かれる。女性の自死が増えた。ただ，それらを聞いても私は驚けない。私もこの国に生きていると，消えたいなー，と思う一人だから。コロナ禍で可視化されたのは，国からされているのは経済・精神的DVとネグレクトだったこと。説明をしないという暴力も振るわれ，こちらが望んでいないことばかりが今も強行されている。

ひとりプリズン・サークル

コロナ禍，東日本大震災，原発事故に怯え，家の中で怒気を放った父という人は自分の身体の感覚がわからない。言語化ができない。布団がバサーっと2階から飛んでくる。

ひるがえり私は回復できていない「理科室」のトリガーに不意に遭遇すると鳩尾からぎゅっと湧くものにとても危なさを感じていた。これはなんだ。子どもの自己主張の声を聞くとあの口をこの手でふさぎたい，恐怖に怯える表情を見て快感を覚えたい。暴力と快感はとても似ている。父もそんな語れない記憶と共に湧き上がる不安を見ないために，酔いの中，家族という小さな「国」で経済力と不機嫌さを暴力として振るい，一時の快感と鎮痛を得るのだろう。私の家族はアルコール依存とDVを抱えた家族。コロナも震災も原発事故も，私の存在も父のトリガー。

時々休む，矛盾する

フェミニズムの「個人的なことは政治的なこと」。いち当事者の私が個人の違和感をどうにかしたかっただけなのに，家族，戦争，国，政治が足元に転がり出てきてしまった。大文字だと思っていたから驚いた。そっか，そうすると選挙も日常。

「こころの問題」じゃなかった。抽象的な場所から私を剝がす。個人の「なぜ」に，歴史やフェミニズムを伴走させることが私には役に立った。今も時々消えたいけれど，生き延びるために私はACやフェミニズムに自覚的に「洗脳」されに行った。

正直，何度も今更知らなきゃ良かったと後悔もした。フェミニズムを得て私が悪くないのはわかったけど，私にしみたミソジニーにびっくりしたり，今までの人間関係から離れざるを得

なくなったりと，正直辛かった。それでも，いまいちしっくりこなくて気持ち悪かったセックスを語る既存の言葉をはらい落とし，フェミニズムを得て再びジェンダーから性／セクシュアリティを見ると，性も野心も個人が欲しくても・欲しくなくても当たり前，性と生が人権だと，「私の性」なら言葉にできるかもと思えたのは嬉しかった。

分断をほくそ笑んでるのは誰なのか周辺も見渡すようになった。人種やジェンダーの視点を更新し続けないと私が差別する側にあっという間に絡め取られる。良きことの中の加害の存在。わかりやすさの危険性。間違うかもしれない。たとえば私は大学に進学し，自由に本を買い，カウンセリングへ定期的に通う，がそこにも時間や経済的な問題が寝っ転がっている。格差・差別・賃金・雇用など，ちょっともう具体的な日常が溢れる。今，この場においても，どうも上手な言葉を言おう，書こうとしている自分に腹がたっている。マジですか，とショックを受けるを繰り返すし，やっと入り口。

加えて私の生育歴や「ACあるある」においては，一つのカリスマ的な人間・場所・思考への崇拝はとても危険だ。ある日突然私は逃走するかもしれない。ずるい，矛盾してるじゃん，と言われるだろう。そう言われても私は生き延びるために異物でいたい。だからこそ「一人一派」を掲げるフェミニズムが矛盾しつつ時代により挫折や修正と変化をし続ける姿に，個人の思考を放棄しない・させない開放感を私は覚えた。

真っ赤な口紅やJPゴルチェやフェティッシュなものが好きで，"ガールパワー"からはみ出てるけど，私はどこにいるかわからないと言われがちのたぶん第三波世代。私は連帯しすぎると糸が切れるし，受け取るのも繋ぐこともぎこちない。ACからフェミニズムへも出たり入ったり休んだりする。10年前に「バイバイ，また明日ね」と交わしたまま，「昨日はどうだった？」と

10年後に出会い直せる。同じ部屋で本を読む，映画を観る，話す，それぞれが違うことができないと，そこにいられない。

　そんなふうに私のように，どこにも入りづら

いと感じる周縁の人へ声を拡げられたらいいのに。ひとりで生きても大丈夫。誰かと生きても大丈夫。それがなくても大丈夫。

　Trans rights are human rights.

多様化するバックラッシュ
男性問題としての抵抗を臨床する

西井 開
千葉大学社会科学研究院

日本におけるバックラッシュ

社会的地位や賃金におけるジェンダー間の格差，性別役割分業，DVや性暴力といったジェンダー暴力，男性中心主義的な政治や組織のあり方。こうした性差別の問題の解消に向けて，ジェンダー非対称な社会構造の維持に深い部分で加担している（してしまっている）男性たちのコミットメントは不可欠だ。しかし，ジェンダー平等という動きに対して消極的であるどころか，抵抗的な反応を示す男性は少なくない。「わがままを言っている」，「自分は関係ない」，「性差別なんてもう今はなくなっている」，「むしろ割りを食っているのは男のほう」。これらの声は，時に集団的に発せられ，女性や性的マイノリティの被抑圧や被害の訴えをかき消し，差別撤廃のための運動を阻んできた歴史がある。

その典型的な形としてバックラッシュがある。バックラッシュはフェミニズムの隆盛に合わせて世界的に生じているが，日本においては特に2002年から2005年をピークとして巻き起こった。1999年に男女共同参画基本法が制定されてから，日本全国で男女共同参画センターの建設や啓発事業が進むなか，保守系団体の機関紙や右翼系の新聞，ミニコミ媒体が積極的に反フェミニズム的言説を展開し，教育現場におけるジェンダーフリー教育や性教育を批判した。同時に男女共同参画政策についても，条例づくりや，センターでの講座，事業やパンフレットへの批判がなされ，ブログやmixiといったソーシャルメディアでも反フェミニズム言説が溢れた（山口ほか，2012）。

バックラッシュの論理は，「家族の絆」という名のもと家父長制家族制度を理想とし，「『男は仕事，女は家庭』という性別役割分業を維持し，女性の社会参加・参画を制限するとともに，家事・育児・介護」などの労働を「一方的に女性の肩に担わせるという仕組み」を継続しようというものだった（伊藤，2004，p.12）。バックラッシュ派の主張には「フェミニズムは性差をなくそうとしている」などのデマが多分に含まれていたが，フェミニズムに拭い難い負のイメージを貼り付け，ジェンダー平等を後退させた。

抵抗のダイナミクス

バックラッシュのような集団的な反動はなぜ起こるのか。進歩的な社会変化に対するマジョリティ集団の拒否的な反応は「抵抗」と呼ばれている。抵抗は，さらなる社会変化が起こるのを防ぎ，すでに達成された変化を覆そうとする防衛的な心理と実践のプロセスであり，バックラッシュもその一種であるとされる（Flood et al., 2021）。同様にGoodman（2011=2017）も，抵抗には恐怖心や感情的苦痛といった心理的反

応が関わっていると言及しており，①差別撤廃運動や被抑圧集団からの訴えによって，これまで当たり前だと思ってきた世界や価値観が崩れていくような不安（＝認知的不協和），②構造的差別の存在を認めることで，自分が築き上げてきた成果や業績が特権の影響を受けていると認識することへの戸惑い，③マジョリティとして社会的不公平に自分が加担している可能性への罪悪感，④責任を問われることへの恐れ，⑤差別や偏見など持たないという洗練された自己像が崩れ，自らの優位性の感覚が失われてしまう不安，などに整理している。また，黒人男性や貧困階層の異性愛者など，多元的なアイデンティティを持っている人の場合，ジェンダー差別や異性愛主義の問題を突きつけられた際，⑥自分自身のマイノリティ性（黒人であることや貧困であること）による痛みと苦境に目が行ってしまって，抵抗的な心理状態に陥ることも示されている。

さらに，これらの心理を背景として生じる抵抗的な実践について，Flood et al.（2021）は以下のように類型化している。

①否定（Denial）——問題や変革の正当性に対する否定。例えば，性差別は存在せず，フェミニズムの主張を事実ではないと否定すること，問題を訴える女性の信頼性を攻撃し矮小化すること，「ヒステリー」，「誇張している」といって非難すること，「むしろ差別されているのは男性」という逆差別を訴えて相手を黙らせることなどが，これに当たる。特にFloodらが強調しているのは被害者意識を前景化させて女性を黙らせる問題である。自殺率の高さや親権をめぐる男性の不遇，女性による男性への暴力を殊更に強調して，現行制度のなかで女性が不利益を被り，男性が特権的な立場にあるという事実を否定し，女性差別に関する議論を脱線させる手法が広く行われている。

②否認（Disavowal）——問題に対する変革プロセスに取り組む責任を認識することへの拒否を意味する。「すでに性差別は解消されている」と主張したり，ある個人に降りかかった性差別の問題を単なる個人の問題として捉えたりすること，ジェンダー不平等やジェンダー暴力の問題に関して自分は関係なく，差別主義者の責任であると問題を他者化したり，「女性の努力が足りないから女性の権利が向上しない」，「女性がもっと声を上げるべき」と自己責任化したりすることなどが挙げられる。

③行動の放棄（Inaction）——変革の実行の拒否。否認と部分的に重なるが，加えて「今この問題に対処する余裕はない，他にもっと緊急の優先事項がある」と，社会的変化のためのリソースを割かないことなどが含まれる。

④宥和（Appeasement）——変化を主張する人々をなだめ，その影響を抑えるふるまい。前述した日本におけるバックラッシュの一部に，性差別があるという事実は否定しないものの，フェミニストたちの訴えが「過激である」として，その主張をなだめすかすような態度で自分たちの主張を正当化するタイプが存在した（伊藤，2004）。現代においては「もっと優しい口調じゃないと伝わらない」と諭すような言説も多い。

⑤盗用（Appropriation）——自分も変化していると偽装しながら，密かにそれを弱体化させること（これについては後述する）。

⑥流用（Co-option）——不平等な構造や慣行を維持するために，進歩的な枠組みや

目標の言葉を使用すること。反フェミニスト的な男性権利擁護派もフェミニストたちが使うのと同様に,「権利」や「平等」という言葉を用いて,女性の利益に反撃しようとしてきた。日本においても,若年層の女性を支援する一般社団法人Colaboが公金の不正使用を疑われ,「正義」の名のもとに激しいバッシングを浴びたことは記憶に新しい。

⑦抑圧（Repression）——一旦実行が開始された変革のイニシアチブを覆すか,解体すること。

⑧暴力（Violence）——マイノリティに対する暴力,ハラスメント,虐待の使用。

以上のように,抵抗はさまざまな形で表出される。2000年代に日本で起こったバックラッシュもこの類型のいくつかに当てはまるが,興味深いのは,その担い手は決して一枚岩ではなく,微妙な差異があった点である。伊藤は,バックラッシュには複数の流れがあったとして,「伝統的」（と思い込んでいる）家族秩序を復活させようとする「伝統的」保守派層,フェミニズムに納得はできていないが,口先では進歩的なことを言う知的中年男性層,「フェミニズムやジェンダー平等の議論が自分たちを『抑圧する理論』に見えている」自己防衛＝自己肯定派層の3つに大別している（伊藤, 2004, pp.15-17）。つまり,抵抗とはそれを実践する男性の社会的背景によって,動機も,出現の方法も変化することが推察される。

このことは,男性性のパターンは複数あり（例えば官僚的な男性性や労働者階級の男性性など）,各パターンによって男性中心的な社会構造を維持する実践方法は異なるという男性性研究の理論とも符合する（Connell, 1995/2005=2022）。だとすれば,抵抗の問題を深く理解するためには,それを単なる男性（マジョリ

ティ）特有の問題として一面的に把握するのではなく,複数の男性性のパターンごとに生起するプロセスとして詳細に分析する必要がある。次項からは現代日本で生じている抵抗を例に挙げながら論じたい。

余裕のない抵抗

2018年,東京メトロ千代田線の女性専用車両に,複数の男性がわざと乗り込んで他の乗客とトラブルになり,列車が遅延するという事態が起こった。こうした意図的な乗車を継続的に実行している男性たちによれば,その動機は「男性差別」への批判であるという[註1]。女性専用車両は男性を一部の空間から排除するものだということらしいが,痴漢という名の性暴力被害を多くの女性たちが列車内で受けている実情を考えれば,むしろ電車から排除されているのは女性だろう。こうした「被害者はむしろ男性である」という転倒的な主張とともに,もうひとつ語られるのが,「男性が全員痴漢加害者であるかのように見なされる」ことへの抗議である。2017年に起こったMetooムーブメントの際も,同様の抵抗言説がソーシャルメディアで数多く発信された。確かに性暴力を行うのが一部の男性であるのは確かだが,その加害者のほとんどが男性であるという事実への考慮が彼らには抜けてしまっている。

気になるのは,彼らはなぜ女性専用車両の存在や性被害の訴えを「男性の利益の簒奪」や「男性に対する加害者という烙印」として読み込み,自分に向けられた攻撃と感じてしまうのか,という点である。たとえ非難されているような気持ちになったとしても,なぜそれをやり過ごすことができないのか。通勤電車に乗り込む際に数メートル歩くということ以外,彼らに実質的な不利益は生じていないはずだ。一方で,女性による性暴力被害の訴えに対し,「自分に

は関係ない」、「絶対に自分はそんなことをしない」と簡単に受け流すことができてしまえる男性もいる。

Vandello et al.（2008）は，人種的マイノリティや労働者階級の男性など，周縁化された男性ほど，自らの男性性が脅威にさらされた際，その反動として自身の男性としての正統性を取り戻す行動に出ると指摘している。つまり，社会的地位の低い男性ほど自身の男性性を強く意識しており，それが少しでも毀損される事態になれば，動揺し，激しく反発してしまうのではないか[註2]。

1970年代に隆盛したウーマンリブに対する男性たちの反発に比べ，2000年代のバックラッシュを行う男性たちに余裕がなくなってきていたと上野（2006）が指摘するように，男性性の「危機」に対する一部の男性の不安や焦りは時代を経て上昇している。フェミニズムによって男性中心主義の転換が進められたことだけではない。収入の減少や非正規雇用の増加，生涯未婚・非婚率の上昇など，社会構造の変化によってこれまで当たり前だった男性像を満たすことができず，相対的な剥奪感を抱いている（感覚だけではなく実質的な剥奪もある）男性は少なくない。これ以上男性として転落したくないという必死さが，抵抗として現れている。

ハイブリッドな男性性

一方，十分な経済的収入を得ており，結婚して主流秩序に乗ることができている戦後サラリーマン的な「男らしさ」を達成できている男性ほど，逆説的に自身の男性性を意識しなくていい状況にある。彼らは，前述したような男性性に固執せざるを得ない男性と違って，男性性を証明するために必死にならなくても済む層であると言える。

しかし，だからといってこうした男性たちが

抵抗的な実践に至らないというわけではない。BridgesとPascoe（2014）が提唱する「ハイブリッドな男性性（hybrid masculinity）」という概念は，まさにその独特の抵抗のあり方を示している。ハイブリッドな男性性とは，特権的な位置にいる男性が，日々のふるまいやアイデンティティのなかに，ゲイ男性の持つ情緒性や，黒人たちが築いてきた文化，女性性に関連する要素を選択的に組み込むことを指す。

現代の日本の事例としては，「イクメン」をめぐる言説が典型的だろう。「イクメン」という実践には，既存の男性性のなかに，女性性と紐付けられてきたケアという要素が取り込まれている。しかし，問題はその取り込みが表面的な形でしかなされていない点にある。父親の育児を推進する厚生労働省のイクメンプロジェクトを分析した巽によれば，そこで期待される子育ての質は母親と同等だが，量は母親よりもかなり少ないこと，父親たちに啓発するために「子育ては仕事の役に立つ」という言説が繰り返されていることが明らかになっている。つまり，「稼得責任を維持し仕事を優先する〈一家の稼ぎ主という男らしさ〉をもちながら，子育てに積極的に関わる／関わろうとする父親像」が掲げられているのである（巽，2022，p.459）。バックラッシュを受けつつもフェミニズムの運動が一定程度浸透した現代日本において，伝統的な家父長的男性像は過去のものとなり，男性もケアを行うことが推奨されるようになった。しかし女性にケア役割を強いる性別役割分業の撤廃が，本当の意味では目指されていないのである。

筆者が取り組むDV加害者臨床の現場でも，夫が全く家事をせずに「誰が稼いでいると思っているんだ」と言って妻に暴力を振るう古典的なケースとはまた別に，家事をある程度行う加害者男性が若い層に増えている。そして，自分がこんなにも家事に取り組んでいるのに，妻が（彼の基準に照らして）十分にできていないこと

を理由に，暴力を振るうのである。ケアと暴力が共存する事態が出現してきている。

今や性差別的な意識と伝統的な男性像は必ずしも一致しない。ハイブリッドな男性性のパターンは，家父長的な男性像から距離をとって進歩的な姿勢を見せてはいるものの，実際のところジェンダー不平等を再生産し続けるという巧妙なメカニズムを有している。これは前述した抵抗の類型における「盗用」にあたる。男性性のあり方は，現代の風潮に沿いながら変化している。ハイブリッドに生きる男性たちは，時代の要請にうまく適応し，局面に応じてふるまいを自由に選択しながら，既存の権力構造の維持と強化を巧みに隠蔽しているのである。

抵抗を緩和させるために

以上考察してきたように，男性性の達成度合いと男性性からの距離に応じて，その男性が経験・実践する抵抗の形は変化する。周縁性の高い男性ほど自己証明のためにフェミニズムの声を必死に否定し，より中心的な位置にいる男性ほどアイデンティティを自由に行き来しながら責任を回避し，特権を維持する。こうした抵抗の多様性について把握しておくことは，男性がジェンダーに関わる問題に取り組む上で重要だろう。

日本ではまだ数は少ないが，諸外国では多様性教育としてマジョリティ向けの研修や，男性向けのジェンダー研修が広く実施されている。その際，単純に知識を提供するだけでは余計に抵抗が起こるため，抵抗の背景にある剥奪感や罪悪感，不安や焦り，認知的不協和といった心理的反応を否定せずに一旦受容し，その後社会的公正に向けて動機づけていく必要性が指摘されている。そこには教育とはまた別の，臨床的なテーマが存在するのである。またAPA（アメリカ心理学会）の男性・少年を対象とした心理支援マニュアルでも，男性たちが自身の痛みや被抑圧性に気づいていくと同時に，特権を自覚し，性差別的な意識や偏見を減少させ，ジェンダー平等に向けて取り組んでいくことを臨床家がサポートする方針が示されている。

筆者も，兵庫県の西宮市男女共同参画センター・ウェーブと協働して，男性を対象とした脱性差別を目指すワークショップを2021年から継続している。全5回のプログラムであり，①自身の生きづらさ，②女性差別の実際と男性特権，③抵抗，④差別的なふるまいをしてしまったときの謝罪や関係修復の方法，⑤目の前で差別を見た時の介入方法をテーマに，ディスカッションやロールプレイを実施している。昨年2022年度は，10名程度の登録があり，毎回6〜8名程度の参加があった。性差別の問題に対して何か行動を起こしたいが何をしていいかわからない，どこか躊躇いを感じて行動できないという課題意識を持つ男性たちが確かにいるのである。

本稿で検討した内容を踏まえつつ，より日本の現状に即した男性へのアプローチを構想していきたい。

註
1 東洋経済オンライン2017年9月17日付「あえて女性専用車両に乗る『男性の言い分』」（https://toyokeizai.net/articles/-/188609［2023年4月27日閲覧］）を参照。
2 女性専用車両に乗り込む男性たちのなかには，就職に苦労した経験やいじめを受けた経験を持つ男性がいたという（朝日新聞2018年5月6日付「（憲法を考える）『逆差別』『違憲』女性専用車批判なぜ」を参照）。

文献
American Psychological Association（2018）Boys and men guidelines group. In : APA Guidelines for Psychological Practice with Boys and Men. Washington DC : American Psychological Association.（Retrieved April 24, 2023, http://www.apa.org/about/policy/psychological-practice-boys-men-guidelines.pdf）
Bridges T & Pascoe CJ（2014）Hybrid masculinities : New directions in the sociology of men and masculini-

ties. Sociology Compass 8-3 ; 246-258.

Connell RW（1995/2005）Masculinities. 2nd Ed. Berkeley : University of California Press.（伊藤公雄 訳（2022）マスキュリニティーズ——男性性の社会科学．新曜社）

Flood M, Dragiewicz M & Pease B（2021）Resistance and backlash to gender equality. Australian Journal of Social Issues 56-3 ; 393-408.

Goodman DJ（2011）Promoting Diversity and Social Justice. 2nd Ed. New Yorl : Routledge/Taylor & Francis Group.（出口真紀子 監訳，田辺希久子 訳（2017）真のダイバーシティをめざして——特権に無自覚なマジョリティのための社会的公正教育．上智大学出版）

伊藤公雄（2004）バックラッシュの構図．女性学 11 ; 8-19.

巽真理子（2022）子育てというケアとイクメンの男らしさ——ケアリング・マスキュリニティについての一考察．社会学評論 72-4 ; 455-466.

上野千鶴子（2006）不安なオトコたちの奇妙な〈連帯〉——ジェンダーフリー・バッシングの背景をめぐって．In：双風舎編集部 編：バックラッシュ！——なぜジェンダーフリーは叩かれたのか？．双風舎，pp.378-439.

Vandello, JA, Bosson JK, Cohen D, Burnaford RM & Weaver JR（2008）Precarious Manhood．Journal of Personality and Social Psychology 143-6 ; 1325-1339.

山口智美，斎藤正美，荻上チキ（2012）社会運動の戸惑い——フェミニズムの「失われた時代」と草の根保守運動．勁草書房．

転生する身体
トランスジェンダー

倉田めば

大阪ダルク／パフォーマンス・アーティスト

SRSをしないという選択

　思うに私は長い間，性別というものにとらわれ，揺らぎ続ける人生を送ってきている。

　数日前，大阪府に提出する書類に性別記載欄があり，少し考えあぐねた後，戸籍とは異なる性別「女」の方にチェックを入れた。性別記載欄にチェックを入れないこともあれば，「男」にチェックを入れることもあるし，「女」にチェックを入れることもある。三通りの決断があるわけで，戸惑いのペン先は性別記載欄の上で，いつも数秒凍りつく。

　まあ，だから戸籍を変えて「女」一択にするために，タイにでも行ってSRS（性別適合手術）を受ければ良いということなのだが，私は躊躇する。いや，躊躇し続けていた。

　女性ホルモンの摂取により，ボディは傍目から見てもずいぶん女性化し，声を高くする手術も受けた。あとは，SRSをするかどうか，というところでなんとなく踏ん切りがつかず，手術をしたい気持ち50%，躊躇する気持ち50%のまま，ジェンダークリニックに何年も通院しながら決めかねていた。

　遠くない未来，病院や高齢者施設で，要介護の生活を送るかもしれない。そうなった時に，性別が男性のままだったらどんな扱いを受けるだろう？　想像するだけで，先取りの不安で頭の中はいっぱいになる。

　社会不安的な要素からみれば，SRSを受けた方が，晴れて戸籍の性別も変えられるし，恐れや不安も払拭されるだろう。揺らぎも鎮まるだろう。そうは思う。しかし，手術要件なしに性別変更が認められる諸外国は増えてきている。だとしたら，日本の法律に合わせて，体にメスを入れるというのはどうも納得がいかないことでもある。ジュディス・バトラー（1999）の有名な言葉「セックスはつねにすでにジェンダーである」という権力装置に抗おうとしたら私の前にはどんな道が待ち受けているのだろうか？

　一方で私は，いざSRSを決心した時のためにと，コツコツと手術費用を貯めてもいたのである。やはりいつも気持ちは半々だったのだ。

　「できたら，手術はして欲しくない」。何年か前，私はある親しい友人の口からその言葉を聞いた。崖っぷちに立って，飛び降りるかどうか決めかねている人の背中をちょこんと押せば，簡単に飛び降りるだろう。かたや，後ろから服の裾を引っ張られて崖っぷちから1メートルも後退すれば，飛び降りるのは諦めるだろう。「SRSをするかどうかは，あなたが決めること」。多くの人から暗に聞いたそのニュアンスはわかっていても，私には決心がつかなかったのだから，友人の言葉は，手術を断念するには決定的だった。

ゆりかごをゆらす手

「性のグラデーション」という考え方が苦手だった。男から女になろうとしている私としては目を背けたくなる。男女二元論の中で，一つの極からもう一つの極へと転身することが運命のような気がしていたわけである。トランスジェンダーの自分こそが，厭うべき男女二元論に人一倍とらわれ，多様性に心を閉ざしていたと，今，振り返って思う。

だが，SRSを断念することで，終着駅から一つ手前の駅で途中下車したような気持ちにもなった。自分が不完全なトランスジェンダーであるという卑下した思い込み。

新たなとらわれ，揺らぎの始まりでもあった。

そのうち私は意外なところに反応し始める。男性の中には内なる女性が，女性の中には内なる男性がいるというようなワークやトークに接するたびに，気分が悪くなってしまうのだった。拒絶感や，疎外感を覚えて，いたたまれなくなるのである。ユングのアニマ／アニムスについての本を読んだこともある。そういったことについて，並み入るシスジェンダーのヘテロ女性たちの語る男性性の話に耳を傾けている私という人間は，実数に対する虚数のような存在であり，いつも疎外と自己憐憫の淵に堕ちていくばかりだった。

なぜならトランス女性の私が自分の中の男性性を認めるということは，男の自分を否定して女性として生きようとしている身にとっては受け入れがたく，捨ててきた地点に無理やり引き戻される感覚であった。かといって，出生時に男の性別をあてがわれた自分が，男性の中の女性的な側面を拡大していった末のトランスジェンダーだということでは全くない。このようなとらえ方は，トランスジェンダーを理解しようとする人々にとってはとっつきやすいかもしれないが，性別違和とは別のものなのである。だ

から，そういう場では私は虚数でしかなかったのだ。

その頃，書いた詩がある。自分の書いた詩で自分が癒されるということがたまにある。

「ゆりかごをゆらす手」

おとこでもおんなでもない私は
人の視線を気にしながら
ふたつの性のあいだをゆれるようになった

ゆれを止めるためには
おとこかおんな
どちらかにならなきゃならない
そう思うとゆれはますます大きくなった

どうしようもなくなって
ゆれるゆりかごのうえで
くつろぐようにねむるように生きることに
　決めた

風のような手にゆらされているままでいい
　んだ
そう思ったら楽になった

心さわぐ夜はブランコに乗って
激しく自分で自分をゆらしながら
泣きやまぬこころのゆらぎを鎮めている

アルダナーリーシュヴァラ

私の身体は言葉を失っていた。いや元々そんなものはあったのだろうか？　片手を膨らんだ胸に，もう片手を股間に当てて目を閉じ，深呼吸をする。安堵する。これが私だ。この私のどこが不完全なのだろう？　女性と男性の特徴が同居しているこの身体で，私は完全なのではな

いか。

　私のような体をなんて形容すれば良いのだろう？　両性具有，ふたなり，間性……トランスジェンダーよりも文学やアダルトコミックなどに出てくるこちらの言葉の方がピッタリくるような気もする。ジェンダーの社会モデルからみると，男性と女性のどちらからも引き算されたような心もとない身体であるが，鏡の前に立って女であり男でもある性の表徴を撫でるたびに，遠い過去に埋もれた神話の記憶を引き出そうとするのだ。両性具有である性的存在の私自身の道を探すために，私はインドに旅立った。

　アルダナーリーシュヴァラは右半身がシヴァ，左半身が妃であるシャクティという，男性と女性が結合した姿で表現される神である。本来，シヴァが現世に顕現しない場合は肉体を持たないために性も持たず，顕現に際して男女両性に分離し，再び統一されることで世界や万象の創造をもたらすとされる。性的な力を重要視するタントリズムではこの神を男性原理と女性原理が精神・肉体的に結合した完璧状態〈完全なる神〉として，梵我一如を意味する重要な存在とみなしている（ピクシブ百科事典より）。

　「アルダナーリーシュヴァラの像に会いに来て。案内するから」とタントラ瞑想の師に誘われるままに，私はインドの中央部に位置するカジュラホという人口5,000人の村を，瞑想のリトリート参加のために訪れた。

　カジュラホには，いくつもの宇宙船のようなタントラの道を視覚化した寺院があり，中で瞑想もできる。寺院の周りの壁にはミトゥラ像と呼ばれる男女のSEXのさまざまな様態の彫刻が施されていて圧倒される。それらのミトゥラ像の一角に，アルダナーリーシュヴァラは慎ましやかに鎮座していた。右胸だけが膨らんでいてすぐそれとわかる。陽も沈みかけて，影が青みを帯びる頃，私は放心したようにアルダナー

アルダナーリーシュヴァラ（写真＝倉田めば）

リーシュヴァラの像と対面した。

　やっと，来た，私は来た。千年以上も前から，ここで私のことを待ってくれていたのね。涙が溢れ出てきて止まらなくなり，私は草の上に跪いた。

　作家のカレン・アームストロング（2005）は書いている。「神話は人間が難局を切り抜けるのを助けるためのものであった。神話は，人が世の中で自分の居場所を見出し，自分の本来の位置付けを悟るのを助けていた」。

性被害

　だが，とろけるような自己受容の後には，とてもつらい試練が待ち構えていた。私はこの地で性被害に遭ったのだった。幸い，現地では友人やリトリート主催者の手厚い配慮とサポートがあり，なんとか残りの旅の日々を過ごすことができた。

　ところが帰国してからは，毎日何度も被害に遭った場面が蘇ってきて，記憶の吐き戻しが起こるようになった。なぜ，抵抗して相手の男を殴り倒さなかったのか，後悔の念が頭をよぎる。とにかく早く忘れてしまおう，なかったことにしようとしたが，ますます何度も思い出してしまう。そんな目に遭ったのに，私は大阪でもトラ

ンスジェンダーが痴漢や性被害に遭いやすいような悪場をあえてうろついたりすることもあった。何かを確認したかったのだろうか？ 弱毒化かも，という友人の指摘もあった。

カウンセリングが必要なのではないかとあたってみたが，トランスジェンダーの性被害，しかも当事者があなた（私はそれなりに精神保健やLGBTQ界隈で名前が知られているらしい）となると，なかなか相談に乗ってくれる人を見つけるのは難しいとも言われた。二次被害に遭う可能性もないとはいえない。私は，だんだん及び腰になっていった。

「トランスジェンダー，性被害」でググるとSNSではひどい誹謗中傷の書き込みがいくつもあり，そういったページを開くこともさらに自分の傷を深くするだけだと思われた。

私は，とりあえず，行き慣れている薬物依存のセルフヘルプグループのミーティングに行くことにした。しばらく参加できていなかったが，昔から足を運んでいる会場に着くと，そっと席に座った。静かだ。司会者に当てられたが「今日はパスします」と言うだけで精一杯だった。1週間後，同じミーティング場で，私はやっと少しだけ口を開くことができた。小さな声で自分の身に起こった性暴力のことを少しだけ話した。さらに1週間後，やっと私はいつもの口調で，自分の話を自分で意識的に聴きながら話した。ミーティングの最中も終わって駅まで一緒に歩いていく帰り道も，仲間たちは私の話したことには一切触れない。ルールである。

38年もセルフヘルプグループのミーティングに通ってやっと私は，言いっぱなし聴きっぱなしのミーティングのありがたみを心から噛み締めることができたように思う。それにしても，なんて古くて新しい方法なのだろう。

ハレンチ・パフォーマンス

私は13年前からパフォーマンス・アートを始めたのだが，国内外のグループ展やパフォーマンス・アート・フェスティバルへの出演が中心だった。複数のアーティストが，それぞれ自分のパフォーマンスを行う形である。持ち時間も一人10〜20分と短かった。

ところが3年前，パンデミックの時代に突入してからというもの，グループ展が全く開催されなくなったのである。私にとって従来の表現の場が封鎖されたことの危機感は日に日に募っていき，私は初めて自分で自分のパフォーマンス・アートを行う場を，一人のインスタレーション作家とコラボで持った。パフォーマンスを行う時間も長くなり，内容的にも大きく変わったと思う。

自分がトランスジェンダーであることが前面に打ち出された表現におのずとなっていったのである。私のようなトランス女性へのヘイトがSNS上で平然と行われるようになったことも，自分のあるがままの身体を人前で晒してパフォーマンスを行うことに拍車をかけた。

この4月，即興表現を行う音楽家から声をかけられ，半年ぶりにパフォーマンス・アートを神戸の小さなライブスペースで行うことになった。昼間，行きつけのネイルサロンで，担当のネイリストに夜行うパフォーマンスの話をしたら，「ハレンチですね」と言われた。ちゃんみなの歌がハレンチの意味合いを変えたのか，若い人の間では，ハレンチはエロを超えて最高の褒め言葉らしい。会場に着くとVJ（ビデオジョッキー）に背後のスクリーンいっぱいに，インドで撮影したアルダナーリーシュヴァラの写真を投影してもらい，その前でパフォーマンスをした。

全裸になって，ガムテープを用い，私は自分の肉体をアルダナーリーシュヴァラの形に模し

た。左の乳房は，血糊で真っ赤に塗った。インドで性被害に遭った時の記憶が一瞬，頭によぎった。だが，パフォーマンス・アートはトラウマの記憶を再演するのではなく，記憶を呼び起こしながらも，表現の中で新たな傷のリアルを安全に新しく創造し，身体を通したダイレクトな詩や哲学を，トラウマと置き換える表現形態だと思う。

パフォーマンスの間中，私は私の身体を見ている観客の視線で自分を見て，しばらく経つと意識を自分の身体の内部に置いて，内側からパフォーマンスをしている自分を見るという切り替えを繰り返していた。このプラクティスは，日常的にも四六時中，性他認にとらわれる生きづらさから解放してくれる。

衆人環視の中に居たって，この身体を目覚めさせるには，頭の中に沈黙が必要だ。いつものように片手は胸，片手は下腹部に。記憶を呼び覚ましながらもそれが新たなリアルになるための，空想の鏡の前での愛撫。心が騒いでいても私には欲望の形がわからない。快感なのか不快なのかも。私の身体の転生は男でもなく，女でもなく，教えてよ，アルダナーリーシュヴァラ，アルダナーリーシュヴァラ，アルダナーリーシュヴァラ！　これは何かのイニシエーション？　みんなの視線から引きこもり，ゴボゴボと水の音がするガラス器に口をあて，反響する声の木霊を聴きながら，くぐもる叫びの形に，私は私の身体の輪郭を内側からなぞっていったのだった。

記号としてのトランスジェンダーを超えて

それから2カ月も経たないうちに，私は「狂った女達」というイヴェントに出演した。友人の作家でパフォーマーの赤坂真理とのデュエット・パフォーマンスだった。全裸になった私は，再びガムテープで右胸と股間を隠しアルダナーリーシュヴァラになった。赤坂真理は墨汁と筆で私

の身体に般若心経を書き始める。体の前面に生き物のように勢いづいた筆跡は，護符のようでもあり，より高みに意識を引っ張り上げる魔法の模様でもあった。

ここまでは打ち合わせ通りだったが，次の瞬間，ホドロフスキー（2021）のサイコマジックのようなアクトセラピーが起きた。赤坂真理がやおらガムテープを剥がし，私の全てが剥き出しになったのだった。一旦自分で止めた血流が愛の鼓動とともに再び流れ出す。性被害を受けた時に傷ついた乳房が，触れられ，包まれ，口づけられ，心地よい。私は自分の内側からではなく，もう一人の人間と共に，あるがままの自分の身体を祝った。

即興のセレブレーションが次々と生まれてきて，私はもう自分が裸であることも忘れ，満席の観客の前で，二人でセレブレーションのゲームに夢中になっていた。ジェンダーの移行だけが転生する身体なのではない。それは単に社会的な記号としてのトランスジェンダーの輪郭に過ぎない。そのことにこだわっている間は，新たな抑圧しか抱えることしかできなかった。パフォーマンスが終わって1カ月が過ぎたが，私は私の身体を毎日いつくしみ，愛でている。この身体を通してしか，私は私を愛することができないし，他者との交感も持てないし，宇宙や自然からそそがれるエネルギーを浴びることもできない。

言葉によるセラピーの限界を超え，ダイレクトに身体と魂に働きかけるアートというものを私は初めて信じることができた。

文献
カレン・アームストロング［武舎るみ 訳］（2005）神話がわたしたちに語ること．KADOKAWA.
ジュディス・バトラー［竹村和子 訳］（1999）ジェンダー・トラブル──フェミニズムとアイデンティティの攪乱．青土社.
アレハンドロ・ホドロフスキー［花方寿行 訳］（2021）サイコマジック．国書刊行会.

Ain't I a Woman? ／「私」は女ではないの?

石原真衣

北海道大学アイヌ・先住民研究センター

「日本人女性」とは誰か

「私」はあなたと同じ「女」[註1]ではない。この声を発するために，私たちには100年という年月が必要だった。アイヌ女性であった私の祖母は懸命に「日本人」になろうとしたし，その結果なにひとつ「アイヌらしさ」を身につけられなかった母[註2]は，文化的な振る舞いのほとんどすべてが日本人女性のそれである。私の一世代上まではそうしなければ生きることが困難だったのだと思う。祖母は生涯土方（肉体労働者）をしながら，家畜を飼い，畑を作り，身体を酷使した。文化を捨てて，自分の血を否定し，表面的には多数派に同化してもなお，レイシズムによる人権侵害は決してなくならないなかで，祖母は子どもたちに「普通」の暮らしを与えたかったからだ。母は「私たちは恥ずべき民族じゃない」と思うための努力に人生の多くを費やしている。そのための労力と痛みはとても大きい。マイノリティ当事者ならではの極度な自己責任感や勤勉さ，そして他者の痛みにこころを寄せるあたたかさと，その結果引き寄せてしまうさまざまな人間のしんどさ，そうした背景による混乱を抱えながら母は今日も生きている。

しかし，8歳から和人の農家で労働し識字能力を持たなかった祖母や，言語化できる程度に傷が癒えない母を想えば，私たち家族は世代を下るごとに回復の道をたどっているといえるのかもしれない。祖母や母には，「私はあなたと同じ女ではない」と多数派女性に言えなかっただろう。「普通の女性と同じであること」が——レイシズムという人権侵害がなくならない以上それは幻想にすぎなくとも——，彼女たちには大事だった。そのために払いすぎた対価が，彼女たちの心身を損なってきた。そのような歴史性をなかったことにしたくないからこそ，彼女たちの犠牲の上に今日を生きる私は「『私』はあなたと同じ『女』ではない」と言わなければいけない。

祖母や母，私のあいだには明確な違いがある。多くの疎外された人びとが特権を持つ人びとに自ら追随や同化しようとするのは，さまざまな資本の欠如によりそうした非対称的な力学に気づくことができず，気づいたとしても抗する術がないためだ。祖母や母はそうした状況を生きてきたのだと思う。しかし，マイノリティ自らが被る疎外について認識し，それを言語化する術を得たときには，「同じである」としてマジョリティ規範に包摂されることにひそむ暴力性を発見することが可能になる。たとえば女性の受ける抑圧が訴えられるとき，女性としての抑圧を経験しない「男性」が，したり顔で「女性の経験」について語るとすればそれは歪な行為であるし，当事者性の境界への一方的な侵犯となる。特権性の本質とは有する人が気づけないこ

とだろう。私が階段を上り下りする特権性も，選挙に行くときに当たり前に投票できることの特権性も，好きな人について恋バナできる特権性も，そしてそもそも大学へ，ましてや大学院へ進学できる特権性も，私はその特権性から疎外されている人びとに教えてもらった。私はその人びとが経験する疎外に対して，いくばくかの責任を負っている。

　ただし，特権性へのこのような気づきは，疎外されている人が訴えるという不当なアンペイドワークによってしか為しえない。さらに，訴えがあったとしても，特権を持つ人がそこから学び，声を受け取るという相互横断的行為がなければ，疎外されている人による訴えは，「また騒いでいる」としてさらに疎外されてしまう。

　以上のことを踏まえて，日本のジェンダー論／フェミニズムは民族および人種的多数派女性がその特権性に気がついていないということ，さらに特権性に気がつくことができない構造を提示したい。フェミニズムやジェンダー論の教科書をみても，日本におけるアイヌを含む被殖民者女性やレイシズムの対象となる女性——沖縄や部落や在日など——を取り巻く植民地主義的あるいはレイシズムを取り上げているものはない[註3]。

　「日本人女性」は——とくに知的産業に従事する女性たちは——，旧殖民地や，現植民地の沖縄や北海道から収奪した／し続けている資源による利益を今日享受していることを直視できるだろうか。先住民女性フェミニストたちが提起するように，先住民問題の核とは，不法にその領土に侵入した多数派がその地に居座り，土地や資源や自己決定権，人間としての尊厳を奪い続けていることである[註4]。また，ブラックフェミニズムの源流の一人であるベル・フックスが，19世紀ニューヨーク州に奴隷として生まれたソジャーナ・トゥルースによる演説の"Ain't I a Woman?（私は女ではないの？）"を1冊目

の著作のタイトルにしているように，人種的に疎外／人権侵害される女性の経験を考慮しない「女性」概念には重大な問題がある。

　日本では，複数のマイノリティ女性がこれまでも提起してきたにもかかわらず，こうしたことが不可視化されたまま，女性たちのあいだで「連帯」という言葉がコスメティックに使われてきたのではなかろうか。

　本稿では，先住民女性の視点から複合差別やインターセクショナリティ，レイシズムやセトラーコロニアリズムを経由し，今後の日本のジェンダー論の深化および進展のための論点を提示したい。ここで示される視点は，アイヌ女性を含むマイノリティ女性の生や性を回復するのみならず，「日本人女性」への抑圧の構造をこれまでとは異なる視点から把握することにつながるだろう。そしてこの企てがさまざまに疎外されている人びとの生と性の回復にもつながると信じたい。

身体の傷が語る複合差別

　マイノリティ女性を取り巻く権力構造を可視化させるためには，複合差別論とインターセクショナリティ論が役立つ。学術の文脈においては上野千鶴子が1996年に複合差別について論じており（上野，1996），当事者による運動の文脈においては，1980年代以降の世界女性会議をはじめとする国際的な議論からの日本への導入があった（熊本，2003など）。近年流行となりつつあるインターセクショナリティは，さまざまな要素や属性が交差する権力関係と社会的立場の複雑性を捉えるための概念であるという（コリンズ・ビルゲ，2021）。

　両者が日本においてどのように重なるのかについては，下地ローレンス吉孝による『インターセクショナリティ』掲載の解説が詳しい。日本ではインターセクショナリティという言葉が浸

透する以前に，在日コリアン女性，アイヌ女性や部落女性，沖縄の女性たちによる運動においてインターセクショナリティの「感性」や「アイディア」「精神（エートス）」を内包する批判的探求および実践が積み重ねられてきた（下地，2021）。

単純な二元論や当事者を一枚岩に捉えてしまうような視点の不備を，複合差別やインターセクショナリティという概念を経由することによって回避することができる。しかし，ジェンダー権力から疎外された多様な人びとについて，その複雑性と権力構造をとらえるために複合差別論やインターセクショナリティ論が有効であるとしても，特に日本における先住民女性の経験と現実を明らかにすることは極めて困難であることを述べておきたい。

先住民を取り巻く現代的課題について知りたいと思う読者に，最も薦めたい著作は石山徳子（2020）『「犠牲区域」のアメリカ──核開発と先住民族』である。同著は，97％の領土を一方的に収奪された先住民[註5]の多くの居住区が核開発の現場となっており，その犠牲となっている状況について，多角的かつ実証的な資料と分析を用いながら20年にわたる核開発と先住民の暮らしの場を歩いた石山の経験とともに述べられている。

石山は同著をバラク・オバマ元米大統領による広島訪問とブラック・ライブズ・マター運動からはじめる。思慮深く思索が深い石山はオバマの訪問について感情的な議論は当然展開しない。しかし，広島と長崎で膨大な数の命を奪った主体が誰だったのかについて明言しなかったオバマの演説を紹介し，「演説でうやむやにされた破壊の主体が，アメリカという世界随一の軍事大国であること，『偉大な国』を標榜しながら，国家形成の基盤に，植民地主義と人種差別の問題を抱えている国であることは，決して偶然ではない」と述べる（石山，2020，p.vii）。

世界中を席巻した黒人に対する人権侵害および殺害への異議をとなえる運動は，運動として極めて革新的なものだった。その一方で，むしろだからこそ，先住民へのセトラーコロニアリズムやレイシズムが不可視化されている構造を，石山は可視化する。さまざまな統計を根気強く紐解けば，先住民へのレイシズムや人権侵害は明白であるにもかかわらず，黒人への人権侵害に比して先住民が被る暴力について市民が認識することは極めて困難である。石山はその構造のひとつとして，セトラーコロニアリズムによる先住民の忘却について指摘している。

紙幅が限られている本論では，日本における先住民女性を取り巻く複合差別やインターセクショナリティについて事例を挙げながら論じることはできない。しかし圧倒的なジェンダー不平等を抱え（女性の疎外），国内における民族・人種的な多様性が把握されない社会であり（マイノリティ女性の疎外），先住民という存在が過去のものであると認識されるなかで（先住民女性の忘却と疎外），日本国内においても先住民女性が被る疎外は多重な構造となっている。私自身や家族・親戚がそうであったように，当事者自身が先住民への暴力や不正義を過去のものとして扱ってきたことも記しておこう。しかし病や障がい，依存症，自死といった私たちの身体に刻まれた傷たちは，さまざまな形で今日も私たちが被り続けている歴史的および社会的な暴力を訴え続けている。幾重にも不可視化された先住民女性の経験を照らしてくれるのは，明示的な記憶や歴史よりも身体の傷なのだろう[註6]。

それぞれの彩りを回復する──これからのジェンダー論／フェミニズムへむけて

臨床の場，病や障がい・依存症の支援の場，自死の場，連鎖する暴力の場には，マイノリティ女性がずっと存在している。それは本稿で述べた通り，日本社会の制度上，今は不可視化され

た状態にある。多数派が意識できていないのみならず，マイノリティ自身も自分の傷がどこに由来するかについて十分に分節化できていないだろう。しかしだからこそ，当事者がかかえる傷には世代間継承された社会的背景がある，というフレームは，臨床や研究，支援のフレーム自体を組み換え，マイノリティ当事者の回復につながる可能性を秘めているのではないだろうか。マイノリティを取り巻く社会的背景や文化的背景が共有されていない治療やケア，支援は，当事者の傷をさらに深めるかもしれない[註7]。

　西洋におけるフェミニズムが，黒人女性や先住民女性，第三世界の女性たちから白人中心主義であることを問われたように，日本でもまた，「女」とは誰を指してきたのかを考える時を迎えている。明治の開国以降，日本はあまりに慌ただしい150年を過ごしてきた。人類を驚かせた驚異的な近代化と経済発展は，それまではばらばらだった日本という国家や市民を均一にすることで達成されてきた。特に植民地のほとんどを失った第二次世界大戦以降，「国内に」存在する民族および人種的多様性はなかったことにされている。単一的であることが重要な社会では男性も女性も「わきまえる主体」であることが求められてきた。本稿は多数派がもつ人種的特権性についての不理解[註8]を述べてきたが，それは個人に不適切な大きさの主語[註9]にもとづく罪や責任を押しつけることを意図しない。われわれがどのような近代を経てきたのか，われわれの社会とは本来どのような彩りや構造なのか，抑圧の根源とは何か，そうした議論を進展させることで，国家レベル，社会・組織レベル，個人レベルにおける責任の大きさ——「主語の大きさ」——が明確になるだろう。

　多数派はマイノリティが被る人権侵害について，当事者として対峙することに怯えを抱える[註10]。一方で，不理解に囲まれて生きている少数派は「被害者権力の発露」（信田，2021）を続けてしまう。議論の進展を阻んできた原因の一つはこうした多数派の怯えと少数派の攻撃性なのかもしれない。しかし，「主語の大きさ」を間違えずに，怯えも攻撃性もケアされながら互いに安全を確保できる場所で対話を続け，女たちを分断する背景や構造がどのようなものであるのかについて相互に認識できるとき，コスメティックではなく適切な連帯がうまれ，抑圧の克服につながるのではなかろうか。

　日本社会はジェンダーを取り巻く状況についてあまりに霧が深い。マイノリティ女性に関する認識の不在はその証左だろう。少しずつ霧を晴れさせるためには女性たちそれぞれの彩りの回復が必要だ。特権性を持つ人は無色透明であり，当事者は単色に塗りつぶされてしまう。本稿では，民族・人種的な特権と疎外や差別に関する議論を行った。しかし当然ながら特権性と疎外の構造は当事者性によって異なる。誰もが何らかの特権性を持ち，一方で何らかの特権から疎外されており，それがそれぞれ人間の彩りだ。人間の彩りを奪うことこそが権力構造に潜む支配形態であり，だからこそ一人ひとりによる彩りの回復は社会を照らしだし，人類を損なう権力に抗する強力な術になる。先住民女性を含むマイノリティ女性も，社会構造へのアクセスが可能となり，自らの傷が癒えたときには，自分が持つ特権性について思索をする時もくるだろう[註11]。自覚できていない特権性についての深い思考と挑戦のみが，適切な連帯を築き，女が生きる世界をもっと優しいものにしていけるのではなかろうか。〈ケアし合う社会〉（石原，2023）へ向けた第一歩を読者がともに踏み出してくれることを願う。

謝辞——執筆にあたり，草稿段階から大阪大学の村上靖彦氏に貴重なご助言と励ましをいただいた。書くことやここに存在し続けることに毎日挫ける私が，何とか書き続けることができるのは村上氏のおかげである。感謝を記したい。

註

1 本稿では，アイヌを含むマイノリティの女性たちの経験から，ジェンダー状況を取り巻く力学について考察することを意図している。女性として位置づけられる人びとにフォーカスしているが，現在ノンバイナリーやXジェンダーなども含めて，女性と男性というカテゴリーに違和感を覚える人びとが一定数おり，既存のカテゴリーに必ずしも合致しない人びとを不可視化する意図は持っていない。一方で，これまでアイヌ当事者のジェンダー／セクシュアリティにおけるマイノリティ性はわずかな例をのぞき報告されたことがない。周辺化され特権性から疎外された人びとの生には，特に資本制に基づく権力が欲望する二元論的なジェンダー概念が深く刻み込まれているともいえる。そしてだからこそ，「マイノリティ女性」が女性であるがゆえに被った暴力に抗するプロセスにおいて，そうしたジェンダーを取り巻く資本制に基づく権力を強化してしまうことには注意が必要なのかもしれない。

2 母方の祖父は「和人（多数派日本人）」だが，出自が半分でもアイヌと位置付けられる人種編成がある。

3 英語圏の教科書では，ブラックフェミニズムや先住民フェミニズム，第三世界女性によるフェミニズムが取り上げられる。日本におけるそれらの不在はたとえば鄭暎惠による「長すぎる注」にもみられるだろう。鄭は，「フェミニズムのなかのレイシズム」という論考で，アメリカの例を論じた。しかし注では4頁にわたり日本のフェミニズムに対して述べている（鄭，1997）。この注が本文では述べられなかったこと，そして注であるにもかかわらず，長すぎる説明のなかに，日本のフェミニズムや学術における鄭の居心地の悪さを私は自分の当事者性とともに読み取ってしまう。

4 Tuck & Wayne（2012）など。

5 アイヌの場合は，自治権を有する領土を全く所有していないのでこの数字は100％である。

6 社会的忘却を可視化させるための身体の傷について述べたものがある（石原，2022a）。

7 周囲にいるアイヌ女性たちの多くがメンタルヘルスにおいて困難を抱えている。しかし，複数人のアイヌ女性から，アイヌを取り巻く状況について知識がない医療者からの治療やケアによって，さらに状態が悪化したと聞く。こうした状況に関する調査は十分ではなく，今後の課題としたい。

8 「不理解」とは「あなたの理解は理解ではないことに気づいてください」だという。「私はわかっていますよ」と言うことが，原発非難問題をめぐっては，さまざまな暴力につながる可能性があると市村高志は述べる（山下ほか，2013, p.26）。社会的に不可視化されている人びとの背景に，善意や不理解が介入していることについて述べた拙稿も参照されたい（石原，2022a）。

9 「主語の大きさ」について森崎和江の思想的軌跡を経由して思索したものがある（石原，2022b）。

10 日本ではそもそもレイシズムやコロニアリズムがあるという認識すら不在であるので，多くの人びとにとってこのような怯えはまだリアリティがないかもしれない。しかしレイシズムを克服することが命題である社会では，レイシズムに対峙する際の多数派の心の脆さが議論となっている（ディアンジェロ（2021）を参照されたい）。

11 とりわけ強力な「北の国」に属する女性たちには，暮らしそのものに深く埋め込まれた特権性がある。また，私自身が経験したように，女たちの多大な犠牲の上に成り立ちつつも，マイノリティならではの「機会を得ること」や文化資本を得ることもある。階級・階層および経済的・文化的に特権性を持つに至ったマイノリティが安易な自己責任論を強め，無意識に他者を疎外してしまう弊害についても自戒を含めて今後検討していきたい。

文献

鄭暎惠（1997）フェミニズムのなかのレイシズム．In：江原由美子，金井淑子 編：ワードマップ フェミニズム．新曜社，pp.89-113.

パトリシア・ヒル・コリンズ，スルマ・ビルゲ［小原理乃 訳，下地ローレンス吉孝 監訳］（2021）インターセクショナリティ．人文書院.

ロビン・ディアンジェロ［貴堂嘉之 監訳］（2021）ホワイト・フラジリティ——私たちはなぜレイシズムに向き合えないのか．明石書店.

Hooks B（1981）Ain't I a Woman? : Black Women and Feminism. Pluto Press.（大類久恵 監訳，柳沢圭子 訳（2010）アメリカ黒人女性とフェミニズム——ベル・フックスの「私は女ではないの？」．明石書店）

石原真衣（2020）〈沈黙〉の自伝的民族誌——サイレントアイヌの痛みと救済の物語．北海道大学出版会.

石原真衣（2022a）〈沈黙〉が架橋する——弔いの人類学とケアし合うオートエスノグラフィへむけて．文化人類学 87-2；206-223.

石原真衣（2022b）地球上から消え果た植民地主義？——森崎和江が遺したものと〈沈黙〉．現代思想 50-13（総特集＝森崎和江）；198-208.

石原真衣（2023）知識人とはなにか——先住民フェミニズムと〈ケアし合う社会〉へむけて．現代思想 51-1（特集＝知のフロンティア——今を読み解く23の知性）；132-143.

石原真衣，下地ローレンス吉孝（2022）［討議］インター

セクショナルな「ノイズ」を鳴らすために．現代思想50-5（特集＝インターセクショナリティ——複雑な〈生〉の現実をとらえる思想）；9-23．

石山徳子（2020）「犠牲区域」のアメリカ——核開発と先住民族．岩波書店．

熊本理抄（2003）「マイノリティ女性に対する複合差別」をめぐる論点整理．In：人権問題研究資料17．近畿大学人権問題研究所，pp.39-73．

信田さよ子（2021）家族と国家は共謀する——サバイバルからレジスタンスへ．KADOKAWA．

ハンス・D・オイルシュレーガー（2016）西洋の民族学的言説にみるアイヌ．In：桑山敬己 編：日本はどのように語られたか——海外の文化人類学的・民俗学的日本研究．昭和堂，pp.179-207．

下地ローレンス吉孝（2021）解説．In：パトリシア・ヒル・コリンズ，スルマ・ビルゲ［小原理乃 訳，下地ローレンス吉孝 監訳］：インターセクショナリティ．人文書院．

Tuck E & Wayne YK（2012）Decolonization is not a metaphor. Decolonization : Indigeneity, Education & Society 1-1 ; 1-40.

上野千鶴子（1996）複合差別論．In：井上俊，上野千鶴子，大澤真幸，見田宗介，吉見俊哉 編集：岩波講座現代社会学15 差別と共生の社会学．岩波書店．

山下祐介，市村高志，佐藤彰彦（2013）人間なき復興——原発避難と国民の「不理解」をめぐって．明石書店．

現実の複雑性と交差性に向き合うために
「ハーフ」「ミックス」とインターセクショナリティ

下地ローレンス吉孝
立命館大学 衣笠総合研究機構

すでに発せられてきた問いかけに気づくために

この「ハーフ」の問題ってアイデンティティに関わる問題じゃん？（…）それと「性」ってなんか関係あったりするの？（…）てのは私は，バイ（セクシュアル）なのね。だからこれは，今の時代の流れもあるじゃん，正直。そして言ってもいい時代になってきたからみんな言ってるっていうのもあるけど，なんかあたしの中ではこう，多分いろんな要素が重なってこうなったんだろうなって思っちゃうから。それにもちろん，うちの親（のルーツ）とか自分がクォーターとか（出身地や居住する）場所が移動したとか，いろんなことが関係すると思うから。（…）結局こう，カテゴリーみたいな問題じゃない，ほとんどそれ。（…）「男」と「女」にしろ，「中国」，「日本人」，なんとかにしろ。（…）だからなんか，あたし的にはなんだろう，（それらの要素が）結構つながるところあるんじゃないかなっていうのがあって。自分の中で，そこで完結してるんだけど。

これは，インタビュー協力者[註1]の程紗栄子さんとの会話の中で，自身のアイデンティティについて語られている部分である。程さんは，

自分の両親がともに「中国と日本のハーフ」であり，自身を「クォーター」と説明している。この語りを聞いた当時の私は，人種（あるいは民族）という一つの軸を中心に語りを分析していた。そのため，このエピソードにおけるセクシュアリティに関する語りについては，人種とは違う別の要素を交えながら自身の考えを説明している，と単に捉えてしまっていた。もし人種とセクシュアリティとをそれぞれ別々の概念として切り離し，人種の要素のみに着目してしまった場合，セクシュアリティに関する経験そのものが分析から捨象されてしまうばかりか，人種概念そのものも見誤って理解してしまうことになるだろう。眼前の人間が経験している交差的な現実をどのように捉えるのか？　調査や研究においてインターセクショナリティという言葉自体を用いる／用いないという次元の話ではなく，向き合っている相手からすでに問いが発せられていることに気がつく。「この『ハーフ』の問題ってアイデンティティに関わる問題じゃん？　それと『性』ってなんか関係あったりするの？」──インタビュー協力者の問いかけに応えようとする時，複数の要素が関係し合い重なり合う交差的な現実と向き合おうとする時，自ずとインターセクショナルな思考のプロセスが立ち現れてくるのではないだろうか。

インターセクショナル（交差的）な方法論を展開したE・ナカノ・グレンは「関係的」という

概念を用い、「人種」や「ジェンダー」などの要素は単線的に交わるのではなく、「関係的に構築される」と指摘している。それらの要素は実際には分裂した別の事象ではなく相互に連関しながらカテゴリーが構成されるため、各要素が関連し合うような意味づけや社会的位置づけがなされると説明しているのだ（Glenn, 1992, p.34）。程さんの語りにおいても、「中国のクォーター」であること、「バイセクシュアル」であること、さらに「海外出身で日本に移住してきた」ことなどさまざまな要素が自身の経験の中で関係し合っており、人種、ジェンダーやセクシュアリティ、移動の経験が自身のアイデンティティにおいて関係的に結びついていることがわかる。人種・民族のみにフォーカスする単線的な分析視座では、上記のような程さんの語りにおける複雑性や交差性は十分に分析の対象とされず見過ごされてしまうだろう。インターセクショナリティという概念によって新たな調査結果を見出すこともあるだろうが、実はこれまで分析してきた対象によってすでに交差的な問いかけが発せられてきたことに気づく場合もあるかもしれない。「ハーフ」や「ミックス」と呼ばれる人々の社会的立場性やそれを取り巻く社会構造を捉える上で、インターセクショナルな視点は必要不可欠であると言えるだろう。

交差的な経験

次に鈴倉佳代さんとカーン・ハリーナさんの語りを見てみたい。鈴倉さんは、これまでの学校や職場での経験、日常で感じる違和感などについて以下のように語った。

日本出身の父と台湾出身の母のもと、日本で生まれ育ちました。先天性の障害があるため、車椅子を使用しています。（…）「台湾いいなー、行きたい！」というポジティ

ブな声もありました。けれど中学生あたりから、車椅子に乗っているなんて——障害があってかわいそう——、「ハーフ」ならバイリンガルでしょう——しゃべれないなんてもったいない——、台湾は中国の一部だよね——話している言語は台湾語？——など、主に大人からの（ある意味間違った）認識を耳にして、劣等感が植え付けられていきました。障害のある状態が自分にとっては当たり前で、だれからも教わっていないから中国語もしゃべれないのも当然だったのですが。障害がありモノリンガルであることはマイナスだ、との周囲のまなざしには苦痛を感じました。

このように鈴倉さんは、自身の複合的なルーツおよび言語的な背景と、障害のある状態についての交差的な経験を語っている。周囲から受ける苦痛の背景にこれらの複数の要素が重なり合っている様子もうかがえるだろう。

カーンさんは「日本生まれの日本育ちで、父がパキスタン人で、母が関西出身の日本人です」と自らのルーツについて説明し、小学校から高校までは他に同じようなルーツの子どもがいない地域で育ったという。

私はムスリムなので、いろいろ守らないといけないルールがありました。たとえば、肌の見える服はあまり良くないから、みんなが半袖短パンでも自分は長袖長ズボンだったり、給食にはハラーム（ムスリムが食べられないもの）が出てくることもあるので、毎日弁当を持って行っていました。自分は日本語を話す日本人だけれど、服装や食べるものが少し違うってだけでまわりからの壁を感じていた小学校時代でした。あとは普通にいじめもありました。「外人、国に帰れ」や名前のことで揶揄されるのは

ハーフあるあるですよね。（…）心理学を学んでいました。たぶん長い間ずっと病んでいたんですよね。いじめのことやイスラム教徒としての常識と，日本人としての常識と，パキスタン人としての常識，その全部を背負って日本社会に適応しようとするのは，自分にとってはとてもじゃないけど簡単じゃありませんでした。食べられないものがあることや門限が厳しいことで友だちと遊ぶたびに気を遣ったり，気を遣われたりしていて。それで私のまわりの子も似ているような状況で悩んでいる子が何人かいたんです。自分も含めてそういう人たちを助けたいと思って，心理学を勉強していました。

カーンさんの語りからは，日本の地方の生まれ育ちであること，日本とパキスタンという複合的なルーツ，イスラム教徒という宗教的な要素などが複雑に交差し密接に結びついている状況がうかがえる。インターセクショナリティ概念の解説書においてパトリシア・コリンズとスルマ・ビルゲは，カニエンケハ（モーホーク族）の研究者，弁護士，教育者，そして活動家であるパトリシア・モンチュア゠アンガスについてふれ，モンチュア゠アンガスにとって世界は直線上の区分化された方法として経験されるのではなく，モーホーク族として，女性として，同時並行的に世界を経験しているという主張を紹介している（Collins & Bilge, 2020=2021, pp.122-123）。複数の要素を切り離すことはその経験自体を解体してしまうことであり，それぞれの要素が一人の人間の生において分かち難く結びついている。

また，G・K・ホンは1970年代から1980年代初期にかけてのウィメン・オブ・カラーによる作品群を読み解く中で，インターセクショナリティは一つの「研究分野」というよりも，むしろ「方法論的アプローチ」であり（ある状況を）「読み解く実践」，あるいは人種的・ジェンダー的な国家における矛盾を明らかにするための「意味を理解する方法」であるとしている（Hong, 2006, p.x）。ホンはさらにインターセクショナリティについて，「アイデンティフィケーションのある一つの部分を他のものよりも優位なものとすべきではなく，その代わり人種，階級，ジェンダー，セクシュアリティが連動し相互構築されるものであることを重視する」分析方法だと指摘した（Hong, 2006, pp.ix-x）。これまでの3名の語りも，それぞれ，人種のみの軸で捉え切ることはできず，その置かれた社会的立場や人生経験は，人種やエスニシティ，文化，障害，ジェンダーやセクシュアリティ，宗教などさまざまな要素が分かち難く結びついていることがわかる。インターセクショナルな分析視座によってこれらの経験の複雑性を捉え，その背景にある社会構造の交差的な現実を把握する道筋を開くことができるだろう。

インターセクショナルな抑圧の社会構造

ここまでは，「ハーフ」や「ミックス」と呼ばれる人々の社会的立場における交差性について考察してきた。しかしインターセクショナリティは個人の立場性のみならず，さまざまな要素が交差しながら構築される抑圧の社会構造をも捉える概念である。先出のコリンズとビルゲによると，インターセクショナリティ（交差性）とは「交差する権力関係が，さまざまな社会にまたがる社会的関係や個人の日常的経験にどのように影響を及ぼすのかについて検討する概念」であるという（Collins & Bilge, 2020=2021, p.16）。本節ではその一つの事例として，「ハーフ」「ミックス」と呼ばれる人々の経験の中でも特にレイシャルハラスメントとセクシュアルハ

ラスメントとが交差する経験を取り上げることで，人種差別と性差別とが交差する日本の社会構造の一部を検討する。

ここでは豊田麻美さん，岸辺ナディア瑞江さん，浅井かよさんの経験について考えていきたい。豊田麻美さんは日本生まれで，父親が日本，母親がスイスのルーツである。5人きょうだいであり，彼女が19歳の時に両親は離婚している。豊田さんは「ハーフ」に対する性的蔑視のイメージと自身の経験を以下のように語ってくれた。

　なんか，軟派系のノリで，「ハーフ？」って話しかけられることはある。（…）ふつうに，一つの集まりとかに行った時も，話しかける時の言葉がけが「ハーフ？」だったりもする。やっぱ，男性だね。（…）「ハーフだから，（性的に）軽い」って思われる。で，単純に飲んでテンションが上がってると，本当に軽く見られる，っていうことがあって。びっくりしたんだけど，「あ，こいつ今わたしのことめっちゃ軽くみてる」みたいなのはあったり。飲んだ時のテンション覚えたかのように，毎回言ってくる。その人に関しては，飲ませた方がヤレるかもみたいなのがあるなーってやっぱり。（…）その人がお酒好きっていうのもあったんだけど，飲んだ時のテンションの方が好きだよみたいな，でもそれはテンポが軽くなるからかなみたいな。それは感じたことある。払拭できないなこいつのイメージ。

岸辺ナディア瑞江さんは東京で生まれ，2歳までドミニカ共和国で暮らし，その後は山形で育つ。母親が日本，父親がドミニカ共和国出身である。両親は岸辺さんが幼い頃に離婚し，頻繁にではないが手紙のやり取りが続いているという。岸辺さんは職場でのセクシュアルハラスメ

ントの体験について以下のように語っている。

　わたし，多分すごい（性的に）軽いと思われてるし，言われたし，「軽いね」みたいな。そういう風に言われる，オヤジには。若い人には逆に一線引かれてるけど，オヤジになってくると，結構なんだか好奇心でいろいろ言ってくる人いるんだよね。軽いっていうイメージ持ってるおっちゃんとかは，普通に「今から家行っていいか」とか，「一緒に寝るか」とか言ってくる人はいて。「おれ，金持ってるからよ」って。田舎のオヤジなんてそんなもんだから，言ってくる人いるんだけど，50～60歳とかの人で。で，仕事で関わりのある人だから，うまくスルーして。

浅井かよさんは，日本人の母親とアフリカ系アメリカ人の父親のもとに生まれた。バイト先でのセクシュアルハラスメントの経験について以下のように語っている。

　なんか，本当にこれ，セクハラでしょ，って思ったことがあって，一回。なんか，（働いているバイト先の）お客さんに，「色黒いね，焼いたの？」みたいに言われて，「地黒です」みたいなこといったら，「脱がしても黒いの？」って言われて。「えー！」とか思って。（…）「キモー！」とか思って（笑）。「えー！」ってなったけど，そこでそんな反応しても，相手の思うツボだなとおもって，「はい，黒いです」って言って（笑）。（…）（相手は）社長まで行かない，部長っぽいおっちゃん。キモいってなった，あれはさすがに。あれはキモかった。

内閣府男女共同参画局（2019）の「セクシュアル・ハラスメント対策の現状と課題」による

と，25〜44歳の女性の約3割が職場において
セクハラ被害を経験しており，態様別で多いの
は，「容姿や年齢，身体的特徴について話題に
された」（53.9％），「不必要に身体に触られた」
（40.1％），「性的な話や，質問をされた」（38.2％）
であるという。容姿や身体的特徴についてのセ
クハラ件数が多いことから，「ハーフ」や「ミッ
クス」の人々にとってはそこにレイシズムが交
差していく状況が看取される。岸辺さんと浅井
さんの経験はどちらも職場での経験で，まさに
人種差別と性差別とが密接に絡み合う深刻なハ
ラスメントを受けており，それぞれの精神的苦
痛につながっていることがわかる。また，豊田
さんや岸辺さんの語りにみられるように，「ハー
フ」の女性たちに「性的に軽い」というイメー
ジが結びつけられ，セクシュアルハラスメント
に発展してしまう可能性がある。この背景には，
戦後の「混血児」たちやその親に対して性的な
蔑視が向けられてきたことや，1970年代頃から
流行しはじめた「ハーフ」の女性イメージが過
度に性的に描かれていたことなどの歴史も関係
している。またこれらの経験は「ハーフ」「ミッ
クス」の人々を消費する性的なモノ化ともつな
がっている[註2]。レイシャルとセクシュアルな要
素が交差的に編成される中で構築された「ハー
フ」へのイメージが，セクシュアルハラスメン
トとレイシャルハラスメントの複合体として一
人ひとりの人生に帰結し深刻な影響を及ぼして
いる状況が浮かび上がる。これは社会構造にお
いて人種とジェンダー・セクシュアリティとが
歴史的に密接に結びつけられてきたことの証左
でもある。さらに，岸辺さんや浅井さんはセク
シュアルハラスメントを職場で経験しているが，
これらの体験が労働市場からの排除として機能
しているとも十分に考えられる。人種差別と性
差別の交差は，本人たちにとって経済的な面に
おける負の効果ももたらしていくということで
ある。

＊

　世界経済フォーラムによるジェンダーギャッ
プ指数の2022年の順位において日本は146カ国
中116位ととりわけ低く，家父長制や異性愛規
範によるジェンダーやセクシュアリティをめぐ
る差別が深刻な状況にある。また，国連から数
十年にわたって指摘され続けている包括的差別
禁止法と国内人権機関の設置を頑なに拒否し続
けており，深刻な人種差別・宗教差別・ジェン
ダー・セクシュアリティ差別などは日本政府に
よって野放しにされ温存され続けている。この
ような社会構造の中で，「ハーフ」や「ミック
ス」の人々のみならず，さまざまな社会的要素
の関係性の中に位置付けられた人々は差別と抑
圧の交差的状況に立たされている。インターセ
クショナリティという言葉を使用する／しない
にかかわらず，交差する抑圧の社会構造を的確
に捉え，現実の複雑な状況に即した実践的な分
析や調査の重要性はより一層増しているだろう。

註

1　インタビュー協力者の氏名はすべて仮名である。
2　ジョーンストンとネイダルは，ミックスレイスの人々
　　に対するマイクロアグレッションの特徴を5点にま
　　とめているが，その一つがミックスの人々を性的に
　　モノ化する「エキゾチック化とモノ化」である。か
　　れらは他に，「排除と孤立」，「単一人種であるとの思
　　い込み・勘違い」，「ミックスの現実と経験の否定」，
　　「ミックスのアイデンティティや経験の病理化」と
　　いう特徴を挙げている（Johnston & Nadal, 2010）。

文献

Collins PH & Bilge S（2020）Intersectionality. John Wiley
　& Sons.（小原理乃 訳，下地ローレンス吉孝 監訳（2021）
　インターセクショナリティ．人文書院，p.16）
Glenn EN（1992）From servitude to service work :
　Historical continuities in the racial division of paid re-
　productive labor. Signs : Journal of Women in Culture
　and Society 18-1 ; 34.
Hong GK（2006）The Ruptures of American Capital :
　Women of Color Feminism and the Culture of Immi-
　grant Labor. University of Minnesota Press.

Johnston MP & Nadal KL (2010) Multiracial microaggressions : Exposing monoracism in everyday life and clinical practice. In : DW Sue (Ed) Microaggressions and Marginality : Manifestation, Dynamics and Impact. John Wiley & Sons.

内閣府男女共同参画局 (2019) セクシュアル・ハラスメント対策の現状と課題 (https://www.gender.go.jp/kaigi/senmon/boryoku/houkoku/pdf/honbun_hbo09.pdf [2023年4月15日閲覧]).

ジェンダースタディーズ実践
——もっとジェンダーセンシティブに!

GENDER

IV

STUDIES

声，その記録と記憶

平川和子

特定非営利活動法人性暴力救援センター・東京 理事長

はじめに

性暴力救援センター・東京（SARC東京）を開設して12年目になる。24時間365日の体制で行うホットラインには，被害直後の人たちから沢山の声が届く。最も多いのは20代女性からの相談である。続いて未成年者（両親からの相談を含む），障碍者，男性，性風俗業で働く女性，LGBTQ，外国籍の人，パートナー，関係機関で働く人など，多様な人たちである。

本稿で私に与えられたテーマは，「ジェンダーを学び落とす（unlearn）」である。なんどか黙ったままで唱えてみたが異和は変わらなかった。Unlearnの日本語訳には「忘れてみる」とあるので，時間を過去に戻してみたり，自分がすでにいないであろう遠い未来を想ったりして，ようやくに，現在に着地する心持ちになった。それがDVや性暴力被害直後の人たちから届く「声」である。その量も質も，SARC東京の活動を始める前の予想をはるかに超えて多様化している。性暴力被害についてのハードルが低くなっていることに加えて，社会の側に変化が起きていることを感じる。

そんな理由も含めて，女性だけに対応していたSARC東京の支援を一旦は，忘れてみるしかないと思い至った。本稿では，支援の現場に届く多様な声とその記録から見える，ジェンダースタディーズ実践について報告する。また記録がどのようにして記憶となるのかについて検討する。まずは男性の被害についてから始めたい。

男性を狙う男たち

2017年に改正された「性犯罪にかかる刑法」では，「強姦罪」の名称が「強制性交等罪」へと変わり，その対象が男性にも拡大された。ちなみに1907年（明治40年）制定の刑法に規定された「強姦罪」は，「暴行・脅迫をもちいて，男性が女性を姦淫すること」であり，被害者は女性であった。つまり刑法上は，男性が強姦被害に遭うことはなかったことにされていたことになる。

しかし多様性社会の実現が政策として打ち出されるのを待つことなく，多くの男性の被害実態は，1999年にはその報道キャンペーンが始まっていたと思う。海外の調査では，女性の被害件数と同じぐらいの結果も出ているという（宮地，2020）。

実はSARC東京への男性からの相談件数は，今では年間470件ほどに増えている。この数値のうち，被疑者を含む加害者のほとんどが男性である。男たちは少年にグルーミング行為を使いながら接触し，あるいは配達員を名乗って家に入り込み，成人男性に対して侵襲行為を繰り返す。もちろんトランスジェンダー男性に対する侵襲行為も起きている。その都度，被害直後

の混乱と怒りが声となって支援現場に届く。やがて1カ月ほどが過ぎると，自分が女性と同じ社会的劣位に転落したことに気づくことも多い。被害男性自身が内面化している性被害に関するスティグマやジェンダーバイアス（社会の偏見と差別）が，惨めさや屈辱となっていくのではないかと思う。しかし男性たちは多くを語らないし，語れない。声を届けてくれたことをていねいに受け取ることが大切となる。

そのうえさらに理不尽な事態に晒されるのは，警察署に申告した際であり，その場で，二次被害を受けて事件化が難しくなる事態も起きる。また恐怖のために家に引きこもる男性の場合には，医療機関につなごうとしても，男性医師の診察を拒否することもある。男性被害者のケアや治療は男性がすれば良いという常識は，すでに役に立たなくなっている。また東京都でさえも泌尿器科や肛門科を専門とする女性医師を探すのは一苦労である。

加害男性への対応や処遇について，社会全体として検討する時期が来ていると思う。まずは男性の声にしっかりと耳を澄ます必要がある。

コロナ禍対策とエントラップメント

SARC東京の開設は2012年であるが，その前年には，国がはじめて，性被害直後における相談事業「パープルダイヤル性暴力・DV相談電話」を実施した。性暴力被害は夜間に起きることが多いので，24時間体制での事業は必須であった。わずか2カ月の試行的事業であったが，電話には被害直後の相談は少なく，多かったのは男性からの嫌がらせやからかいの電話であり，性暴力に対する社会の偏見と差別の大きさを痛感した。

それから8年後に始まったコロナ禍であるが，2020年に第1回目の緊急事態宣言が発出され，人々が自宅待機になった東京は，閑散とした街

に変わってしまった。行政機関は立法府が法やルールを決める前に，「ステイ・ホーム」や「不要不急」の言葉を連呼して，緊急時対応を急いだのである。とりわけ全国の小中学校に対して，一律に出された休校宣言こそ，子どもたちの日常に大きな負の影響を落としたと言えよう。

たとえばテレワークができない職種で働く親が不在になった家が，子どもたちのたまり場となり，小中学生間の性暴力が次々に発覚したり，医療機関で働くシングルマザー家庭では，SNSでつながった大人に騙されて，ホテルに誘い出された少女が，複数の加害者から性被害に遭うという悲痛な事件も起きた。少女は「妊娠したかもしれない」と，小さな声で嘆いた。その「声」にはうっすらと感情が感じられて，言葉が届いたと思える一瞬が生まれた。あるいは経済的に困窮した母親が自宅に男たちを招き入れて，娘を性的搾取の道具にすることも少なくなかった。

深刻だったのは，母親の交際相手からの監護者性交等被害であった。母親をのぞいて家族の誰もが知っていたが，被害はなかったことになっていた。自傷行為や大量服薬が，娘からのSOSを届け出る場を拓いたかに見えたので，支援員は希望を持った。しかし娘を伴って面接相談にやってきた母親は，開口一番，「入院させることができる先を紹介してほしい」と訴えた。交際相手を家から追放する話にはならなかった。「娘さんの行為は危機を知らせてくれるSOSではありませんか？」と返してみたが，母親は「悪いのは娘だ」と繰り返すばかりであった。よくあるケースであるとはいえ，母親への説得ができないものかと思い，今度は，娘から母親を遠ざけて，「あなたはちっとも悪くないんだよ」と伝えてみたが，どこか他人ごとに見える娘の無表情な顔は変わらないままであった。

しかし3年後，娘から電話をもらい，家を出たこと，支援員が伝えた「あなたは悪くない」という言葉を思い出したことがわかった。これ

は更新された記録が記憶へと定着したと考えることができる。電話を受けた別の支援員は，今度も記録を書き足した。コロナ禍の中で書かれた記録は，心が痛くなる記録ではあるが，傷む少女たちの快復や成長を書き足していく。ある種の見守り役を果たすことになるのではないかと思うと，小さな希望が生まれる。

実はこうした状況の始まりは，緊急事態宣言が解除された2020年6月であった。以降は年間の延べ電話相談件数が6,500件を超えて，それからの3年間の件数は高止まりとなっている。また2022年に入ってからは，面接相談や医療機関・警察署・弁護士相談への同行支援の件数が，前年度の件数のおよそ1.5倍に増加する結果となった。ワンストップ支援とはアドボケート（声を奪われた人の人権を擁護し，必要であれば関係機関に対して同行を行う）を実施して，被害直後の人を関係機関につなぐ支援である。

緊急事態宣言が都民に対して呼びかけたのは，外出の自粛を促すことであったが，それにもかかわらず，加害者たちは，甘言を弄してSNS上で未成年者たちを呼び寄せ，車内やホテル内に連れ出したのだった。緊急事態の闇に紛れてこんなエントラップメントが横行したのである。これが支援現場の現実である。

AV映像を作品とは言わない，それは記録である

コロナ禍の収束が聞こえてくるようになった2022年6月15日，新法「AV出演被害防止・救済法」が成立し，その8日後には施行となった。正式名称は，「性をめぐる個人の尊厳が重んぜられる社会の形成に資するために性行為映像制作物への出演に係る被害の防止を図り及び出演者の救済に資するための出演契約等に関する特則等に関する法律」と，長い。「性をめぐる個人の尊厳が重んぜられる社会の形成に資する」とい

う文言がポイントである。

成人年齢が18歳に引き下げられたために，これまでの契約や承諾書の「取り消し権」が使えなくなる事態が起きる可能性があり，急遽，18〜19歳の被害者救済のための議員立法となったのである。運用については内閣府男女共同参画局が担う（https://www.gender.go.jp/policy/no_violence/avjk/index.html［2023年6月9日 閲覧]）。契約への同意もないままに撮影に持ち込まれた若年女性が，任意解除や差し止め請求等を求めることができる救済法である。プロダクションやメーカーが多く集まる東京では，施行直後に相談が集中した。この新法には，ワンストップ支援センターが相談機関としての役割を担うと書き込まれている。つまり被害に対する自己責任論を排する役割である。

AV映像は一旦インターネット上で拡散すると，被害者の権利侵害が長期にわたり，その後のトラウマ化や自死などの，心身への影響が深刻である。しかも現状では被害者の名誉回復手段がない。NPO法人ぱっぷす理事長でソーシャルワーカーの金尻カズナ（2022）は，AV映像を「作品とは呼ばない。それは記録である」と書いた声明文を，各府省庁と衆参議院を回って手渡した。もちろんこの声明文はAV出演被害に遭った人に情報と力を与えた。言い得て妙であるが，記録は公訴の際の資料となる。

今，痛い人の傍にいる

私は1970年代後半から現在まで，DVや性被害に遭った女性たちに出会いながら，仕事を続けてきた。振り返れば，「今，痛い人」の傍にいたことになる。危機的な状況に対して親和的な傾向があるのかもしれないが，社会が変わっていくと危機は下がっていくので，一巡りとなり，休養を取ることができる。

1970年代は第2派フェミニズムが世界的に拡

がりを見せた時代であった。私は，保健所の心理判定員として，また総合病院の小児科で働いていた。しかしほとんどの時間は，自分自身の立ち位置を見つけることで精一杯だったかもしれない。北米やヨーロッパで始まったコンシャスネス・レイジング・グループやアサーティブネス・トレーニングを知り，自分を外へと向かうように鍛える毎日を過ごした。多くの人とのやりとりを楽しんだが，その人たちが小児ではなく成人女性であったことで，それまでの居心地の悪さが解消されたように思う。

　子どもを伴って小児科や保健所にやってくる女性たちの多くが，家庭の中で，生き難さを抱えており，がんじがらめになっていた。しかしその生き難さについての解決には，心理学の知識は使い物にならなかったのである。私は，自分が体験的に学んだ，グループの中で「語り合う」手法を，母親役割を強制され困惑していた女性たちにも経験してもらおうと考えて，病院や保健所の職場から離れ，1991年には開業という形を取って，「東京フェミニストセラピィセンター」として再出発した。この時期には，精神科から紹介されてくる女性たちが抱える多彩な症状群を知ることになる。

　例えばうつ状態と解離症状，子どもの頃に性虐待に遭って大人になった人たちのPTSD症状，母親からの母親から，「がんばりなさい，でも結局はお母さんと同じ道を辿るしかない運命なのよ」という二重の呪縛（平川，1996）を受けて，自分を攻撃する過食・嘔吐を繰り返す女性。自傷行為を行いながら強い罪悪感を抱えている女性。摂食障害者の憤りと痛み，刑務所から出所してきた薬物依存女性たちの深刻な暴力被害。傷む人たちの抱えていた子ども時代の多重的暴力被害の実際であった。今ではトラウマインフォームドケアと再定義されているが，当時の私は困難ケースに巻き込まれる日々が続いた。しかし彼女たちの快復は進まなかった。

　1975年の当時は，北京で世界女性会議が開催されて，「DV」と名づけられた家庭内暴力が報道され，セラピィセンターにも相談事案が寄せられるようになった。子どものおむつを持って家を出てきた母子の，その日の夜の居場所を見つけるために公的保護施設を見学したが，職員から，「ここでは何もできない」と言われ，唖然呆然となったことは今でもはっきりと覚えている。社会資源がなければ作るしかないというフェミニストの書いた論文（ウォーカー，1997）があることを知ってから，米国西海岸に研修に出かけて，驚いた。1980年代後半の米国では，DV被害女性や子ども時代に父親から性的虐待に遭った人たちへのケアと支援が行われていたし，具体的な課題の検討も行われていた。帰国してからは沢山の人たちの協力を得ながら，1979年にはDV被害女性と子どものための緊急一時保護民間シェルターを開設した。

　ここでは，わずかな荷物を持ち，幼い子どもを連れて家から逃げてきた女性たちの声にふれた。骨折や無理心中などの過酷で理不尽な暴力を耐えてきた女性たちは，シェルターに着くや，体調不良や腰の激痛で寝込んでしまった。「寝込む余裕ができたんじゃないのかな」と伝えると，女性たちは黙って涙を流した。泣くのは久しぶりのようだった。振り返ると，入所直後には沈黙や解離状態だった女性たちが，泣くことで徐々に感情が戻ってきて，徐々に言葉が生まれていくのだった。グループミーティングの中で他の入所者の話を聞きながら，苦しかったのは自分だけではなかったのだとわかり，家を出るまでの孤立感を語れるようになると，腰や胸の痛みは消えていった。脳科学では，痛みと孤立感はつながっているとの研究結果があると知って，安堵した。

　しかし一方で，入所直後からテンションが高く，しゃべり過ぎる女性たちもいた。他の入所者を助けたりするのだが，沈黙することが苦手

で，自分が何に困っているのかを話すことができず，他の女性たちと馴染むことはなかった。

3日間の野宿をしながらシェルターに辿り着き，解離状態で生き延びた女性が，次のように話し続けた。「自分が独りぼっちで，まわりが勝手に動いているみたいで（中略）地に足がついていないというか，なんて言ったらいいのでしょうね，自分がそこにいないっていうか……。自分が自分でなくなったような感じでした。上手く言えないんですが，半分死んでいるようでした」と，家から逃げて5年後に語った。協働作業の中でうまれた言葉であり証言であった（FTCシェルター，2003）。

この後にはシェルターの活動は拡張していくことになる。入所者が自分をDV被害者であると認めた以上，入所者が地域に根を張って日常を生きる選択は大切である。また同時に時折は大きなイベントを行って楽しむこともやってみたいという自信が戻ってきたのである。関東圏の宿泊施設団体や大学に呼びかけて，夏キャンプやクリスマス会を企画した。

声は言葉となり記憶となって定着する。毎年，その時期になると，人がワイワイと集まってきた。まずは1年ぶりに逢う仲間とは前年度に経験したことを話しては確認し合うのである。こうした中から，自助グループも立ち上がっていった。

人間としての尊厳を保つための沈黙

以下に，人間としての尊厳を守ろうとした2人の女性に登場してもらう。

Aさんは会社の先輩から性暴力被害に遭い，その足で警察署に行き，事情聴取を受けた。長時間にわたる事情聴取が終わり，その後に男女2人の刑事に付き添われて，産婦人科病院にやってきた。証拠採取と緊急避妊ピルの処方を受けるためである。ところがAさんは医師の前でもひと言も話すことはなかった。医師もAさんの沈黙を見て取り，ほんの少しの質問をしただけだった。刑事は別な場所で待機していたので，診察は静かに進んだ。しかし支援員も医師も，Aさんの異様な姿に驚いた。髪も着ているブラウスや上着もびしょ濡れだったからである。被害後に髪を水で洗い，下着を水に浸けてから絞り，それを着たのだろうか，何本もの太いしわが見えた。

刑事が着替えを用意していなかったのかと考えたが，結果的には医師の診察が終わってから，病院が提供した下着と服に着替えてもらった。しかしAさんは声を発することはなかった。緊急避妊ピルを処方してもらうために別室で待つことになり，横並びに座った際に，支援員が「今，何がしたいですか？」と聞くと，「家に電話をしたい」と答え，電話をかけて，「もうすぐ帰るから心配しないで」と話して，電話を切った。

Aさんの沈黙は被疑者への怒りであり，支援員と医師への怒りであり，人間としての尊厳を守る行為であったと思う。加えて，警察署でのあまりにも長い事情聴取，それが終わってから，どこで何をするのかについての情報提示がないことにも怒っていたと思う。もちろん移動の際には携帯や女性が日常的に身につける小物類も持つことはできなかったのである。まるで被疑者扱いともとれる状況である。Aさんはそれに抗議する形で沈黙を選んだのかもしれない。性暴力被害は直後のぬくもりと自己決定のできる場が必要な被害である。

Aさんと別れる際に電話番号を書いた小さなカードを渡したが，その後はAさんからの連絡はなかった。ただその姿を含めて声の記録が残るだけに終わった。私の言葉が至らなかったのである。今では少しはもっと早く相談者に語りかける時間を使えるようになり，記録も積み上がって，快復を辿ることができるようになっている。性暴力被害をなくすことは容易ではないが，個々の支援現場で記憶を遠くに見ながら快

復を見守りたいと思う。

布団から出られない人たち

コロナ感染が拡がりつつあった頃のことである。Bさんは高熱を出して苦痛と死の恐怖に怯え，いくつかの病院に電話をかけ続けたが，受診はすべて断られた。その後は布団の中から出られなくなってしまった。しかも自分の身体を引っ掻いて止めることができず，その傷跡を撮った画像を送ってきた。聞けば部屋は散らかし放題だという。訴えの症状は痛みとだるさと孤立感であった。

『布団の中から蜂起せよ』（高島，2022）の著者である高島鈴は，布団の中で苦しんでいる人に，「生きているだけで革命」，「君は一人じゃない」，「潜伏を続けて時期を待て」と，呼びかける。25歳という新しい世代である。出版は2022年10月であるが，3カ月後には3刷が出ているので，読者数は一気に増えている。著者も同様の状況にいるとある。一方，私はと言えば，Bさんへの対応に打つ手がないため，この本のタイトルになってもいる言葉を，Bさんに伝えてみる。その後の数日は身体の痛みが減るらしく，「自分への殺意」が去っていくと言う。Bさんは過去に性暴力を含む多数のトラウマ的イベントに遭ってきた，アダルトサバイバーである。こうした人たちの数が増え続けているように思う。

Bさんは A さんとは違い，よくしゃべるタイプである。コロナ後遺症を看てくれる医師をネットで調べて，直接に診療所を訪ねて，温かい言葉をかけてもらったという。もちろん翌日はダウンする。また海外のコロナ禍事情のデータなどもネットで集めながら，社会資源を使うようになった。こうしたBさんの力と付き合っていると，私自身は適度な距離がとれるので，一息つける。さまざまな新しいケアの形態が生まれていいのだろう。まさに私たちの世代が知らない方法であるだろう。「求めるならば助けは来る，しかしあなた方の知らなかった仕方で」ある。これは，亡くなられた大江健三郎さんが翻訳した米国の詩人G・スナイダーの言葉だという。

文献

FTCシェルター（2003）ブックレット DV被害者の総合的支援――地域で生きるために．FTCシェルター．

平川和子（1996）母と娘は生き延びることができるか．In：水田宗子 ほか編著：母と娘のフェミニズム．田畑書店．

金尻カズナ ほか（2022）声明文（https://sites.google.com/view/astatement［2023年7月20日閲覧］）．

宮地尚子（2020）トラウマにふれる――心的外傷の身体論的転回．金剛出版．

高島鈴（2022）布団の中から蜂起せよ――アナーカ・フェミニズムのための断章．人文書院．

レノア・E・ウォーカー［斎藤学 監訳，穂積由利子 訳］（1997）バタードウーマン――虐待される妻たち．金剛出版．

記憶と身体をほどく
トラウマケア

田中ひな子

原宿カウンセリングセンター

はじめに

トラウマは,「心的外傷」とも呼ばれ,虐待,DV,性暴力,犯罪,交通事故,自然災害,喪失,戦争などの出来事によって生じ,生きていれば誰もが経験する可能性がある。近年は,トラウマ・インフォームド・ケア(Trauma-Informed Care)という「トラウマの影響を理解した対応に基づき,被害者や支援者の身体,心理,情緒の安全を重視する」とともに,「被害者がコントロール感やエンパワメントを回復する契機を見出すストレングスに基づいた取り組み」(Hopper et al., 2010)が,医療,保健,福祉,教育,司法などさまざまな領域に導入されている(野坂,2019)。

ここではトラウマを「出来事や状況の組み合わせの結果として生じ,身体的・感情的に有害であるか,または生命を脅かすものとして体験され,個人の機能的および,精神的,身体的,社会的,感情的またはスピリチュアルな幸福に,長期的な悪影響を与えるもの」(Substance Abuse and Mental Health Services Administration, 2014)と広くとらえてトラウマケアについて記したい。なお,筆者は開業心理相談機関でトラウマケアに携わる公認心理師・臨床心理士(以下,カウンセラー)であり,その経験を踏まえつつ論述を試みる。

トラウマとその回復

Herman(1992)は,トラウマ体験の中核を無力化と他者からの離断ととらえ,その回復の基礎は,①他者との新しい結びつき,②回復の主体となること,③自己決定性と自己統御権の回復であると述べている。また,Van der Kolk(2014)は,「トラウマは自分で自分を取り仕切っているという感覚(主体性,agency)を人から奪う」,それゆえに「回復のための課題は体と心——すなわち自己——の所有権を取り戻すことだ」と述べている。そのためには,カウンセリングやグループで他者と話し,つながり,心理教育で自分に何が起こっているかを理解するトップダウンの方法と,フラッシュバックや恐怖,恥,自責,罪悪感を扱う身体志向のアプローチがある。臨床ではクライエントの状態に合わせてタイミングを計りながら,いくつかの方法を組み合わせてアプローチすることになる。

カウンセリング——エンパワメントする会話

カウンセリングにおいて最も大切なことは,トラウマを生ぜしめた出来事を含めて「何が起こったか」を話すことができる安全な関係の確保である。そのために,筆者は解決志向アプローチ(Solution-Focused Therapy : SFA)を用いている。SFAは,正常／異常,健康／病理,男性性／女性性といった規範的枠組みを持たない

ジェンダー・センシティヴなアプローチであり，「クライエントこそ専門家である」（Anderson & Goolishian, 1992）という立場で，サバイバーの力と強さに焦点を当てる（De Jong & Berg, 2013）。例えば，以下のような質問を活用する——「被害／暴力にどのように対応／抵抗しましたか？」「被害／暴力を受けながら，どうやって生活を続けてきたのですか？　その際にどんなことが役立ちましたか？　誰が／何が助けてくれましたか？」というコーピング・クエスチョン，「今晩，眠っている間に奇跡が起こって，今日，相談に来た問題が全て解決したと想像してください。明日の朝，目が覚めて，どんなことから奇跡が起きたことがわかりますか？」というミラクル・クエスチョン，「最悪だった時を0，この出来事（被害／暴力）によって現在や将来の生活／人生が邪魔されていない，自分の人生を取り戻したと思える状態を10とします。現在はどの辺りにいますか？　0からその数字になるのに，どのようにしたのですか？　誰が／何が助けになりましたか？」という自分の尺度で現状を測定するスケーリング・クエスチョンなどである（田中，2022）。

心理教育——新たな視点を得る

　私たち人間は体験や出来事を意味づけて「私」という物語を生きる存在である（McNamee & Gergen, 1992）。サバイバーは，トラウマとなる被害について「私が悪い」と感じる自責，被害や恐怖による無力感と恥，「誰も助けてくれない」という孤立無援感を抱く。さらに，「問題はあなたの努力が足りないから，あなたが選択した人生だから，あなたの責任だ」と自己責任を迫る（信田，2021）加害者と周囲の人からの二次加害によって強化される自責と恥の感覚が，対人関係や援助を求めることを阻害する。心理教育では，そこから抜け出すために「虐待やDVの責任は全て暴力の主体である加害者にあり，

被害者は悪くない」と伝える。その際，ジェンダーの観点をどのように伝えるのかは極めて重要で，「ジェンダーの視点を取り入れる上では，社会や文化・心理構造についてのフェミニズムによる理解が非常に役立つが，それはクライエントにフェミニズムを強制することではまったくない。クライエントに多様な視点を提供し，生かされていない資源や選択肢にアクセスできるよう支援するのが臨床の目的である」（宮地，2004）。

　世界保健機関によるICD-11では，複雑性PTSDの症状として，①再体験症状（フラッシュバックや悪夢など），②回避麻痺症状（出来事の想起刺激となる事物や状況の回避など），③覚醒亢進症状（過度の警戒心など），④感情調節障害（傷つきやすさ，怒りなど），⑤否定的自己像（無価値感，罪悪感，恥の感覚など），⑥対人関係の障害（親密感を持てない，孤立無援感など）が挙げられている（WHO, 2018）。心理教育では，こうしたトラウマの特徴とその由来について説明する。サバイバーは，①②③は危険な状況に対する神経生理学的反応であり，本来は生き延びるために役立つ適応的防衛であったのだと知る（Porges, 2017）。④⑤⑥については，個人的な弱さや欠陥ではなく，被害の「後遺症」であると理解していく（田中，2022）。サバイバーは自分に起こっていることを知ると，回復に向けてより主体的に取り組むことができるようになる。

　また，トラウマの再演や再被害の防止のためには，他者の要求に「No」を，困ったときに「助けてほしい」と言えることが重要である。そのためにはアサーティヴ・トレーニング，人権や自他の境界線に関する知識を学ぶことが役立つ。

グループ——他者との新しい結びつき

　グループに参加することは，サバイバーの孤

立無援感の解消に役立つ。筆者が勤務する心理相談機関ではアダルト・チルドレン（現在の生きづらさが親との関係に起因すると認めた人）や，DV被害者のためのグループカウンセリングを行っている（信田，2021）。カウンセラーがファシリテートする「安全な場」で参加者はこれまで語られることのなかったことを想起し，言葉にする。また，現在はサバイバー当事者による自助グループ活動も広がりつつある。

身体志向のアプローチ

　トラウマは，フラッシュバックや恐怖，恥，自責感，罪悪感，離人感，感覚麻痺などの違和感として身体にも刻まれる。それらにアプローチする際，筆者は，EMDR（Eye Movement Desensitization and Reprocessing：眼球運動による脱感作と再処理法），ブレイン・スポッティング，マインドフルネス，ブレインジム，TFT（Thought Field Therapy）などの技法を用いている。ほかにもソマティック・エクスペリエンシング，センサリーモーター・サイコセラピー，ヨガなど，数多くの有効なアプローチがある（Van der Kolk, 2014）。また，カウンセリングのなかでも，フラッシュバックなどのトラウマ反応への対処方法や，落ち着いて穏やかな状態になるためのリラクセーションや呼吸法などの練習を行っている。

トラウマケアの実際——事例

　ここからは，筆者の自験例に基づく仮想事例をもとにトラウマケアの実際を解説していきたい。

初回面接

　Aさん（30代，女性，会社員）は幼い頃より虐待を受けて育った。父親は，毎晩飲酒して家で暴力をふるった。母親は兄ばかりをかわいがり，Aさんには冷淡だった。高校を卒業後，就職して一人暮らしを始め，まもなく恋人ができたがDV被害を受ける。妊娠すると男性は「堕ろせ」と言い怒りを露わにした。彼女は直前まで悩み続けたが結局中絶することにし，その後，男性と別れた。近年は比較的穏やかに過ごしていたところ，対人関係のトラブルをきっかけにうつ状態となり，その後，子どもの頃の虐待や恋人から受けたDV被害のフラッシュバックに襲われるようになり精神科を受診した。薬物療法では改善せず，医師の勧めで来談した。主訴は「暴力被害のフラッシュバックと自責感と恥の感覚でつらい」というものであった（事例は本質を損なわない形で複数の事例を組み合わせて作成している）。

　生育歴を聴取した後，カウンセラーはAさんにこれまでどのように苦難に対処してきたのか丁寧に尋ねた。彼女は次のように語った——「親からの虐待については，父親の暴力は抵抗すると長引くので感覚をシャットアウトして耐え，早く家から出ようと考えた。本を読むのが好きだったので図書館に通っていた。小学校の担任教師が心配してよく声をかけてくれた。虐待について打ち明けることはできなかったが，読書の習慣をほめられてうれしかった」「恋人からのDV被害については，感覚をシャットアウトすることに慣れていたので恐怖や痛みをあまり感じなかった。自分が悪いから暴力を受けても仕方ないと諦めていた。でも彼が貸したお金を返さなかったので目が覚めて別れることができた。その後，しばらく寝込んだが，父親のようになりたくなかったので飲酒はしなかった。読書が心の支えになった。TVでEMDRというトラウマ治療を知り受けてみたいと思った」。

　カウンセリングのゴールについて尋ねると，Aさんは即座に「自己否定感が消えること」と答えた。そこで，彼女が望んでいる解決を具体化するためにミラクル・クエスチョン（前述）

で尋ねてみたところ，彼女はしばらく間をおいて以下のように語った——「身体がすっきりして何かをしたいという意欲がある。朝食を食べて出勤，夜はぐっすり眠れる。職場でコミュニケーションがうまく取れるようになる。休日に温泉巡りをしている」。

最後にスケーリング・クエスチョン（前述）をすると，彼女は「4か5。こうやってカウンセリングに来ることができたので。ずっと過去の話をすることを避けてきた。主治医が男性で性被害と中絶については話せなかった。最悪のときは寝たきりで入浴もままならなかったが，現在は勤務ができている」と答えた。さらに「4か5まで良くなるためにどのようにしたのですか？ 何が助けになりましたか？」とコーピングとリソースを尋ねると，Aさんは「実家には頼れないのでなんでも一人でやっていくしかなかった。ペットを飼っていて毎日世話をしないといけないので死ぬわけにもいかないし，餌代も稼がなければならないから働くしかない」と答えた。

初回面接後，Aさんは当センターで行っている教育プログラムに出席してトラウマについて学び，カウンセリングで改めて被害体験を振り返った。そのなかで，「暴力は加害者の責任であり，自分は何も悪くない」「DV被害にあったときに逃げることができなかったのは，恐怖のために身体が凍りついて動けなかったからだ」と理解するようになり，少しずつ落ち着きを取り戻していった。

EMDRのセッション

トラウマを話すことはその記憶を想起することであり，恐怖，痛み，罪悪感と恥の感覚に襲われる。だから，Aさんはこれまで中絶について詳細に話したことがなかった。すでに10年以上経つが，毎年，手術をした日が近づくとフラッシュバックが起こり罪悪感で死にたくなるとい

う。中絶によるトラウマは他のトラウマとは異なる特質を持っている。虐待やDVは他者による加害行為によるが，中絶は自分で選んだ行為である。したがって，自分自身を「犯罪者」や「加害者」とみなして罪悪感や恥辱感を抱き，自分を責め罰し続ける（嶺，2004）。

生活が以前より安定し，カウンセリングにつながり安心して話せる環境が整ったタイミングでトラウマ反応が生じたり増悪することは珍しくない。来談して3カ月後，かつて中絶した日が近づくと例年にもまして激しいフラッシュバックが起きるようになった。そこで，いよいよEMDRを始めることになった。

EMDRとは，眼球運動や両側性刺激によって脳が本来持っている情報処理のプロセスを活性化する心理療法である（Shapiro, 2001）。ここではターゲットとなるトラウマ記憶とEMDRのプロセスについて簡潔に記す。

この出来事の最悪の場面を代表する映像は病院の手術室だった。その場面がフラッシュバックや悪夢に頻繁に現れていた。その映像を思い浮かべると「私は生きる価値がない最悪の人間だ」と感じ，腹部に痛みと衝撃の体感，全身に罪悪感と恥の感覚が強烈に湧き上がる状態であった。これらのトラウマ記憶をターゲットにしてEMDRを始めると，手術前後の出来事が鮮明に次々と体感を伴って想起され，生々しく語られた。恋人との口論，性暴力，避妊への非協力，悪阻による吐き気，眠れなかった前日の夜のこと，手術室に入るときの恐怖と罪悪感，麻酔が覚めて泣き叫んだときに看護師が「もう二度と繰り返さないように」と諭した声に非難を感じたこと，手術の帰り道で目にした向日葵の花……

10回にわたるEMDRのセッションでは，中絶だけではなく虐待やDV被害のトラウマ記憶も扱った。その結果，トラウマ記憶の映像はぼやけて遠くなり，その出来事を想起しても痛みと衝撃の体感，罪悪感と恥の感覚は消え去り，「私

は生きる価値がある」と感じられるようになった。悲しみがわずかに残ったが，彼女は「この出来事を完全に忘れたくないので残しておきたい」と言って静かに微笑んだ。

*

その後のカウンセリングでは職場の人間関係や休日の過ごし方などがテーマとなり，Aさんはセルフケアの習慣とコミュニケーション・スキルを身につけていった。翌年のかつて中絶した日は，その出来事を思い出して一抹の悲しみを覚えたが，日常生活を送ることができた。休日には温泉巡りを始め，豊かな自然のなかで身体をいたわるとき，生きている幸せを感じるとのことだった。

おわりに

トラウマによって，サバイバーは孤立無援のなか，記憶は断片化され，身体を恐るべき敵もしくは異物として経験する。トラウマケアでは，安全な人との関わりを通して，身体に刻まれた出来事の記録を読み解き，心理教育で得た新たな視点から読み直す。それは凍てついた記憶と身体をほどく作業である。記憶が「生きられた物語」となり，身体が「安全な居場所」となるとき，サバイバーは回復を感じることであろう。

文献

Anderson H & Goolishian H（1992）The client is the expert : A not-knowing approach to therapy. In : S McNamee & KJ Gergen（Eds）Therapy as Social Construction. Sage Publication.（野口裕二，野村直樹 訳（2014）クライエントこそ専門家である．In：ナラティヴ・セラピー——社会構成主義の実践．遠見書房，pp.43-64）

De Jong P & Berg IK（2013）Interviewing for Solutions. 4th Edition. Brooks/Cole.（桐田弘江，玉真慎子，住谷祐子 訳（2016）解決のための面接技法［第4版］．金剛出版）

Herman JL（1992）Trauma and Recovery. Basic Books.（中井久夫 訳（1999）心的外傷と回復［増補版］．みすず書房）

Hopper EK, Bassuk EL & Olivet J（2010）Shelter from the storm : Trauma-informed care in homelessness services settings. The Open Health Services and Policy Journal 3-2 ; 80-100.

McNamee S & Gergen KJ（Eds）（1992）Therapy as Social Construction. Sage Publication.（野口裕二，野村直樹 訳（2014）ナラティヴ・セラピー——社会構成主義の実践．遠見書房）

嶺輝子（2004）中絶のトラウマ・ケア．In：宮地尚子 編（2004）トラウマとジェンダー．金剛出版，pp.81-100.

宮地尚子（2004）総論 トラウマとジェンダーはいかに結びついているか．In：宮地尚子 編：トラウマとジェンダー．金剛出版，pp.8-45.

信田さよ子（2021）アダルト・チルドレン——自己責任の罠を抜け出し私の人生を取り戻す．学芸みらい社.

野坂祐子（2019）トラウマインフォームドケア．日本評論社.

Porges SW（2017）The Pocket Guide to the Polyvagal Theory. W.W. Norton.（花丘ちぐさ 訳（2018）ポリヴェーガル理論入門．春秋社）

Shapiro F（2001）Eye Movement Desencitization and Reprocessing : Basic Principales, Protcols, and Procedures. 2nd Ed. The Guilford Press.（市井雅哉 監訳（2004）EMDR——外傷記憶を処理する心理療法．二瓶社）

Substance Abuse and Mental Health Services Administration（2014）SAMHSA's Concept of Trauma and Guidance for a Trauma-Informed Approach.（大阪教育大学学校危機メンタルサポートセンター・兵庫県こころのケアセンター 訳（2018）SAMHSAのトラウマ概念とトラウマインフォームドアプローチのための手引き（https://www.j-hits.org/_files/00107013/5samhsa. pdf ［2023年7月7日閲覧］））.

田中ひな子（2022）虐待・DVサバイバーにおけるレジリエンス．臨床心理学 22-2 ; 167-170.

Van der Kolk BA（2014）The body Keeps the Score. Penguin Publishing Group.（柴田裕之 訳（2016）身体はトラウマを記録する——脳・心・体のつながりと回復のための手法．紀伊國屋書店）

World Health Organization（2018）ICD-11 for Mortality and Mobility Statistics. 6B41 Complex post traumatic stress disorder.（https://icd.who.int/browse11/l-m/ en ［2023年7月7日閲覧］）.

家族における女性の性被害
定義と責任をめぐって

信田さよ子
原宿カウンセリングセンター

はじめに

先日，奇妙な感覚とともに早朝目がさめた。その直前まで夢の中で原稿を書いていた。それも性暴力についてである。

夢の中で原稿を書きながら眠ってしまい，さらに別の夢を見ていた。その夢の中で読んでいたのがカール・マルクスの『共産党宣言』である。頁を繰りながら「共産主義という妖怪が……」というくだりを夢の中で何度も読み返した。そのフレーズが頭から離れず，原稿を書くためにあのフレーズの意味を探らなければと考えていた。そして，突然ひざを打った。そうか，共産主義とは性暴力のことなのだ，と（すべて夢の中の話である）。性暴力＝共産主義＝妖怪とつながったのだから，これで原稿が書けると思った。忘れないために付箋にそのことをメモして，再び眠りに就いた。1時間後に目覚め，ぼんやりとした頭で机の上の付箋を見ると，そこにはまるでミミズが這ったようなひどい字で「カール・マルクス，性虐待，愛をめぐる意味の変換」と書かれていた。

この体験は，『インセプション』（クリストファー・ノーラン監督／2010年公開）という映画を想起させた。レオナルド・ディカプリオ演じる産業スパイの主人公は人の潜在意識に侵入して情報を奪うために夢を見ており，その中の自分がさらに夢を見ていて……という世界が描かれる。おまけに，夢にも第一から第三階層まであり，それぞれの階層において時間の流れる速度が異なっているという奇妙な設定の作品なのだ。付箋に殴り書きされた文字は，いったいどの階層の夢において書かれたものなのだろう。もちろん個人的な夢について考察することが本稿の目的なのではない。だが，3つの言葉は，象徴というより，女性の性被害（家族における）についての語りそのものに，まるで縦糸と横糸のように編みこまれている気がする。

被害の当事者性

筆者は開業心理相談機関において，2001年DV防止法・2000年虐待防止法が制定されるずっと以前から，夫から暴力を受けた多くの女性たちとカウンセリングでお会いしてきた。その人たちの経験は「被害」であり，夫の行為は「DV」という名前の暴力であることを伝えてきたが，そのような定義を受け入れる女性は一部だった。

近年ハラスメントや性暴力の加害が告発される事態が増えているが，「被害者は強いよね」「被害者づらして」といった批判的言説がSNS上では見受けられる。しかし家族における被害女性に限れば，被害者という定義を受け入れるまでに深い葛藤を抱えるということが理解されなければならないと思う。

90年代末，DV被害を受けた女性への援助に関して唯一の参考文献は『心的外傷と回復』（Herman, 1992=1999）であった。しかし登場する事例のほとんどが「被害者である私」と認めた女性ばかりだったので参考にはならなかった。なぜ自分の経験をDV被害と認めることに抵抗するのかについて，臨床心理学ではなく社会学や哲学といった人文科学の書籍がヒントを与えてくれた。当事者という言葉が2000年代初頭に使われ始めたことで（中西・上野，2003），彼女たちには「当事者性がない」と表現すればいいのだと気づいた。

もちろん夫の行為を耐えがたく思っていた女性の中には，DV被害者という自己定義によって道筋が見えるひともいる。しかしそれを受け入れることで，夫が加害者となることへの深い抵抗が生まれ，今ある生活に変更を迫られることへの不安と恐怖に襲われるひともいる。単なる夫婦喧嘩，夫が幼児的，夫が発達障害などと定義すれば，これからの生活についていくつもの選択肢が生まれる状況を曖昧なままに放置することで，選択を回避できるのだ。しかし暴力・DVという定義は，加害・被害の二極を生み出し，被害者である自分の選択を迫られることになるのだ。その厳しさを予見する女性たちは，被害者という定義を回避し，カウンセリングの場から去っていったのだ。

結婚・家族・夫婦といった制度を支えている常識と，家族における暴力被害という定義とはそれを支えるパラダイムが大きく異なる。愛情で結ばれた対等な男女がつくるという近代家族の姿は，家族の暴力被害という定義によって色褪せ，隠されていた権力構造がむき出しになる。おそらく被害者になることを拒む女性たちは，このことをどこかで直観しているのではないだろうか。

ある行為を受けたら即「私は被害者だ」という自覚・当事者性が生まれるわけではないこと，

家族をめぐる長い歴史の中で暴力が告発されるようになったのは，ついこの間に過ぎないことを知っておく必要がある。

性的DVの被害と加害

性虐待，性的DVはともに「愛情」の表現として行使されており，された側は「かわいがられた」「愛情ゆえ」と信じ，愛された自分というみすぼらしい定義で日常生活との折り合いをつける。もしくは「性的存在」として扱われることで「女性としての価値」があるという自己満足を得る。いずれも性暴力の代償として与えられる餌のようなものである。

それに加えて深い罪悪感も植え付けられる。夫はこう定義する。ありがたいと思え，こんな気持ちにさせるお前が悪い，そういう態度をとるということは何をされてもいいということなんだな……といった，およそ行為の主体性を放棄した一匹の猛禽類であるかのような発言によって，被害者にこそ責任があるというパラダイムを完結させる。つまり家族における性被害者たちは，自分のせいですべてのことが起きている，自分が変わればいいのだ，と思わされる。そして罪悪感（いたらない，共感性がない，素直ではない，いやらしい，かわいげがない……）を植え付けられていく。

性犯罪の多くは，綿密に練られたプランに沿って実行される。カウンセリングで性加害者の語る内容を聞くと，冷静に獲物を追い詰める快感と性欲動とは分割不能のように思える。だからこそ，人類の歴史においてついこの間までは，獲物になる側に問題がある，男は衝動を抑えられない黒豹のようなものだという神話（myth）によって，加害者側（男性）は守られてきたのである。被害女性が負わされた責任の重さと加害男性の側の全き責任解除とは，合わせ鏡のようになっている。

性的DVはどう語られるか

DV被害者のグループカウンセリングで，性的DVについて語られることはそれほど多くない。身体的DVの詳細について語られることも少ないが，その比ではない。話しても無駄だ，理解されないのではないかという理由からではなく，おそらく自分の経験が他のメンバーの想起を誘発してしまうのではないかと懸念してのことだろう。ひとりのメンバーが意を決して性的DVのエピソードを話すと，次々と経験が語られ，ほぼ全員にその波は及ぶ。このパターンはグループ発足以来25年近く変わらない。避妊をめぐる夫の側の拒否の結果妊娠して年子を出産した女性，AVを見ながら妻に眺めさせて自慰行為をする夫，酔うと子どもの前で妻に性行為を迫る夫など。彼女たちは，こころの底から夜が来るのが怖かったと言う。身体的DV被害は自分に責任はないとかろうじて思えても，性的エピソードに関しては夫による定義「君（おまえ）が〜だからやむを得ずこうする」を跳ね返すことができない。性の相互性を彼女たちは深いところで信じていて，責任意識を抱いているからだ。だがそれは，定義する権力（あることが正しい・間違っていると決める権力）を夫が行使した結果と奇妙に一致するのである。

グループで「不快だった，いやだった，やめてほしかった」というそのときの気持ち（感情）を語り，そのまま尊重されることの意味は大きい。性的DVに伴う感情は，判断や定義とは無縁であるべきだ。どう判断されようとこう感じた，という主観の価値称揚は，グループのメンバーによる瞬時の，それも深い共感によってさらに確かなものになる。このようにして，彼女たちは夫からの定義・判断から解放されていくのだ。

性虐待被害の記憶

AC（アダルト・チルドレン）の女性たちのグループカウンセリングにおいて，性虐待について語られることがある。加害者は父だけでなく，祖父やいとこ，それに最も多いのが兄である。性的DVとは異なり，性虐待の話は連鎖しない。おそらくそれは性的DVとは被害の質が異なるからだろう。本稿で性虐待被害について臨床的に述べる紙数はないが，性的DVに倣って被害者という自己定義が成立するプロセスについて考えてみよう。

忘れていた性虐待被害の記憶が何らかのきっかけで想起されるというパターンはノンフィクションなどによく登場するが，年齢に関係なく起きるのが特徴だ。子ども3人が成人してから兄からの性虐待を思い出したという50代女性や，コロナ禍でオンラインの講座を聞きながら突然思い出したという80代の女性もいる。なぜそのとき想起が起きるかについての定説はない。近年トラウマ研究の進展が著しいため，想起に関してもさまざまな知見が積み重ねられつつあるだろう。筆者はこれまでの経験から，「想起しても助けてもらえる，ケアが受けられる」という状況が用意されたからではないかと考えている。言い換えれば，トラウマ記憶の主体に危機が生じるときには想起は起きないということだ。性虐待被害を受けた女性が，結婚後に虐待を想起し，不安定になって何度も入退院を繰り返すといった事例も，夫との安心した生活が手に入って初めて自分の被害経験を自覚したことの表れだろう。

フラッシュバックと時間の速度

クライエントがグループカウンセリングに参加できるかどうかを判断する際，想起やフラッシュバック（以下，FB）のリスク判断は重要で

ある。たとえば地下鉄に乗っているとき，ダークスーツの集団が乗り込んできただけでFBが起きる女性もいる。梅雨時の湿った空気，秋の金木犀の匂いといった自然現象が引き金になってFBが起きることもある。ところが筆者の運営するグループカウンセリングでは，これまでFBで不安定になったひとはほとんどいない。FBは侵入的想起と呼ばれ「勝手に思い出してしまう」事態を指すが，グループではなぜ起きないのだろう。

おそらくグループでは思い出すことに対して何らかのコントロールが働いているからではないか。つまり，脱力して無防備な状態でグループに参加しているわけではないからだ。それに加えて，FBが起きても大丈夫という安心感と，いざとなればそれを言語化すれば聞いてもらえるという信頼感が加わっているのかもしれない。筆者の運営するグループだけでなく，多くの自助グループでも同じことが言えるのではないか。このことは，自助グループやグループカウンセリングに参加する意味にもつながってくるだろう。

冒頭で述べた映画『インセプション』では，夢を見ている自分の夢を見ている，それもまた夢の中といった錯綜した構造に加えて，夢の世界のそれぞれを流れる時間の速度が異なっていた。時間の流れる速度が異なる記憶が押し寄せてくるのがFBだという仮説を立ててみれば，線状降水帯によって氾濫した河の水が堤防を越えて流れ込むのに似ている。一度FBが起きると，2～3日体調を崩してしまうと言われるが，濁流が引くのに一定の時間がかかることを考えれば，それも納得できる。性虐待の起きていた頃の時間の流れと，ある程度安定を得た現在のそれとの落差がFBやその他のさまざまな症状につながるのではないか——『インセプション』はそれを描いた映画だという見方もできる。

被害者と自認できない

「性的DVはどう語られるか」の項でも書いたが，家族の性暴力についてまわるのが相互性という視点である。「あなたもいっしょにしたのではないか」「あなたも楽しんだのではないか」という言葉がいつもどこかから聞こえてくると語ったひともいた。さらに性虐待の加害者が，虐待的だった家族の中で唯一安全な場を提供してくれたと考えるひともいる。

幼い頃からそのようにして加害者と密接な関係を持って生きてきたひとたちが，成人後そのことを誰かに語ると，相手は必ず血相を変えて「それは性虐待です！」「あなたは被害者なんです」と言い，それに同意しないと「かわいそうにね，ほんとにひどいことをされてきたのね」と言われる。かつては，眉をひそめて「そんなこと誰にも言わないのよ」と否定されて終わったものが，今では性虐待への意識が向上した結果，「あなたは性虐待被害者なのだ」と断定され，積極的に同意しないと「被害者であることを認められないヘンなひと，かわいそうなひと」扱いされるようになった。

虐待防止法制定から約25年が過ぎ，虐待対応が一定のフォーマット化したことは何よりの進歩に違いない。しかし上記の女性のように，被害者自認を迫るようなことはあってはならないと思う。ACが客観的診断的な言葉ではなく自認を基盤にしているように，カウンセラーである筆者は，被害者であることも自認に基づくべきだと考えている。自分が被害者だと認められないと率直に語れる場こそが必要なのであり，グループカウンセリングはそのためにあると言っても過言ではない。

国家の意志が可視化される

　法律の制定およびその運用（裁判）によって，国家の意志は明瞭になる。実の娘と性的関係をもち妊娠させた父親への無罪判決から，どのような国の姿勢を見てとることができるだろう。

　さて，性犯罪に関する刑法の改正案が2023年7月の国会で可決・成立した。「強制性交等罪」は「不同意性交等罪」へと変更された。"同意のない性的行為は犯罪"と明確化に示され，処罰に必要な要件として，現在の「暴行・脅迫」に加え，「経済的・社会的地位の利用」や「恐怖・驚がくさせる」などの8つの行為が具体的に示された。かつては強姦と呼ばれたものが強制性交と表現されるようになり，2023年には同意がない性的行為が犯罪化されたことになる。これがどれほど画期的なことかは言うまでもない。さらに重要なことは，これらが性被害を受けたひとたちの団体が長年粘り強く法改正に向けて取り組んできたことの成果である点だ。被害当事者たちの運動が，国の姿勢を変えたのである。

　もちろんこれで一気に意識が変わるわけではないが，この法改正を前提とした性教育が小学校から行われることが期待される。これらは今回の法改正によって緒についたばかりであり，これから関係省庁がどのように取り組むかに関しては，粘り強くチェックしつづけたい。また，この動きが家族における性暴力にも及ぶことを期待したい。

　心理臨床の世界では，しばしば個人か社会かという二分化したパラダイム設定が行われるが，ここまで述べてきた家族の性暴力被害のことを考えると，それでは不十分だと思う。

　図1にあるように，個人の周囲には家族という私的領域がある。法は家庭に入らずとされてきたので，そこは力の優位な存在にとっては治外法権だった。市民社会は公共圏とも呼ばれ，法律が適用されて暴力は法律違反となる。国家

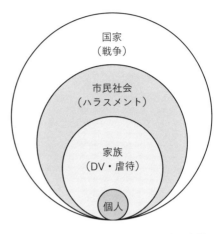

図1　個人－家族－市民社会－国家の連関

は法律の適用範囲外であり，ウクライナへのロシアの侵攻も国連はなんら強制力をもたない状態である。図1からは，民主主義というワードが有効なのは市民社会だけであり，国家も家族も時には無法地帯になる危険性があることがわかる。個人対社会という分け方では不十分であることがおわかりいただけただろう。

　もうひとつ，国家は末端の家族によって支えられていることもわかる。そして家族を支えているのはその末端に位置する女性たちなのだ。2021年に発表された内閣府（2021）による集計で，コロナ禍における中年女性と10代女性の自殺者数の増加が注目されたが，とりわけ前者については家族におけるケア役割が中年女性に集中して逃げ場を失ったからではないかと言われている。

　多くの家族は，父（時には母）によって支えられているわけではない。父から母へ，兄から妹へという力の行使および抑圧委譲が行われ，その末端には少女がいる。家族の中で最も非力な存在が，あらゆる暴力・抑圧の最終的な受け手になるという構図は，しばしば虐待死事件として表面化する。力の勾配，権力という視点を加えると，家族のとらえ方が立体化する。無法地帯と化し戦闘状態の国家間の紛争において，

性暴力がどれほど起きているかは戦争が終結して初めて表面化する。被害者は死ぬわけではないし，物言わぬ状態で生きているからだ。

国家も，そして家族も，基底において女性を性的に支配・所有することで成り立ってきたということを，ウクライナの戦況と性虐待被害とを連続線上に捉えることで再確認している。

おわりに
──加害男性に向けて

「性暴力は相手を人間と思っていないから起きる」と言われるが，歴史的に見ればもともと性暴力などという言葉は存在しなかった。暴力という言葉が生まれたのは，近代に入って人権概念ができたからだ。

日本国憲法によって女性も参政権を得て人間になったので，性暴力の被害者と呼ばれるようになった。加害者は相手を人間と思っているからこそ，人間扱いしない性暴力は生まれるのだ。とすれば，加害者にとって性暴力は「愛」なのかもしれない。言い訳やごまかしではなく，「愛」だと思っているのかもしれない。

ホロコーストにおいても，虐殺する側は人間としての感覚を麻痺させていたのではないかと言われるがそうではないだろう。彼らは人間としての感覚を持ち続けながらあのような虐殺を行ったのである。彼らや性虐待の加害男性たちをどう捉えるのか。理解しがたい事態を目の前にしたとき，その人を周縁化・病理化するために精神医学や臨床心理学は活用されてきた。そうすることで，「ふつう」の男性像は保護されてきたのである。

そのような分断を妨げるために，加害者臨床は生まれた。加害者を反省させるだけでなく，被害者に対して直面し責任をとるよう方向づける，そのような責任主体になりうるという信頼を寄せることこそ，暴力の対極としての人間扱いを意味するのだ。それはもうひとつの「愛」ではないか。

これまで「愛」という言葉は，家族の性暴力を正当化する口実として，時には被害を隠蔽し読み替えるために乱用されてきたが，今こそ冒頭で紹介した筆者の夢のメモに書かれた「愛をめぐる意味の変換」が要請されているのではないかと思う。

文献
Herman JL（1992）Trauma and Recovery. Basic Books.（中井久夫 訳（1999）心的外傷と回復 ［増補版］. みすず書房）
内閣府男女共同参画局（2021）コロナ下の女性への影響について（https://www.gender.go.jp/kaigi/kento/covid-19/siryo/pdf/eikyo.pdf ［2023年7月18日閲覧］）.
中西正司，上野千鶴子（2003）当事者主権. 岩波書店 ［岩波新書］.

ジェンダーとセクシュアリティから
男性の性暴力被害を考える

宮﨑浩一
立命館大学大学院人間科学研究科博士後期課程

はじめに

「男性の性暴力被害者」とは性を用いた暴力行為を受けた人の性別を表している。バイナリーな関係で見れば，男／女の一方を指している。男女の権力関係が存在し性差別が続く日本社会において，「男性である」ということは特権的である。男女二分法のなかで性暴力を考えれば，加害者＝男性，被害者＝女性と位置付けられ，実際そのように見られてきた。

だが，男性も性被害に遭うと言うだけでは済まされないのは，上記のような性差別のある日本社会のジェンダーやセクシュアリティの規範が影響しているからである。単に男性も性暴力の被害に遭うというだけでは，性暴力の被害体験から回復していくプロセスにおいて影響を与え，かつ，この社会で生きるリアリティや障壁が無視されてしまう。個人の被害体験は確かに個別的ではあるが，現代社会の文脈において規定されてもいる面がある。この点に心理臨床の場面においても自覚的でなければ，個人の苦しみや痛みを聴くことができないのではないだろうか。何らかの症状や不調が低減し日常への適応のみが目指されるとすれば，それは社会の規範に沿うように「支援」することになりかねない。それはクライエント個人への支援なのだろうか，それとも差別構造を内包する社会が存続するための社会に対する支援なのだろうか。

このことは特に男性被害者の支援においては慎重に考えなければならない。社会が要請する男らしさとは，その特権に無自覚に生きられる男性のことだろう。そしてこの男らしさのルールから逸脱しているのが男性の性暴力被害者であり，自らの被害体験を打ち明けることすら困難だ。だが，打ち明けることの困難さは，話しても良いと思える相手がいない，聞いてもらえると思えない状況によって成立している。性に基づく規範を内面化した我々が，男性被害者の声を聴くことができるのかと，問われているのだ。

ところで，男性と言った時に想定されるのは誰のことだろうか。生まれた時の性別割り当てに一致した性自認を持つ者だけだろうか，同性愛者は含まれるだろうか，トランスジェンダーは含まれるだろうか。多くの場合，「男性」とはシスジェンダーでヘテロセクシュアルの男性が想定され，多様な性のあり方を含めることが難しいのではないだろうか。ここにはヘテロセクシズム，ホモフォビア，トランスフォビア，バイナリズムが潜んでいる。ジェンダーと共にセクシュアリティについても敏感さが求められるのは，単に多様な性のあり方を知っているかどうかではなく，支援者の側が聴くことができるために必要だからだ。「〜の性暴力被害者」としていくらでも付記することはできるが，そこに暗に想定されているのが女性のみであれば男性

は周縁化される。同様に，付記されなければ見えてこない被害は，中心としての異性愛主義，性別一致主義に対する付属となるに過ぎない。個別性を標榜する心理臨床の世界にも，社会的な規範はすでに入り込んでいるのである。

　性暴力の問題は，個人の加害行為の問題にはとどまらず，上記のような日本社会の構造的なありようが土台となっている。加害者が「少年愛者」だとか「同性愛者」ということが言われたり，被害者の属性が取り上げられて報道されたりする。しかし，こういったカテゴリーを用いることにどのような意味があるだろうか。正常／異常の区別に「科学的」な根拠を提示してきた心理学によってラベルをつけ病理化したり異常としたりすることは容易かもしれないが，それが実は正常な社会を維持するための道具となり，問題を個人化していくのであれば，現状の不均衡な状況を温存させていくに過ぎない。

　本稿では男性の性暴力被害とジェンダーやセクシュアリティがどのように関わっているのかを特に考察したい。また，心理臨床という場面において彼らとどのように相対することができるのか，「被害者と感じていなかった」ことに着目した論考を参照して考えたい。

ジェンダーとセクシュアリティから男性の性暴力被害を考える

　男性の性暴力被害という問題を考えるにあたって，まずレイプ神話から考察したいと思う。それは社会に存在する規範が個人にどのような圧力を与えているか，またそのような言説を理解できてしまう第三者の視点を明らかにすることができると考えるからだ。

　精神科医のMezeyとKingは，男性の性暴力被害についてほとんど明らかにされていないとして1989年に論文を発表している。注目すべきリサーチクエスチョンは，①男性が性暴力被害に遭うこと，②性暴力被害の影響が女性被害者と類似すること，という2点である。これは，被害事実とその影響を確認しなければならないほど，精神医学や臨床心理学において男性の性暴力被害が不可視であったということである。この状況について社会的，法的な整備がなかったために，社会的な関心も向けられなかったためではないかと著者たちは指摘している（Mezey & King, 1989, p.205）。この不可視性には明らかに性指向や性自認といったセクシュアリティの規範との関係がある。このことを考えるのに男性レイプ神話は有効だと思う。

　レイプ神話とは性暴力にまつわる誤った信念のことである。単に信念であるため実証的な根拠はないが，性に基づく規範が正当性を与えているため，たとえ事実は異なると説明したところでその信念を手放すことが難しい。

　男性被害者に向けられるレイプ神話としてはTurchik & Edwards（2012）が次の9つを挙げている。

①男性はレイプされない
②「本当の」男は，レイプから身を守れる
③ゲイ男性だけが被害者であり，その加害者である
④男性はレイプに影響されない（女性ほどではない）
⑤女性は男性に性暴力を行えない
⑥男性レイプは刑務所内でのみ起こる
⑦同性愛が理由で同性からの性暴力が起きる
⑧同性愛と両性愛の人は不道徳で逸脱しているので性暴力に遭うに値する
⑨もし被害者が肉体的に反応したのならその行為を望んでいる

レイプ神話には「本当のレイプ」を措定する神話群とシスジェンダー，ヘテロセクシュアル

な異性関係が「行き過ぎた」性関係だったとするものがある（Mortimer et al., 2019）。「男性はレイプされない」（神話①）と端的に表れている通り，男性のレイプ神話においては「本当のレイプ」としてみなされるような形態がない。またそれがレイプならば「本当の男」ではない（神話②）。そのためこれ以降に続くのは，何らかの同意のない性的行為が男性を対象として行われた際に，それが被害者にとって望ましいもの，主体的に関わっていたこととして表象される。あるいは，「同性愛」の問題（神話③，⑦，⑧）や特殊な状況（神話⑥）として周縁化される。このような規範的な男性像がある社会ゆえの苦悩が男性にもたらされる可能性がある。以下ではすでに男性の性暴力被害者の特徴として指摘されていることを，ジェンダーやセクシュアリティの視点から考えたい。

Davies & Rogers（2006）が「ゲイはヘテロセクシュアルの被害者よりも非難や落ち度を判断される」というように，排除の先にあるのは性指向に基づく差別である。このように考えると，男性のレイプ神話とは「本当の男」を措定し，あらゆる性的行為について主体的能動的に関わったことにする言説である。そして「本当の男」とはシスジェンダーかつヘテロセクシュアルで健康な身体を持つ男性である。またその姿は「強く，傷つかない」頑強な男である。別の表現をするならば，男性のレイプ神話とは規範的な男らしさの違反リストである。女性＝被害者，男性＝加害者として，性別と加害／被害を組み合わせるならば，加害を行える男性が最も男らしいということになる。

身体反応（神話⑨）については，挿入する側とされている男性は，挿入を可能にする勃起を能動的に行っていることが暗に想定されている。だが，単に反射的な身体反応であるにもかかわらず，射精を強要する加害行為は稀なことではない。それゆえ被害者がその行為を受け入

れた根拠とはならないこと，また何ら責任がないことは，心理教育の点からも重要である。また，同性愛の問題（神話③，⑦，⑧）とすることで，逸脱したセクシュアリティだと被害者に原因を押し付ける。男性加害者から被害を受けた場合，異性愛自認をもつ被害男性の性的なアイデンティティに混乱が生じることもあるが，性的マイノリティに対する差別がある社会において特定のカテゴリーに対するフォビア（嫌悪）が存在し，同性愛嫌悪として被害男性に影響しているとも考えられるだろう。実際，異性間の性暴力である場合にはその性指向は問題とされない。それは異性愛を標準とした性行為関係に一致しているからだ。また，女性が加害者であることは想定されておらず（神話⑤），性暴力被害の本質を女性に固定化している点も指摘できる。それゆえ，被害＝女性的として，過去には「女性化する」（Stanko, 1990）行為として男性の性暴力被害が表現されることもあった。

男性だからという性別二元論に基づいて性暴力の影響が異なったり推しはかられたりする（神話②，④）と考えるのは誤りだ。先述した通り男性が性暴力被害によって影響を受けることは事実として，誤解をなくすためにも主張される必要があった。性暴力被害によるPTSDの発症率には性差がないというメタ研究もあり（Tolin & Foa, 2006），ジェンダーやセクシュアリティといったカテゴリーにかかわらず性を用いた暴力によって人は侵害され影響を受ける。さらに，筋力のある男性だから「戦える」などと考えるのも誤りで，Coxell & King（2010）が成人男性の性暴力被害について疫学的調査をまとめた通り，凍りつき（Freeze）や強直性不動反応（Tonic Immobility：TI）が男性に生じることはわかっている。齋藤・飛鳥井（2022）が日本国内で性暴力被害経験をした人（男性310名，女性1,237名）を対象に「強直性不動反応尺度（Tonic Immobility Scale）日本語版」の尺

度特性を示しており、「日本においても性暴力被害中にTIが発生することがある」としている。

だが、これらの実証的な事実をもってしても規範とはそうした根拠を受け付けないものである。つまり、「男性だから」影響を受けないというのは事実に反するとしても、性暴力によって影響を受けた人は「（本当の）男性ではない」という規範を中心として、それに沿う男性像を示しているに過ぎないのだ。言い換えれば、男性版レイプ神話とは男らしさのルールである。このルールを読んで、反論はできるにせよ、意味すら受け取れないほどわからないという人はいないだろう。それは我々がこの誤った信念を理解できるほどにはジェンダーやセクシュアリティの規範を内面化しているからだ。

支援の課題

長年男性サバイバーの支援を行っているアメリカのLew（2004）は叙事詩『ホメロス』に喩えてその道のりを表現しており、「回復は可能」だと断言する。男性や男児の性暴力被害者の支援体制が作られてきている国もあるが、日本では体系的な支援体制を考え始めた段階に過ぎないと思われる。しかし、性に基づく差別がある日本社会において実際に男性の性暴力被害者を支援することはどのように可能なのだろうか。

性暴力被害者の心理支援において、男性被害者のことは国内で体系的な知識が共有されているとは言い難い。それは支援を全くしてこなかったのではなく、むしろ支援現場に押し付けてきた制度や体制があり、また学術的にも関心を向けられてこなかったためだと考えた方がいいだろう。実際、日本国内には調査研究よりも先に被害者と支援者はいたのだ。

近年は公認心理師・臨床心理士の齋藤・岡本（2022）が『性暴力被害の心理支援』と題して、基本的な対応について論じ、ジェンダーやセク

シュアリティの多様なあり方を含めた書籍が刊行されている。このなかで「自分の偏見や先入観を是正するためには、知ること、考えること、そして目の前のクライエントをちゃんと見て、話に耳を傾けることが必要である」とある。重要と思われる点は、心理臨床が前提としてきた中立性を支援者自身が自省していることだ。

性暴力被害者の支援者あるいは「専門家」として、臨床心理士や国家資格化された公認心理師が挙げられる。しかし、セクシュアリティに関する網羅的な訓練はカウンセリング心理学の課題として指摘されている（Mollen et al., 2020）。日本においてはジェンダーやセクシュアリティといった内容は、臨床心理士養成大学院で指定されたカリキュラムとはなっていない。性的マイノリティの心理支援の教育について、クィアペタゴジーを基礎に、そのあり方を日本において検討した戸口・葛西（2015）によれば、性に関する内容に特化したカリキュラムとして構築されていないという。その上でクィア・カウンセリング心理学のアプローチにより、包括的、全体的に、自己理解と他者理解を洗練させる方法が必要だとしている。

これらの支援者自身の自己理解や社会的な影響を含む実践は、何らかのマイノリティ性を持つ相手を異質なものとして理解することではなく、すでにジェンダー化された社会のなかに同時に生きている者として相対することにつながる。これは前節で紹介した誤った信念が蔓延している社会において、人が常識的に内面化していることを相対化することにもつながるだろう。さらにそうした実践は、男性被害者自身が抱える苦しさの一端を補足し整理する一助となることが期待できる。

性暴力被害に遭った男性が打ち明けるのに時間がかかることは指摘されており、そこには男性性（Masculinities）が影響していることが示されている（e.g., Tewksbury, 2007 ; Donne et al.,

2018）。この点もいわゆる性差研究のような男性の本質に根ざしているのではないことが，ジェンダーやセクシュアリティの視点を踏まえて受け取ることができるだろう。むしろ先述の社会的状況が，声を上げることや，誰かに相談することの壁となっている。そうした状況では，同意のない性的な行為を性暴力として認識するのが難しいことも推測される。

「被害者だと感じなかった」という言葉は，Widanaralalage et al.（2022）による男性被害者へのインタビューで語られた言葉だ。この研究参加者たちは，自分の行動や性質に疑問を感じ，起こったことについて自分に責任があるという感覚を持っていた。そのような自省の傾向は自分の行動が加害者への同意を意味したのではないかという信念を捨てることの困難につながり，特に，挿入を伴わない行為があった場合や生理的な興奮があった場合はそうであったという。また，70代ゲイ男性の心理療法の過程では，過去の性暴力経験について，その性的出来事を自身が求めていたことだという嘘が本質的なことであり，その自己欺瞞が心理的な保護になっていたという（Graber, 2020）。

自身の体験を意味づけ整理する過程において，性暴力や性被害といった概念と一致させる必要はあるかもしれない。だがしかし，それを阻むさまざまな障壁が用意されているのはここまで見てきた通りだ。支援者として相対する人は同時代の社会に生きている人であり，その社会に我々は絡めとられている。そのため支援者は，「『自分の中の偏見や先入観が感覚をゆがめている』感覚を自覚するように」（齋藤・岡本，2022, p.165）していきたい。

おわりに

私は「性暴力に遭った男性」[註1]という表現の仕方に注目している。男性の性暴力被害を

ジェンダーのみで考えることはできないことはここまでの文章から伝わっていると思う。ジェンダーやセクシュアリティといった性に基づく事柄は重要であるが，この社会に存在しているさまざまに付与された属性や形成してきたアイデンティティも同様に考慮される必要がある。その点で男性ジェンダーから性暴力を考えるのか，性暴力から「男性」を考えるのかは大きな違いがある。

性暴力は加害者個人の行為にとどまらない歴史的・社会的な背景の上に行われている。組織や社会的立場，ターゲットに接近できるだけの健康な身体や資金など，さまざまな持てる資本を投入して加害は起こっている。だからこそ巧妙であり，逃れられない状況に追い込むことができるのだと思う。

性暴力被害に遭った人，社会的に弱い立場に置かれる人々。さまざまな苦しみやマイノリティ性を抱えた人の言葉によって変化は起きてきた。そしてその現実を表す言葉や概念がその経験によって作られ，さらに，それによって生き延びることが可能となった人が多くいる。ジェンダーやセクシュアリティに関する概念や言葉も流行りの知識として学ぶのではなく，自分自身を省みる契機としたい。

Zingaro（2007=2008）は被害や屈辱の体験について声を上げ，語る力を取り戻した後にその人が抱え込む，一見説明のつかない，しばしば自己破壊的な苦しみを伴うさまざまな現象にふれている。

皆が声を上げる必要はない。しかしせめて私は言葉にできない体験について聴けるように努力したいと思う。

註
1　石原燃作の戯曲「蘇る魚たち」の大阪上演の告知で使われていた言葉である。

文献

Coxell AW & King MB（2010）Adult male rape and sexual assault : Prevalence, re-victimisation and the tonic immobility response. Sexual and Relationship Therapy 25-4 ; 372-379.

Davies M & Rogers P（2006）Perceptions of male victims in depicted sexual assaults : A review of the literature. Aggression and Violent Behavior 11-4 ; 367-377.

Donne M, DeLuca J, Pleskach P, Bromson C, Mosley MP, Perez ET, Mathews SG, Stephenson R & Frye V（2018）Barriers to and facilitators of help-seeking behavior among men who experience sexual violence. American Journal of Mens Health 12-2 ; 189-201.

Graber LS（2020）Not a victim : How self – deception saved David. Journal of Clinical Psychology 76-2 ; 258-265.

Lew M（2004）Victims No Longer. Second Edition : The Classic Guide for Men Recovering from Sexual Child Abuse. Harper Perennial.

Mezey G & King M（1989）The effects of sexual assault on men : A survey of 22 victims. Psychological Medicine 19-1 ; 205-209.

Mollen D, Burnes T, Lee S & Abbott DM（2020）Sexuality training in counseling psychology. Counselling Psychology Quarterly 33-3 ; 375-392.

Mortimer S, Powell A & Sandy L（2019）'Typical scripts' and their silences : Exploring myths about sexual violence and LGBTQ people from the perspectives of support workers. Current Issues in Criminal Justice 31-3 ; 333-348.

齋藤梓，飛鳥井望（2022）強直性不動反応尺度（Tonic Immobility Scale）日本語版の尺度特性．日本トラウマティック・ストレス学会誌 20-2 ; 165-175.

齋藤梓，岡本かおり（2022）性暴力被害の心理支援．金剛出版．

Stanko E（1990）Everyday Violence : How Women and Men Experience Sexual and Physical Danger. Pandora.

Tewksbury R（2007）Effects of sexual assaults on men : Physical, mental and sexual consequences. International Journal of Men's Health 6-1 ; 22-35.

戸口太功耶，葛西真記子（2015）クィア・ペダゴジーを導入したカウンセリング心理学の可能性――カウンセラー養成における実践のための理論研究．鳴門教育大学学校教育研究紀要 29 ; 31-42.

Tolin DF & Foa EB（2006）Sex differences in trauma and posttraumatic stress disorder : A quantitative review of 25 years of research. Psychological Bulletin 132-6 ; 959-992.

Turchik JA & Edwards KM（2012）Myths about male rape : A literature review. Psychology of Men & Masculinity 13-2 ; 211.

Widanaralalage BK, Hine BA, Murphy AD & Murji K（2022）"I didn't feel I was a victim" : A phenomenological analysis of the experiences of male-on-male survivors of rape and sexual abuse. Victims & Offenders 17-8 : 1147-1172.

Zingaro L（2007）Rhetorical identities : contexts and consequences of self-disclosure for 'bordered' empowerment practitioners. Doctoral dissertation. The University of British Columbia, Canada.（鈴木文・麻鳥澄江 訳（2008）援助者の思想――境界の地に生き，権威に対抗する．御茶の水書房）

アウティングの遍在性とポリティクス

日野 映

仙台市スクールカウンセラー

はじめに

「アウティング」をテーマに本論考の執筆を引き受けるにあたり，編集者から『カランコエの花』（中川駿＝監督，2018年＝公開）という短編映画をご紹介いただいた。とある高校2年生のクラスで，唐突に養護教諭が「LGBTの授業」を行う。「LGBTは病気ではない」と啓蒙する養護教諭の意図に反し，あまりに唐突で不自然な授業に生徒たちは「このクラスにLGBTの人がいるのではないか」と勘ぐり，クラスの中で当事者探しが行われていく。教員はそうした動きを抑えようとするも，その姿にかえって生徒たちは確信を強めていき……以上が映画のあらすじである。学校のクラスという閉鎖的な集団が見えない当事者を追い詰めていく過程は，見ていてとても苦しいものがあった。この物語を出発点に，「アウティング」について考えてみよう。

アウティングの遍在性

『カランコエの花』はアウティングを扱った映画でありながら，明確な差別意識や悪意を持ち，意図的，明言的にアウティングを行う者は登場しない。思春期的な好奇心で動く者はいるが，基本的に登場人物の多くは善意で行動している。ことの発端となった養護教諭も，生徒の

LGBTQIA+への理解を促すことで当事者を守ることが狙いであった。それにもかかわらず，個人のセクシュアリティの秘密は炙り出され，不本意な形で露わになっていく。ここにアウティングの複雑さが見て取れる。

そもそもアウティングとは，当人の許可を得ずに当人がオープンにしていない性的指向や性自認を他者に明らかにする行為のことである。LGBTQIA+である人が自身のセクシュアリティをオープンにカミングアウトすることは，心理社会的にポジティブな影響を生むとされているものの，既存の社会の中では残念ながら拒否，排斥，差別，ハラスメントなどさまざまなリスクが伴うものである。そのためLGBTQIA+の人の多くは，注意深く相手の反応を見ながら，自身のセクシュアリティをオープンにすることのリスクやコスト，そして利益を評価し，その関係性の中でクローゼット（自身のセクシュアリティを明かさない）でいるかカミングアウトするかを判断している。しかしアウティングが生じると，そうした当人の事前の準備や統制を超えて，さまざまなリスクに無防備に晒されることとなり，心理社会的に深刻なダメージを負ってしまう（Johnston & Jenkins, 2004）。このように，アウティングが個人に深いダメージを与えることは，LGBTQIA+への社会的認知向上や権利保障の機運によって近年，広く認知されてきているだろう。

しかし問題なのは，ここで想定されているアウティングが「差別意識や悪意による意図的，明言的に行われるもの」に限定されており，実世界で生じるアウティングの複雑で多様なパターンが想定されていないことにある。内閣府男女共同参画局（2022）の調査からも，ジェンダー差別的な体験の多くは露悪的，直接的に明言されるものではなく間接的な言動であることが示されている。また，調査の自由回答欄に目を通すと，差別の発信者は励ましや善意のつもりで発言したのだろうというものも多い。私が実際に出くわすアウティングのケースも，親が子どもの許可を得ずに代弁的にトランスであることを周囲に伝え理解を求めたり，支援職が当人には秘密にゲイであることを職場に共有し配慮を求めたり，「本人のためを思ってやった」，「悪意はなかった」ものが多い。

アウティングは個人の明確な差別意識と悪意から明言的に生じる「悪意によるアウティング」に限らない。実際は輪郭も曖昧な「悪意のないアウティング」も含む，より広い，遍在的な現象なのだ。だからこそ，私たちの日常にそのリスクが溢れ，『カランコエの花』に描かれるような悲劇が生じる。では何故，悪意がないにもかかわらずアウティングは生じるのだろうか。

身体，沈黙から漏れ出る
セクシュアリティ

アウティングの遍在性を考えるにあたり，アウティングが生じる前提条件である「クローゼット」について考えてみよう。先述した通り，LGBTQIA+の人は社会生活の上で，クローゼットから出て自身のセクシュアリティをカミングアウトするかどうかの判断を常に迫られている。セクシュアリティは人間にとって根幹をなす情報として既存の社会では扱われている。日常の人間関係の構築から戸籍などの社会システムま

で，私たちの生活の多くの場面がセクシュアリティという情報に基づき組み立て振り分けられている。もちろんそこで想定されているセクシュアリティは，シスジェンダー，ヘテロセクシュアルの男女というマジョリティである。そのため，自身のセクシュアリティを開示するかしないか，クローゼットを出るべきか中に留まるかという問いはLGBTQIA+の人の社会生活の基本的な特色なのである（Sedgwick, 1990=2018）。しかし，よくよく考えると，セクシュアリティという情報を他者の目から完全に隠すこと，クローゼットに完全に身を隠すということは果たして可能なのだろうか。

メルロ＝ポンティ（Merleau-Ponty, 1945=1967）は私たちが生きるこの身体を，世界から独立した客体として存在するものではなく，個人と世界の媒介として世界に指向的に方向づけられているものであるとしている。つまり，私たちは常に身体を通して自らの情報を他者に分泌し，伝播させ，他者との間で身体を構築しているのである。そして身体の根幹的な要素であるセクシュアリティも同様に，個人の内面に閉じているわけではなく，外界に拡張し，他者との間に生起する。メルロ＝ポンティの言葉を借りるならば，セクシュアリティは「他人の身体に対して存在する条件」であり，「生（La Vie）」そのものだ。

この点，町田（2022）もトランスジェンダー当事者へのインタビュー調査のなかで，メルロ＝ポンティを参照しながらセクシュアリティを他者との関係性から生起する「雰囲気」として描き出している。私たちは出会う人によってその振る舞い方が変わるし，異性愛や同性愛とさまざまな繋がりのバリエーションを体験する。他者との関係性の中に流動的に，そして間身体的にセクシュアリティが立ち上がってくるというのは実感としてあるのではないだろうか。ただ，ヘテロセクシュアル，シスジェンダーがマ

ジョリティの既存社会では，LGBTQIA+という可能性が想定されないことが多い。そのため，LGBTQIA+の人と他者との間に生起するセクシュアリティは，本来トランス男性であるが「ボーイッシュな女の子」とされたり，本来ゲイであるが「恋愛に消極的な奥手の男の子」とされたり，ズレのあるものとなるだろう。しかし，ズレてはいるものの典型的なヘテロセクシュアル，シスジェンダー男女には当てはまらないという，おおよその位置が特定されてしまう。

また，セクシュアリティという情報を隠すということは，セクシュアリティの情報がやりとりされる場面で沈黙するということでもある。しかしフーコー（Foucault, 1976=1986）によれば「沈黙」は単に「何も言っていない」というわけではなく，「沈黙」という行為それ自体にさまざまな意味が付与され，ひとつの発話行為となる。はぐらかすにせよ擬態するにせよ，セクシュアリティにまつわる情報が十分な形で提示されない，つまり沈黙されている時，沈黙は「その個人にとってセクシュアリティがアンタッチャブルな，秘密の領域である」というひとつのメッセージとして機能することとなる。隠す行為そのものが，そこに秘密があるというひとつのパフォーマティブな行為となるのだ。

またこれらは自身のセクシュアリティに限らず，自分が知り得た他者のセクシュアリティに関しても同じことが言えるだろう。例えば友人がゲイであることを自分だけが知っており秘密にしている場合でも，間身体性や沈黙というパフォーマティヴィティによって友人のセクシュアリティは漏れ出ていくだろう。セクシュアリティを隠すためのクローゼットは，私たちが想定するような姿を完全にくらませることのできる安全な代物ではない。

ガラスのクローゼットをめぐるポリティクス

セジウィック（Sedgwick, 1990=2018）は上のような，一般にイメージされる強固なセクシュアリティの隠し場所とは異なる，本来的に脆弱を抱えたクローゼットを「ガラスのクローゼット」と表現している。そこにセクシュアリティに関する秘密があることが，朧げに透けて見え，個人の秘密は公然の秘密となる，まさにガラス製のクローゼットだ。そもそも何故「ガラスのクローゼット」は生じるのか。それは既存の社会システムがヘテロセクシュアル，シスジェンダー男女を規範に設計されているからに他ならない。セクシュアリティが規範に沿っていない以上，隠した方が都合がいいのだが，セクシュアリティは前述した通り，その性質上隠すことが非常に困難なものなのだ。LGBTQIA+の人々はそのような非常に不利な戦いを，矛盾した状況を常に強いられている。

またガラスのクローゼットはその性質上，クローゼットの中にいる人と外にいる人の関係性を非対称的なものとし，力関係に大きな不均衡を生じさせる。何故ならクローゼットの中にいる人は，ガラスの中を覗かれ真実を知られることも，覗かずに知らないふりをされることも，自身の力ではどうにも統制できない状況である。一方で外にいる人は，どちらを選択することもできる。状況に対する統制力に圧倒的な差が生じてしまう。フーコーは「知ること」と「知らないこと」，つまり「知識と無知」は権力の基盤であると指摘している（Foucault, 1976=1986）。知識は当然のこと，無知でいることも知識と同等の力がある。ハラスメント，性暴力などで，加害側が「傷ついているとは知らなかった」と言うことによって問題の矮小化を可能としているのを見るとそれがわかるだろう。ガラスのクローゼットの外部にいるものはその両方の力を

得ることができるのである。またカミングアウトを受けクローゼットに隠された真実を知っていた場合も，自分が他者のセクシュアリティの真実に関する知識を有しているという圧倒的力を手に入れることになる。どちらにせよガラスのクローゼットの周囲で権力の磁場は大きくバランスを崩す。

　そして，この状況を打開する方法として「カミングアウト」という選択肢が生起してくる。クローゼットの内部にいる者からすれば，ガラスのクローゼットという統制不能な状況に対して自ら自発的に姿を現す以外，自身の主体性を取り戻す術はない。また，外部にいる者からすれば，ガラスのクローゼットという矛盾し曖昧な状況が目前にある，そして思わず知識と無知の権力を手にしてしまったという状況に居心地の悪さを感じるだろう。それを解消するためにクローゼットの中にいる本人に出てきてもらい，はっきりとさせたい，もしくは自分の権力を無効化したいと願いそれを促すだろう。ガラスのクローゼットの中に性に関する秘密があることが透けて見えている場合，「あなたはゲイじゃないか？」という唐突な質問を「善意」で投げかけカミングアウトを迫るかもしれないし，「悪意」のない噂話などでカミングアウトする雰囲気を作り上げるかもしれない。もしくは当人のセクシュアリティについてすでにカミングアウトを受け自分だけが知っている場合，「善意」でカミングアウトの代弁者となるかもしれない。しかしそれらはいずれも，カミングアウトするしかない状況に追い込むという「善意」の皮を被ったアウティングである。

　セジウィック（Sedgwick, 1990=2018）も近年のカミングアウト推奨の流れが，解放運動的な潮流に感じられる反面，その裏には上で述べたようなクローゼットの内部と外部の非対称性からカミングアウトが迫られている側面もあると考察している。一見，解放運動的に見えるカ

ミングアウトや周囲からの促しが，実は構造的な非対称性ゆえにカミングアウトするしかない状況に追い込んだ結果である可能性もあるのだ。それは建設的なカミングアウトと言えるのだろうか。ここに「悪意のないアウティング」が生じる。

「悪意のないアウティング」への対応

　『カランコエの花』は創作物ではあるのだが，しかし先に述べたような，私が出会ったアウティングにも見られる複雑な力動から生じるアウティングが描かれていた。対人支援は個人の秘密に触れる。セクシュアリティにまつわる秘密を知った時（カミングアウトされたにせよ，雰囲気として感じ取ったにせよ），上で述べてきたようなアウティングの遍在性とその背景にある複雑な力動を把握しておかなければならないだろう。

　ここまで構造的な分析をしてきたが，最後に処方箋として実践的な話をしよう。これはあくまで管見の限りであり，領域によってケースバイケースではあるが，読者の参考になれば幸いである。

　まず，クライエントにLGBTQIA+の人がいる場合（どのケースにおいてもそうだが），非常時の情報の取り扱いや，面接室内の呼び方と面接室外の呼び方を確認するなど，情報管理を徹底する必要がある。そして誰にどこまでカミングアウトを行っているのか，正確な情報を把握しておくことは必要であろう。カミングアウトの範囲を広げるかどうかは，慎重に検討する必要がある。カミングアウトをするにしても，誰に共有したいか，その人はサポート源になるか，その人に事前にLGBTQIA+の基礎知識を伝える必要があるか，カミングアウト後にどのような反応が返ってくると予想されるか，思うような反応が返ってこなかった場合の対応はどうする

べきか，伝える方法は口頭か文章なのか，場所とタイミングはどうするかなどは事前に検討した方がいい（The Trever Project, 2021）。また，クライエントからカミングアウトを受けると，支援者は善意から周囲に理解を求めたり，啓蒙活動を行ったり，カミングアウトを促したい気持ちに駆られるかもしれない。何故なら，クライエントが語る生活の悩みの多くは，周囲の無理解や誤解から生じていることが多く（制服の問題，名前の呼び方の問題，仲間内のゲイネタ，家族からの性役割への期待など），環境が変われば解決するように思われるからだ。しかし，カミングアウトの動機がどこにあるかは，先にあげた複雑な力動も含め十分に検討しなければならないだろう。環境調整をするにしても，クライエントとの丁寧な検討が必要になる。

また，「悪意のないアウティング」が生じた際にはそれが悪意ではないとしてもアウティングに当たることを発信者に伝え，情報の拡散を止めなければならない。また，学校や施設，職場などアウティングをされた側の生活圏で情報が拡散し，心理社会的に深刻なダメージが生じる場合は，SOGI（Sexual Orientation and Gender Identity）ハラスメントの案件として組織的な対応を行う必要も出てくる。暴露範囲や事態を把握し，アウティングした側の謝罪や暴露範囲の説明や，研修などによる再発予防を徹底するなどだ。臨床家としては本人の安全を保障しながら対応状況を共有し，混乱した事態を整理する必要がある。ここではトラウマケアの視点が必要になるだろう。また，アウティングはそれまでの人間関係を大きく破壊することになる。そのため，人間関係の再構築という課題も生起する。後追いではあるが，サポート源となり得る人に自分の口から説明できるように，先に述べ

たカミングアウト時の検討事項を共に確認しながら，オープンなLGBTQIA+ という新たなアイデンティティの構築をサポートするのが支援者の役割となるだろう。その際，カミングアウトを受けた側も，カミングアウトをした人の本人像やそれに対する自分のスタンス，ジェンダー／セクシュアリティに関する価値観などの見直しが図られ，アイデンティティの危機が訪れる。それに対するサポートも必要になるかもしれない。いずれにせよ，さまざまな合わせ技で対応する他ない。

そして最も効果的で，最終的に目指すべき予防は，そもそも特定のジェンダー／セクシュアリティをクローゼットにする必要のない社会を実現させることだろう。

文献

Foucault M（1976）Histoire de la sexualité I : La volonté de savoir. Gallimard.（渡邊守章 訳（1986）性の歴史I ──知への意志．新潮社）

Johnston LB & Jenkins D（2004）Coming out in mid-adulthood. Journal of Gay & Lesbian Social Services 16-2；19-42.

町田奈緒士（2022）トランスジェンダーを生きる──語り合いから描く体験の「質感」．ミネルヴァ書房．

Merleau-Ponty M（1945）Phénoménologie de la perception. Gallimard.（竹内芳郎，小木貞孝 訳（1967）知覚の現象学［1・2］．みすず書房）

内閣府男女共同参画局（2022）令和3年度性別による無意識の思い込み（アンコンシャス・バイアス）に関する調査研究（https://www.gender.go.jp/research/kenkyu/seibetsu_r03.html［2023年3月4日閲覧］）.

Sedgwick EK（1990）Epistemology of the Closet. University of California Press.（外岡尚美 訳（2018）クローゼットの認識論──セクシュアリティの20世紀［新装版］．青土社）

The Trevor Project（2021）The coming out handbook.（https://www.thetrevorproject.org/wp-content/uploads/2021/07/Coming-Out-Handbook.pdf［2023年3月4日閲覧］）

埋め込まれた「棘」
マイクロアグレッション

朴 希沙

在日コリアンカウンセリング＆コミュニティセンター／日本学術振興会特別研究員DC
（立命館大学大学院人間科学研究科）

はじめに

2017年，公認心理師法が施行され，日本初となる心理職の国家資格が誕生した。スクールカウンセリングや病院臨床をはじめ，社会に根づきつつあった心理職は，今後より一層その存在感を増していくと思われる。そのなかで，これまでの臨床心理学を基盤とした心理職としての専門性を育んでいくことだけでなく，自らの実践に対して社会的な視点を持ち「再考すること」（東畑，2022），社会的・文化的に多様な背景を持つクライエントにより一層開かれた臨床が，今後求められるだろう。しかし，「社会に開かれた」臨床とは具体的に何を指すのだろうか。社会は常に変化し，さまざまな問題が噴出し，混沌としている。そのなかで，心理職はどのように一人ひとりの「現実」に向き合うことができるのだろうか。何を拠り所とし，どう実践すればよいのだろう。

本稿では，マイクロアグレッション（Microaggressions）という概念から，この社会で生きる個人——特に，社会的マイノリティの現実に迫るための視点をひとつ，ご紹介したい。マイクロアグレッションとは，発し手の意図にかかわらず人種，ジェンダー，性的指向，心身の障害などを有する社会的マイノリティに対して向けられる，日常的な中傷，敵意，見下し，無視や侮辱のことを指す。マイクロアグレッションは，

人々のリアリティの違いがもたらす分断，そしてマイノリティの生きづらさの背景を説明する限られた概念に過ぎない。しかし，そこから見えてくる新しい「日常」があり，それは多くのマジョリティからは見えない，取りこぼされてきた「現実」である。

本稿では特集テーマとの関係から，まず冒頭で女性に対して向けられるマイクロアグレッションを紹介する[註1]。その上で，マイクロアグレッションの類型や影響，そして心理臨床における実践との関係を述べる。なお冒頭のエピソードは，筆者が実施した「微細で曖昧な差別現象とそれを取り扱える場の特性に関する研究——マイクロアグレッションを鍵概念に」におけるグループインタビュー調査に協力してくださった方々のエピソードを含む（この場をお借りして，調査にご協力くださり，貴重なお話をしてくださったみなさまに，心からの御礼を申し上げます）。

セクハラ以前
——日常に埋め込まれた女性蔑視

ケース① "男性を立てる"ことが当然視される日常——ケア役割の偏り

「頼む，あいつを"男"にしてやってくれ」

これは，ある女性に向けられた，男性上司からの言葉である。職場の会議で今後の方針につ

いて話し合い，その女性の意見が採用された後，上司から個人的に呼び出され言われたのだそうだ。正しい意見を言うのはいいけれど，先輩である男性社員をもっと立てて，"男"にしてやってくれ……と。

人が集まるところで，情緒的なケアを求められるのは圧倒的に女性である。「男は褒めて伸ばすもの」，「男のメンツを傷つけない」，「愛され女子の秘訣」なども，そのような女性に対するケア役割を陰に陽に要請した言葉だ。数年前に大手コンビニエンスストアの「お母さん食堂」というネーミングが問題になったことも，記憶に新しい。これらは果たしてセクハラだろうか？女性差別や，暴力だろうか？

女性がケアをすることを前提とした発言に対し，異論や声が上がるたびに，論争が繰り返されてきた。女性が人々をケアし，男性を立てる——このような意識はある種の前提であり，学校，職場，家庭……あらゆる場所に埋め込まれている。問題にしはじめたら，キリがなさそうだ。

しかし男性を立てること，人を気遣い情緒的にケアすること，相手を褒め笑顔を作ることは，何も努力せず自然にできるものではない。そこには確実に労力やエネルギーが求められた。気を張り，努力が必要とされる。

ケース②　無視されることが当たり前
——女性の"不可視化"

自分の方が収入があるのに，不動産賃貸契約など重要な話になると，夫ばかり話しかけられる。会議で意見を求められると，同じ内容でも男性の発言が採用される……思い込みかもしれない，自分の被害妄想かもしれない。でもひとつの発言の"重み"が性別や属性によって変わってくるように感じられるのはなぜだろうか？　若くない，結婚もしていない，子どももいない，手に職があるわけでもない……誰の娘でも妻で

も母でもない，さらに貧困に苦しむ女性たちは，確実にこの社会に暮らしているのに社会の"イシュー"にあがることもなく，日々は過ぎていく……

ケース③　そのジョーク，笑えません
——性差別で笑いをとる文化

「顔はブスやけど，乳首はきれいなん？」

ある日，なんとなしに見ていたテレビ番組でふと聞いた，男性芸人の発言。女性芸人に対して，マウントをとっているようにも見えたが，面白半分に聞いていた。番組ではその後，男性芸人の発言に対して女性のアナウンサーが「女の子にそんなこと言っちゃだめでしょ」と諭す。すると女性芸人はなぜかそのアナウンサーに「そういうのが一番腹立つ！」と言って怒り出し，それを先の男性芸人がゲラゲラ笑いながら見ている，という構図であった。お笑いの世界もこの数年で変わってきつつあると聞くが，テレビをつければ女性の体型や顔立ち，婚姻の有無などで笑いをとったり，女の悪口を女に言わせて楽しむような番組がまだまだある。なんとなくテレビをつけているだけで性差別的なジョークが流れてくる……余計なことを考えずに楽しむべきなのだろうか？　もしくは嫌ならば見なければ，全て解決なのだろうか？

ケース④　女性差別は過去のこと？
——現代型の差別

性暴力被害の訴えに対して，「あなたが誘ったのでは？」，「そんな格好をしていたあなたに落ち度がある」などと，むしろ被害者を責めるような言説がある。見知らぬ人に無理やりレイプされた，ひどい暴力をふるわれた……皆が顔をしかめる暴力的な事件であれば，受け入れられやすいかもしれない。でも，休日明けには男性上司に必ず「昨日は彼氏のところに泊まったの？」と笑いながら聞かれる，職場で男性社員

は「〜さん」と呼ばれるのに女性社員は「〜ちゃん」と呼ばれる，新卒の女性社員は子どもに対するように話しかけられる，女性は容姿や態度についてやたらと話題にされる……それに対して不快感を示すと「それぐらい笑って受け流したらいいのに」，「気にしすぎ・考えすぎ」，「許してあげて」と怒っている側の問題にされてしまう。

「女性差別なんてもうない」，「むしろ女性は優遇されている」，「なんでもかんでも差別だ，セクハラだと言われたら，何もしゃべれなくなる」……こんな発言を聞くことも少なくない。性暴力や性差別に対して，人々が声をあげ，社会の問題意識が高まってきたことは確かだ。しかし一方で，性差別は過去のこと，一部のフェミニストがうるさく言っているだけ，男とか女とか関係ない，みんな平等に競争しているのに逆差別だ，という言説も聞こえてくる。「女性差別は過去のこと」――そう言われるたびに，今現在差別に直面している女性たちの体験はかき消され，無価値化される……

それは "気にしすぎで 大したことない" ものなのか

日常生活に埋め込まれた棘
――マイクロアグレッションとは何か？

筆者はこれまでマイクロアグレッションの文献翻訳や調査などに携わってきたが，しばしば「マイクロアグレッションと差別はどう違うのか」と質問されてきた。マイクロアグレッションには，人々が一般に「差別」と聞いた時に連想するような，露骨なものも含まれる。しかしもっと認識しづらい無意識的なもの，時には善意にすら基づいた偏見なども含まれることが特徴的である。マイクロアグレッションの「マイクロ」とは「小さい」ではなく，「日常的な」という意味だ。だから発する側には極端に差別的

な人だけでなく，日常的に接する教師や友人，恋人や家族，そして心理職をはじめとした援助職者も含まれる。マイクロアグレッションの特徴は，これまで一部の人間や政治的な対立場面でのみ生じると思われてきた差別や偏見が，実は人々の日常生活に構造的に埋め込まれていること，そしてその影響は善意の人間も免れ得ないことを示している。マイクロアグレッションは，日常生活における何気ない会話，眼差し，冗談のなかにその姿を現す。

マイクロアグレッション概念は，公民権運動を経た1970年代のアメリカにおいて，黒人の精神科医C・M・ピアースによって提唱された。ピアースは，精神科医として人種差別が精神衛生に及ぼす影響を研究するなかで，白人が黒人に対して行う無意識のけなしがあることに注目し，マイクロアグレッションと名づけた（金，2016）。2000年代には，カウンセリング心理学を専門とするコロンビア大学のD・W・スーによって再定式化され，その後カウンセリング心理学の領域を中心に多くの研究や論争を生じさせることとなる。このような背景からもわかるように，マイクロアグレッションは，これまで社会的・政治的なこととして捉えられてきた差別や偏見を，人々の日常生活におけるやりとりのレベルにまで落とし込み，主に受け手において生じる心理的ダメージに注目し整理し直す点が特徴的である。社会的マイノリティが見下しや無視を受け，自らの歴史や経験が無意味であり価値がないと日常生活で体験し続け，それが累積することによりどのようなダメージを受けるのか――それを主に心理的側面から論じ，問題提起しようとするのである。

マイクロアグレッションの3つの類型

マイクロアグレッションは，マイクロアサルト（Microassaults），マイクロインサルト（Microinsults），マイクロインバリデーション

（Microinvalidations）の3つに分類される。順に見ていこう。

マイクロアサルトとは，露骨で意識的な差別に最も近く，例えば特定のマイノリティグループに対する暴力的な言動，蔑称で呼ぶこと，交際を避けること，個人のグループアイデンティティを攻撃することなどが含まれる。いわゆる差別や暴力として認識されやすいものが多く，これが日常的な対人関係において生じるとマイクロアサルトとなる。マイクロアサルトは，社会的に問題であることが明白な場合がほとんどで，発する側も意図的であることが多い。

これに対しマイクロインサルトは，より曖昧で無自覚的な言動が含まれる。意図せずステレオタイプや無礼さ，無神経さを伝えてしまうことである。例えば，人種やジェンダーに基づいて相手の資質や能力を評価しているにもかかわらず無自覚であったり，ある国や文化に対するステレオタイプを無意識的に個人に結びつけ攻撃的になったりすることなどが当てはまる。

最後にマイクロインバリデーションとは，社会的マイノリティの心理状態や考え方，感情，経験を否定したり無価値なものとしたりする言動を指す。多くが無意識的，無自覚的であり，時には善意から発せられることもある。例えば差別やハラスメントに憤っている人に対し，「何を怒ってるの？　被害者意識が強すぎない？」などと全てを相手の受け取り方や弱さの問題にすり替えたりすることなどがそれに当たる。また，「もう差別なんかない。努力すれば皆が成功できる」と能力主義を押し付け，差別の訴えを無効化しようとすることも含まれる。インバリデーション（invalidation）とは無効化，価値がないとすること，被害者の声を骨抜きにすることを指す。

しかし，ひとつの言動が3つのうちどれに分類されるのか断定・明言することは時に難しい。例えば本稿で取り上げた①〜④のエピソードに

ついて見ると，①・②は女性を二級市民として扱っているという点でマイクロインサルトに，③は「ブス」という蔑称を用いたり，相手の性的なプライベートゾーンに侵入しそれを「モノ化」することによって笑いをとろうとしたりする点でマイクロアサルトに，④は差別の存在を否定しているという点でマイクロインバリデーションに分類され得る。しかしこの3つは時に重なり合い，補強し合いながら生じている。先にも述べたように，マイクロアグレッションはこの社会に生きる人であれば誰しも行ってしまう，逃れ得ないものである。そのため，この3つの分類は一人ひとりが自らの言動やもやもやした体験を意識化・言語化するためのヒントとして活用するのがよいと筆者は考えている。ひとつひとつの発言について，「どの発言がどのマイクロアグレッションに分類されるか？」と考えるよりも，「どのような社会的背景からマイクロアグレッションが生じたのだろうか？」と考える方が重要だからである。

もう少し踏み込んで言えば，マイクロアグレッションは日常的な個人間のやりとりのなかで生じるが，重要なのはそれが「個人の問題だけではない」ということである。むしろ，社会構造のなかに埋め込まれた不平等や差別，抑圧を人々が内面化し，それを日々のやりとりのなかで再生産していると考えた方がよい。そのためマイクロアグレッションとは，あくまで社会的により権力のある集団のメンバーから，より疎外されたり差別されたりしている集団のメンバーに向けて行われる言動を指す。差別や偏見，特定の集団に対する抑圧は社会制度のなかに埋め込まれ，それが人々の日常生活，何気ないやりとりに影響を及ぼしているのである。

誰も責任をとらなければ，最も弱い立場の者が苦しむ──マイクロアグレッションの影響

それでは，マイクロアグレッションはどのよ

うな影響を受け手に与えるのだろうか。その絶え間なく日常的に累積する性質から心身にさまざまなダメージを与えると指摘されているが（Williams, 2020など），なかでも注目したいのは，受け手を葛藤状態に陥らせ消耗させてしまう点である。

　日常のなかでマイクロアグレッションが発生すると，「一体誰の認識が正しいのか」という問いをめぐって受け手の内面に疑問と葛藤が次々と湧き上がる（Sue, 2010）。「あれは私が女だから，日本人じゃないから，マイノリティだから……言われたことなのだろうか？　それともそんなこととは関係のない，ただの冗談だったのだろうか？」，「もしそこに差別的な意味があったとして，それをどうやって証明したらいいのか？」，「こんなことを気にする私は，気にしすぎの，弱い人間なのか？」，「相手に何か言ったら，めんどくさいやつだと思われて，ひとりぼっちになってしまうのではないか……」。そういった問いが，頭のなかをぐるぐるとまわる。人に相談しても「それぐらい許してあげたら」，「ことを荒立てない方がいいよ」，「気にしすぎじゃない？」と言われる。露骨な差別やヘイトスピーチとは違い，日常的で曖昧なものだからこそ，それが差別や偏見から出てきた言動なのかどうか断定できず，どう応答するのがベストなのかもわからない。このような「もやもや感」，繰り返し思い出し，何が正しかったのか，どうすればよかったのか思い悩むこと……マイクロアグレッションが引き起こす認知的エネルギーの消耗は，人から日常的に力を奪っていく。

　この背景にはリアリティの圧倒的差異が存在している。被差別体験の有無やその多寡は，個人の社会的属性に依存する。そしてこの社会でマジョリティとしての属性をより多く持っている人ほど，差別に対してリアリティを感じにくい。そのため，差別の訴えに対し「被害者意識が強すぎる」，「過敏でヒステリック」などとその実態や影響を過小評価してしまったり，自分たちのリアリティを押し付けてしまったりする可能性が高い。それと同時に，マイノリティの感じ方を考慮することや日常的に差別の問題を考えることに対しては「窮屈だ」と感じる。これとは対照的に，この社会で弱い立場にある多くの人々は常にマジョリティの顔色と気持ちを窺いながら，その日々を生きている……

　私たちの日常で，社会的属性や権力の差を背景にマイクロアグレッションが起こった時，それに対して誰も問題だと感じず，誰もその社会的責任を引き受けなければ，最も弱い立場にある者が苦しむ。「私の感じ方がおかしいんだ」，「明るく笑って返せない私がダメなんだ」──ひとつひとつの言動をとれば，一見とるに足らないことかもしれない。それでもこの社会の不平等な構造を背景に人々が生きていることを考えた時，「あなたの違和感はおかしくない」と認められない限り，マイノリティの声は表に現れることができず押し込められ殺され（invalidされ）てしまう。

社会的背景を理解することなく個人の話を"聴く"ことは可能か？

心理支援から"こぼれおちていく"人たち

　当然のことではあるが，個人の心理はその人の生きる社会の構造やありように否が応でも影響を受け，対峙しながら動いている。一見「心理的なもの」と思われるような，精神症状や問題行動，はたまた個人的な「悩み」といったものも，この社会と切り離して捉えることはできない。しかしこれまでの日本の心理臨床の世界においては，心理と社会は切り離され，臨床家は日常とは一線を画す特別な空間において個々人の内的世界を理解していくことに力点が置かれがちであった。もちろん，そのことが持つ治療的意義や治癒の可能性を疑うものではない。

しかし，臨床家が社会的なことに対して理解や考慮を怠る時，心理支援の現場から「こぼれおちていく」人々がいることもまた確かではないだろうか。

　2020年，筆者は日本で初となる在日コリアンのためのカウンセリング＆コミュニティセンター（ZAC）を京都市に開設したが，その過程でこのような話を聞いたことがある。大学時代，在日コリアンとして思い悩み，自分のこと，家族のこと，将来のことについて考えたいと思っていた時，一度カウンセリングに思い切って行ってみたことがある。当時，その人にとって重要なことのひとつは「名乗り」の問題であった。日本名を使うのか，それとも民族名で生きていくのか……それはその人にとって自らの存在の基盤に関わる抜き差しならぬテーマであった。ところがカウンセラーは在日コリアンのことを知らず，名乗りに対する葛藤についてもよく理解できなかった。また理解できていないということすら，わかっていなかった。自分の生きている世界とカウンセラーの生きている世界の圧倒的リアリティの差異。そしてそれに対するカウンセラーの無自覚。内的世界を探求する以前に，あまりにも立場が違うと感じてしまい，結局カウンセリングは中断し，当時必要としていた心理支援につながることはできなかった，という話である。実際，臨床家から伝えられるマイクロアグレッションが治療関係を阻害し，メンタルヘルスサービスの未活用や中断，早期終結につながることが問題視されている（Sue & Spanierman, 2020）。

これからの心理支援に求められること
——“殺されてきた言葉”が息を吹き返すために

　全ての社会問題を知ることは難しいし，臨床家は当事者ではない。しかし，ある人を理解しようとすることは，その人の拠って立つ基盤，

社会的な境遇などを含めてのことである。そこを怠ってしまうと，問題を実態以上に個人化・心理化してしまう恐れがあり，当事者のリアリティとはかけはなれた「見立て」を知らず知らずのうちに行ってしまう可能性がある。そのような「見立て」はそれ自体が当事者を貶めるものになりかねない。

　そして臨床家もまた，この社会を生きる当事者の一人である。マイノリティの相手から示される苦しみや，日常生活における被差別体験に対して，「観客」として傾聴することはできない。自らのなかに湧き上がってくるマジョリティとしての抵抗や反発，時に偏見や差別。無意識のものも含め，臨床家の社会的ポジショナリティから生じる感情は，カウンセリングの過程やラポールの形成に影響を与えるだろう。マイクロアグレッションや臨床家の社会的ポジショナリティに対して，意識化を促し内省を深めるためのプログラムや訓練が，今後一層求められていくのではないだろうか。

　カウンセリングとは，これまで発することが許されなかった言葉，声にならなかった声，殺されてきた言葉[注2]たちが息を吹き返し，姿を現す場である。癒しの過程は，殺されてきた言葉のひとつひとつがその価値を認められ，しっかりと誰かに受け止められ，自分のなかに統合されながら進んでいく。マイノリティ「でもある」当事者においては，家庭や個人的関係もさることながら，社会的にも殺されてきた言葉があまりに多い。社会的状況と個人的問題は，密接に関係し，複雑に絡まり合いながら一人の人の「悩み」を形づくっている。自らの社会的ポジションからは見えないことに対しどこまで臨床家が謙虚になり，理解しようと努められるのか——社会に開かれた心理臨床の実践のために，これからも問われ続けなければならないテーマが，ここにある。

註

1 マイクロアグレッションは当然女性以外のマイノリティに対しても向けられる。また時として女性自身が（例えばセクシャルマイノリティに対してなど）マイクロアグレッションを行なってしまうことがあることも強調しておきたい。

2 「殺されてきた言葉」という表現は，筆者も主催者の一人として関わっていたサポートグループ「それが一人のためだとしても」において，参加者の方が語っていた言葉である。詳しくは，「『してもの会』におけるRespectful Racial Dialogueの実践——在日コリアンと日本人の『分断から動き出す交流』」（朴，2019）を参照。

文献

金友子（2016）マイクロアグレッション概念の射程．生存学研究センター報告書24（〈抵抗〉としてのフェミニズム）；105-123．

朴希沙（2019）「してもの会」におけるRespectful Racial Dialogueの実践——在日コリアンと日本人の「分断から動き出す交流」．質的心理学研究18；7-25．

Sue DW (2010) Microaggressions in Everyday Life : Race, Gender, and Sexual Orientation. Hoboken, New Jersey : Wiley.（マイクロアグレッション研究会 訳 (2020) 日常生活に埋め込まれたマイクロアグレッション——人種，ジェンダー，性的指向：マイノリティに向けられる無意識の差別．明石書店）

Sue DW & Spanierman LB (2020) Microaggressions in Everyday Life. 2nd Ed. John Wiley & Sons.

東畑開人（2022）反臨床心理学はどこへ消えた？——社会論的転回序説2. In：森岡正芳，東畑開人 編：臨床心理学増刊第14号（心の治療を再考する——臨床知と人文知の接続）．金剛出版，p.9-29．

Williams MT (2020) Psychology cannot afford to ignore the many harms caused by microaggressions. Perspectives on Psychological Science 15-1 ; 38-43.

社会正義を実現する
反抑圧的ソーシャルワーク実践（AOP）の可能性とリミット

坂本いづみ

トロント大学

AOPとは？

　日頃援助職の仕事の中で，「生きにくさ」を感じている人たちに知ってほしいのが，反抑圧的実践（Anti-Oppressive Practice : AOP）という実践理論だ（Bains, 2022；Dominelli, 2002；Sakamoto, 2007a；2007b；坂本ほか，2021；田川，2012；Dumbrill & Yee, 2019など）。AOPは社会正義を根底とするクリティカル（批判的）ソーシャルワーク・アプローチのひとつで，対「個人」の枠にとどまらず対「社会」に対する働きかけを通し，抑圧や差別を生みだしそれを維持する社会構造の変革を目指す。それ以前に提唱されたラディカル・ソーシャルワークや反差別的実践などの先進的ソーシャルワーク実践・理論や，女性解放運動，障害者運動，反人種差別運動など，さまざまな社会運動の流れを汲んでいる。AOPは1980年代半ばから1990年代にかけてイギリスで発祥し，カナダやオーストラリア，ニュージーランド，北欧などで発展した。私の住むカナダでは，20年ほど前からAOPを前提としたソーシャルワーク教育のカリキュラムに採択されている。

　AOPでは多くの人が経験する「生きにくさ」は，構造的な力の不均衡に端を発すると考える。こういった「生きにくさ」は，日常の中で，閉塞感，モヤモヤした違和感，やりきれなさ，出口のない絶望感などとして現れてくる。AOPは構造的問題が生んでいる人々の生きにくさを，構造的に，また，構造的な視点を持ちつつミクロのレベルでも解消していくことを目指す。AOPの大きな目標は，社会の中での力の不均衡や抑圧を認識し，その不均衡や抑圧自体，そして究極的には，そのもとにある権力構造の変革の促進に取り込むことだ。具体的には，いろいろな形で生活に困っていたり，生きにくさを経験している人たちの状況を，まず当事者の立場から理解し，問題を抑圧という視点で構造的に分析し，複数のレベルから問題解決に向けてアプローチする。同時に同じような志を持つ人たちや団体と一緒に問題解決に取り組んでいき，直接介入のほか，アドボカシーや，ソーシャル・アクション，政策改善（への働きかけ）も視野に入れる。エンパワメント理論・実践とも重複が多い。

　と，ここまで読んできて，「そんなこと言われても，日々の業務で手一杯なのに，これ以上ほかのことはできない……」と思う方も多いかと思う。もう少し説明しよう。AOPが提唱しているのは，援助者がすべてミクロの問題からマクロの社会構造の変革まで，今すぐに，一人で担わなければいけない，ということではない。もちろん，さまざまな抑圧を一人の人生のスパンで撤廃するのは不可能だ。「反抑圧」といっても抑圧の撤廃ができなければAOPができていない，ということでは全くない。そうではなく，AOP

は実践モデルであるだけではなく，目の前にある問題を解決しようとするときの視点や，行動軸を提供してくれる指針と考えた方がいいかもしれない。そういう意味で，AOPは通底する理念を思い起こさせてくれる，「北極星」（南半球にいる場合は南十字星）のような概念だと考える。たとえば，対人援助というミクロの仕事をしていても，構造的な問題（マクロ）の視点を持つようにすること，そして，どんな社会にしたいか，という理想・目標を持つことがAOPの第一歩だと言える。「今」，「ここで」，何かができなくても，ミクロとマクロを繋げた問題意識を持っていることで，同じ視点を持った仲間が徐々に増えていくかもしれない。いろいろな人と協働して大きな目標に向かって活動していく活動がAOPだ。AOPの視点を持つことで，曇っていてよく見えなかった，大きな目標・自分の立ち位置も含めた地図が見えてくるかもしれない。

では，AOPはどうやって実践することができるのか？

AOPの鍵概念

紙幅の関係で，全ては述べられないが，AOPの鍵概念のうち，中心となる4つを説明したい。詳しくは，私と仲間とで書いたAOPについての日本で初めての書籍である，『脱「いい子」のソーシャルワーク——反抑圧的な実践と理論』（坂本ほか，2021）を参照していただけたら幸甚だ。

進むべき方向を明確化させるための，
抑圧の歴史および抑圧構造の理解

1960年代からのフェミニズムのスローガンである，「個人的なことは政治的なこと」に表されるように，個人や家族が直面している問題を，社会の構造的な問題に繋げていく作業はAOP

の根幹にある。そのためには，自分の既存の意識だけに頼るのではなく，可能な限り多様な情報源を求めていくことも必要だ。たとえば，社会や学校で習うような知識だけでは，抑圧の歴史や抑圧構造の理解に至らないこともある。多くの社会問題はジェンダーによる差別・抑圧構造と結びついている。また，抑圧構造の理解を進める中で，ひとつの抑圧の形のみに焦点を当てて実践をするのでなく，いろいろな**抑圧の連鎖，インターセクショナリティ**（詳しくは本特集号・下地ローレンス吉孝論文参照）に目を配り，問題の分析に役立てることが大事だ（たとえば，複数の疾患を持ち生活に困窮している高齢者や，障害を持った移住者など，ひとつのマイノリティ属性だけでは語れない重なり合ったアイデンティティを認識する）。抑圧を受けている人の間にも，さまざまな抑圧が重なり合い，複雑化された差異がある。

前述した私たちの書籍（坂本ほか，2021）でも言及したが，阪神淡路大震災の後，数多くの女性たちが性暴力を受けた事実がある。しかし，支援者たちがこれについて声を上げたとき，執拗な誹謗中傷を受けたという（正井，2020）。この経験を受け，2011年の東日本大震災の後，ミシガン大学社会福祉大学院の吉浜美恵子教授をはじめ他の研究者・活動家が，被害の実態を聞き取る調査を続けた（東日本大震災女性支援ネットワーク，2015）。その結果，NHK総合テレビで，災害時の性暴力に焦点を当てた特集番組が組まれるに至った。フェミニスト活動家たちが長年にわたりアクティビズムと調査研究の両方を行うことで，災害時の性暴力が全国的に可視化された例だと言える。このように社会問題として可視化されることで，災害対策の改善や，性暴力の予防・対策につながると同時に，性暴力が「なかったこと」にされ隠蔽されやすい慣行を，啓発活動や研究で社会問題化し，挑戦していくことができる。抑圧の状況・歴史や抑圧

構造を理解することで，個人的な経験から大きな構造的問題に繋がっていく。これは，AOP実践にとって，大事なステップだ。

　一方，ソーシャルワーカーなどの**支援者が，社会の中での抑圧に加担してしまうこともある**。ソーシャルワークなどの社会福祉学，臨床心理学や，隣接領域の援助実践が，社会構造の制約の中で行われるからだ。カナダの例をあげよう。カナダやアメリカでは，先住民が植民地政策によりアグレッシブな同化政策の対象となり，土地や資源，生活の糧を奪われたり，固有の言語や精神性の核となる儀式やダンスなどの文化表現を禁止されたり，数世代にわたる大多数の子どもたちが強制的に寄宿舎学校に連れて行かれたことをご存知の方も多いと思う。強制的に移動させられ，固有の民族として自立生活をすることをほぼ不可能にされた状況は，文化的ジェノサイド（虐殺）とも呼ばれる。そんな国の植民地政策のもと，カナダのソーシャルワーカーは，先住民の子どもを積極的に遠く離れた地域の白人家族に特別養子縁組をさせることで，同化政策の一端を担った。1960年代に多く起こったことから60s Scoopと呼ばれるが，実は2000年代までこういった実践が続いていたこともわかってきている。これは，ソーシャルワーカーが，白人優越主義を内面化し，良かれと思って国の政策を実現する「いい子」となった例と言える。このような許されない負の歴史を，ソーシャルワーク教育では積極的に教える。それは，こういった過ちが二度と繰り返されないためだ。時の政治や社会状況に惑わされず，人権や社会正義に根付いた支援をするために，**AOPの提唱する理念が「北極星」**となって進むべき方向を示してくれるのではないか。

批判的意識化

　批判的意識化（critical consciousness）は，ブラジル出身で国際的に活躍した識字教育家・社会活動家のパウロ・フレイレが提唱した概念だ（Freire, 1970/1993；児島，2018；竹端，2018）。援助者自身が自分の立ち位置を多方向から捉え，またその中で，クライエントやコミュニティーと関わる上で浮き上がってくる，自分の支配的な社会属性に関しては，自分がどんな風に問題の構築自体に関わってしまっているのかを考え，必要であれば，行動や考えを修正する努力をする。批判的意識化は，AOPに不可欠だと筆者は理解している（Sakamoto & Pitner, 2005）。と同時に，批判的意識化を継続する困難さについても認識し言語化してきた（Pitner & Sakamoto, 2005；2016）。というのは，批判的意識化は，単なる認知的プロセスではなく，頭（認知的理解）と心（気持ち・感情）の両方を包含するプロセスだからだ。そこに，行動という自転車の車輪の核になるようなプロセスがないと，頭と心を両方使って批判的意識化を実践することは難しい。

当事者運動の理解・支援

　障害者運動やフェミニズム，外国人の人権運動など，当事者が中心となっている社会運動の情報にアンテナを張り，可能なところでは協働することも視野に入れる。その際，当事者の自己決定権を尊重するのは大前提だ。たとえばアライとしてどう継続的に関わっていったらいいか，アライとして自分の特権をどう運動のために活用できるかと考える（坂本，2021）。アライとは，近年LGBTQ+の人たちの理解者・支援者を表す言葉として使われることが多いが，英語のアライという言葉自体は，LGBTQ+のアライに限られるわけではなく，同盟者，または当事者と一緒に伴走する存在，という意味だ。当事者の意思・自己決定を尊重し，必要以上の介入はしない。法律の活用の面からAOPの著書を出版した，ダルリンプルとバークがAOPの要素のひとつとして提唱した，「最低限の介入

(minimum intervention)」（Dalrymple & Burke, 1995）という考え方も，AOPを実践する上で，アライになろうとすることと合致すると考える。

　自分にキャパシティがどれぐらいあるかということを見極めたときに，もしかしたら，当事者運動に関わることはできなくなるかもしれない。だが，実際に関われなくても，当事者運動を視野に入れながら自分の実践をしているかどうかによって，全く違う。たとえば，同性婚実現のための当事者運動，Marriage for All Japan（マリフォー）には，「一人ひとりができること」という記事もあり，活動に少し興味を持った人でも気軽に協力者になれるよう，門戸が広い社会運動になっている印象だ。LGBTQ+の人たちの権利は日本ではまだ確立されているとは言い難いが，10年前，20年前に比べれば，当事者の人たちの地道な努力により，意識の変革や法的な改善も少しずつ進んでいると言える（沢部，2023；イトー，2012）。

　援助者が一人で社会を変えることはできない。それでも自分が興味のある分野の社会運動と連携することによって，社会変革の一端を担うことができるかもしれない。マリフォーの活動には，法律の改正，という社会変革につながる方法論が詰まっている。たとえば，フェミニズムや，障害者の当事者運動など，専門職がアライや当事者として当事者・社会運動と連動することで，アドボカシーや社会の変化の実現がより可能になる。

「当たり前」とされていることに疑問を持ち，違う言説づくりに関わること

　援助者はその社会での立ち位置・特権を使って，「当たり前」と考えられている「常識」を問題化し，違う言説を作る作業に従事することが重要だ（Brown, 2017；竹端，2018）。日本の子ども番組やニュース番組でも以前より女性の活躍が取り上げられているが，まだ女性は男性

より補助的役割を担っていたり，ジェンダー規範によって規定された特定の役割を担うことが多い。1969年から続いているアニメの『サザエさん』や，同じく1969年に雑誌の連載が始まった『ドラえもん』。50年以上愛されている反面，「普通の家族」のあり方を私たちの意識に刷り込んできたとも言えないか。早川タダノリ編著の『幻の「日本的家族」』（早川，2018）では「政治がなぜ現実に適合しない家族モデルを押し付けようとするのか？」（表紙より）を検証している。援助者としてできることのひとつに，たとえば，実践現場・組織で作っているプログラムのパンフレットやウェブサイトにどういう人たちが描かれているかを検証し，包括的な代表性を求めることがあげられる。また，医療機関や公共サービスにアクセスするときに記入する用紙は，婚姻状態や，「父」「母」，「男」「女」のチェックなど，限定的，抑圧的な書き方になっていないか。また「場所」が語る言説もある。トランスジェンダーの人や，ジェンダーのバイナリーに属さない人が使えるトイレが，使いやすい場所にあるか。こういった知識や新しい「当たり前」の共有を，一部のスタッフだけでなく，その建物を使用するすべての人たちと共有できているか。誰か「普通」の子ども，家族，女性などと考えられてはいないか，検証し続けること，そして，自分の「当たり前」を包括的なものにアップデートする必要がある。

AOPのリミット

　AOPの究極の目標は抑圧の撤廃である。だが，たとえ到達することを想定していない「北極星」であっても，いくら走ってもゴールに到達しないようなイメージのAOPでは，実践者として疲弊してしまう。また，「アンチ」で始まる名前自体に拒否反応を覚える援助者もいるかもしれない（Sakamoto & Pitner, 2005）。AOPを

学び，実践していく上で，ジェスチャーとしての「反抑圧」でなく，当事者の現実に根ざした抑圧撤廃への実践だということを強調したい。

また，社会の構造的な修正・変化を求める反面，当事者が経験する直近の問題解決が疎かになる危惧がある（Sakamoto & Pitner, 2005）。抑圧の撤廃は，ソーシャルワーカーの目標か，目の前で生きにくさを経験している当事者の目標か。援助者自身の「反抑圧」の目標こそが正しい道と思い込むに至っていないか（たとえば，DVの被害者が加害者のもとに戻りたいと言っているとき，AOP実践者は，被害者の批判的省察の欠落が原因と思ってしまい，心から支援できないかもしれない）。ここでも，批判的省察を続け，当事者の方向性を重視する姿勢が重要だ。

マニュアル化とは理念的に相入れないAOPであるがゆえ，特に初心者にとっては，実践方法が具体的でなく，どこから手をつけて良いかわからないかもしれない。それに対しては，仲間を見つけて，オンラインだけでの情報交換など，ゆるい繋がりでも良いから，自分以外の誰かが，同じ（ような）志を持って実践していることを知るところから始めることを提案したい。

もちろん，どんな実践理論・モデルであっても，すべてのケース・人に当てはまることはありえない。AOPの視点が活かされる状況・ケースを見極めるために，それでも，AOPの存在を援助の可能性のカードに加えてみてほしい。

おわりに

新自由主義と家父長制が連結して席巻する日本の社会は，女性，ジェンダーマイノリティ，ひとり親，保育や介護が必要な人など，マイノリティ性を持つ人の経験する「生きにくさ」を自己責任に転嫁し，差別や抑圧を「仕方がない」とあきらめさせ，社会変革になかなか繋がりにくい。社会福祉などの支援者も，その大多数が制度運用者として低賃金，非正規で働くことを強いられ，閉塞感が蔓延している。それでも，だ。ベストセラーとなったAOPの単行本の編著者であるカナダのドナ・ベインズは，「人間が作ったものは変えられる」（Bains, 2022）と書いている。それはまた，「先進的なフェミニスト」と言える山川菊栄（1890-1980）の言葉でもあることを伊藤春奈の文章で知った——「すべての社会制度は人間が作ったものであり，こわしたい時にはいつでもこわせるものである」（伊藤，2023，p.97）。

*

人間が作ったものである社会を自分の思ったように変えられるとしたら，あなたは今の社会をどんなふうに変えたいだろうか？　どんな社会に住みたいだろうか？　何らかの援助や研究に関わる立場を使って，どうやってそんな社会の実現の方向に向かっていけるだろうか？

あなたにとっての北極星（南十字星）は何ですか？

文献

Bains D（Ed）（2022）Doing Anti-Oppressive Practice : Social Justice Social Work. 4th Ed. Halifax & Winnipeg : Fernwood.

Brown C（2017）Creating counter-stories : Critical clinical practice and feminist narrative therapy. In : D Bains（Ed）Doing Anti-Oppressive Practice : Social Justice Social Work. 4th Ed. Halifax & Winnipeg : Fernwood, pp.212-232.

Dalrymple J & Burke B（1995）Anti-Oppressive Practice : Social Care and the Law. London : Open University Press.

Dominelli L（2002）Anti-Oppressive Social Work : Theory and Practice. Houndmills, Hampshire, UK : Palgrave Macmillan.

Dumbrill GC & Yee JY（2019）Anti-Oppressive Social Work : Ways of Knowing, Talking, and Doing. Toronto : Oxford University Press.

Freire P（1970/1993）Pedagogy of the Oppressed. New York : Continuum.

早川タダノリ 編著（2018）幻の「日本的家族」．青弓社．

東日本大震災女性支援ネットワーク（2015）東日本対震災「災害・復興時における女性と子どもへの暴力」に関する調査報告書（2015年1月改定ウェブ版）（http://risetogetherjp.org/wordpress/wp-content/uploads/2015/12/bouryokuchosa4.pdf［2023年7月19日閲覧]）.

伊藤春奈（2023）特集のおわりに．In：伊藤春奈 特集編集：エトセトラ9（特集：NO MORE 女人禁制！）．エトセトラブックス，pp.96-97.

イトー・ターリ（2012）ムーヴ──あるパフォーマンスアーティストの場合．インパクト出版会.

児島亜紀子（2018）反抑圧ソーシャルワーク実践（AOP）における交差概念の活用と批判的省察の意義をめぐって．社会福祉学 58-1；153-163.

正井禮子（2020）被災地の性暴力を無かったことにしない．In：石川優美 責任編集：エトセトラ4（特集：女性運動とバックラッシュ）．エトセトラブックス，pp.37-41.

Pitner R & Sakamoto I（2005）Examining the role of critical consciousness in multicultural practice : Examining how its strength becomes its limitation. American Journal of Orthopsychiatry 75-4；684-694.

Pitner R & Sakamoto I（2016）Cultural competence and critical consciousness in social work pedagogy. Encyclopedia of Social Work（オンライン）. Oxford University Press. doi.org/10.1093/acrefore/9780199975839.013.888

Sakamoto I（2007a）An anti-oppressive approach to cultural competence. Canadian Social Work Review 24-1；105-114.

Sakamoto I（2007b）A critical examination of immigrant acculturation : Toward an anti-oppressive social work with immigrant adults in a pluralistic society. British Journal of Social Work 37-3；515-535.

坂本いづみ（2021）アライになるために．福祉労働 171；60-67.

坂本いづみ，茨城尚子，竹端寛，二木泉，市川ヴィヴェカ（2021）脱「いい子」のソーシャルワーク──反抑圧的な実践と理論．現代書館.

Sakamoto I & Pitner R（2005）Use of critical consciousness in anti-oppressive social work practice : Disentangling power dynamics at personal and structural levels. British Journal of Social Work 35-4；420-437.

沢部ひとみ（2023）女と生きる女の声を聴く「場」を求めて．In：いちむらみさこ 責任編集：エトセトラ7（特集：潜り抜けて見つけた場所）．エトセトラブックス，pp.26-29.

田川佳代子（2012）ソーシャルワーク再考──クリティカル理論，ポストモダニズム，ポスト構造主義．社会福祉研究 14；1-10.

竹端寛（2018）当たり前をひっくり返す──バザーリア・ニィリエ・フレイレが奏でた「革命」．現代書館.

不都合なトレードへの「抵抗」
介護実践におけるジェンダー規範の揺らぎと再生・強化

林美枝子
日本医療大学総合福祉学部

介護人類学事始め

　文化人類学は動物でしかないヒトという存在が，いかなる文化化によって人間として意味づけられるかを明らかにする学問である。親族論から，果てはインターネット上の電脳社会をもその対象とする極めて裾野の広い学問であるが，筆者の専門は医療とジェンダーで，ここ5年間は，欧米で発展普及している看取りのドゥーラについて研究している。隣人が担う，残された最期の命の寄り添い人のことで，多死社会が到来する日本への導入を模索している最中であるが，新たな看取り文化の構築途上で，医療人類学はあるものの，介護人類学がないことに気がついた。研究の空白地帯を埋めたいと，2020年に『介護人類学事始め──生老病死をめぐる考現学』（林，2020）を出版したが，この本で紹介した介護人類学的切片を拾い集め，ブリコラージュをして，本稿は綴られている。介護におけるジェンダー規範の揺らぎや，その再生，あるいは脱ジェンダー化について，不都合なトレードに的を絞って考察を試みよう。

〈介護〉登場

　介護人類学の誕生がこれほど後発になってしまった理由の一つは，言葉とその意味の不在である。介護という言葉が岩波書店の『広辞苑』に登場したのは1983年の第3版からのことで，その定義が定まったのは1998年の第5版からである。「高齢者・病人などを介抱し，日常生活を助けること」とされ，この定義はその後変わることなく現在の第7版（2018年出版）に至っている。介護という言葉は高齢化社会（高齢化率7%以上）から高齢社会（高齢化率14%以上）へ，さらには超高齢化社会（高齢化率21%以上）へと至る時期を背景に，大きくその意味を整えたことがわかる。この変遷と文脈を踏まえて〈介護〉と表記するなら，介護人類学は〈介護〉人類学である。2000年の直前に，〈介護〉はこの言葉でなければ表現することのできない意味の領域が確定し，独自の語彙としての自立を迎えたことになる[註1]。

互酬性，その縦と横の紡ぎ

　文化人類学にとって古くそして常に新しい研究課題は互酬制である。その不都合なトレードは集団の崩壊や関係性の破綻を招くこともある。

　互酬制と単なる物々交換との違いは，経済的価値以上のものが交換されるかどうかにあるが，文化人類学でよく知られている事例はトロブリアンド諸島のクラである（マリノフスキー，1967）。右側の無数の島から時計回りに贈られる貝でできた首飾りと，左側の無数の島から反時計回りに贈られる貝を輪切りにした腕輪の時

差のある交換のことで，手漕ぎのアウトリガーカヌーで船団を組んだ男性たちが，命がけの遠洋航海でそれらを獲得する。そのため，クラへの初参加は男性の成人儀礼であり，贈られた首飾りや腕輪は男らしさを讃える名誉の貨幣となる。男性たちは，直系親族や自分自身の過去の応酬とその相手を記憶，継承してクラに臨むため，何十年もの時間を経て，名の在る首飾りや腕輪が逆方向の島から手元に還ってくることが起こる。時と場所を超えて無数の人々が同じ文化を生きていることを知る瞬間である。

　人の一生もまさにクラ交換と同じようなケアの互酬制でできている。誰であれ，産んでもらい，育てられ，しつけられ，教え諭され，介護される。看取りは最後の贈り物となる。その一方で産み，育て，しつけ，教え諭し，介護し，看取らねばならない。時系列で波状的に紡がれるこれらのケアの応酬は，まさに一人では生きられない弱い人間が，命を紡ぐための互いの遠い約束である。

　一生に及ぶケアの応酬を縦糸とするなら，性別役割によるケアの応酬は横糸に例えられる。レヴィ゠ストロースは男性集団間を，婚姻を契機に女性が交換財として循環することで，親族の基本構造が編まれると考えた。女性をもののように扱ったことでフェミニスト人類学からの批判も受けたが，彼は，男たちは互いに繋がるために最も価値のあるものを交換せねばならず，それが出産能力のある女性であったと説いている（レヴィ゠ストロース，1977）。ファン・バールはこれに同意しつつも，それが彼女自身の選択でもあった可能性を考察している。オーストラリアの先住民族の事例では，漁労や狩猟で男性が得るものと採集や栽培で女性が得るものは，その全ての食糧への寄与率が，男性は30%，女性は70%であった。出産の能力だけではなく，女性は労働生産性も高く，男性が女性に求めるものが多いからこそ女性は交換財となり得た。身体能力においては弱者である娘が，母として家政権や地位を得るわけで，交換されることは彼女たちの意志でもあると結論付けている（ファン・バール，1980）。女性はそのシステムや秩序の再生や強化の半分の支え手なのである。

　しかし日常的に交わされる集団内の性別役割への期待やケアの応酬は，補完性を両性にもたらす。男らしくあれ，女らしくあれというジェンダー規範は，一対一で担うなら極めて強固なものになるが，同時にそれは，代替性を欠いたものとなる。互酬制の公平性は文脈依存的であるため，それが公正なトレードではない，不適切なケアの強要や交換であるとなると，そのジェンダー規範にも，システム全体にも揺らぎが起こる。最もこれを毀損するのは，その規範の担い手を欠いた場合や，役割の遂行を困難とする社会的文脈の変化が生じた時である。人類未踏の高齢化率29.1%の超高齢社会（高齢化率28%以上の社会のこと）となった日本において，このジェンダー規範の揺れの実相を，まずはインフォーマルケアの家族介護から縦覧してみよう。

家族介護における
ジェンダー規範の揺らぎ

　戦後日本がその構築に成功した近代家族は，経済合理性において優位性を得た男性役割と，それを支える家事，育児，介護を無償で担う女性役割の補完的関係が核となるが，家族介護は，姑と嫁の役割のリレーが，配偶者へ，子世代へと多様化した。

　医療人類学者でもあるアーサー・クラインマンは，介護は一種の贈与交換であると述べ，生前に交わされたケアの贈与は，相手が亡くなった後もその人を懐かしみ，悼むという記憶の介護によって，永遠とも思える時間の中でやりとりされるものであると述べている。人は不完全に生まれるが，我が身を鍛え，人と交わるこ

とで全き者となると主張し（Kleinman, 2009, p.293），自らも認知症となった愛する妻の介護に邁進する。日本では高齢化への待ったなしの取り組みが本格化し，介護を社会化する介護保険制度が導入されたが，依然として家族の介護負担は重く，増加した男性介護が社会問題化し，新聞には何件もの介護殺人の悲劇が報道されるようになる（加藤, 2005）。クラインマンによる夫の妻への献身的な介護語りがなされる以前のことである。残念ながら，日本では身体介護や生活支援のケア経験の欠如が男性介護の負担感を強め，仕事と介護の両立の困難性，誤った成果主義的な介護とその破綻などが原因として指摘された。しかし介護殺人の加害者として最も多かったのは，夫ではなく息子である。核家族化，少子化，親世代の離婚の増加や子世代の未婚化によって，息子介護の選択が必然となる世帯が増加していたのである。

　国民生活基本調査で3年ごとに実施される介護関連項目の2019年の資料によると，家族介護者のうち男性は28.1%で，男性による介護役割の分担はすでに珍しいことではない。2010年の資料と比較すると，男性介護の数値にほとんど変化はないが，嫁の比率は17.2%から7.3%へと急激に減少している。家族介護はすでに，性別や関係性に拘る余裕のない家族の総力戦へと明らかに変容していた。また家族のみで排せつの介助の47.9%を賄っていて，家族とはいえ，性別の違いがその身体介護を精神的にも負担の重いものとしているだろうことが理解できる。

　息子介護の中でも母を介護する経験において虐待の加害率が不自然に高いことから，その介護関係をジェンダー分析したのが平山亮である。平山は自著の冒頭で，息子介護の講演会に集う聴衆の中には老いた母たちの姿が多く，それは予期される息子介護に備えてのことかもしれないと記している（平山, 2017, p.8）。嫁の介護をジェンダー規範としてきた老いた母たちにとっ

て，息子からの介護は明らかに想定外の不都合なケアの応酬である。それは，同じ異性による介護でも，性的な関係にある夫からの介護とは対極に在るものといえる。息子を男性として一人前に育てるためのケアに尽くしてきた帰結として，女性役割として捉えてきた介護ケアを，息子本人から得ることは，母たちにとって想定外の事態であろう。それが避けがたいことを危惧している彼女たちにとって，平山のジェンダー分析は，どんな解を与えるものになったのだろうか。ケアへの依存性に無自覚なまま，男性としての自立と自律を求められてきたと，息子たちのことを平山は分析していた。介護は，依存の対象であった母を弱者化し，息子が強者の側に回るという180度のコペルニクス的転回をもたらすが，ここで起こるジェンダー規範の揺らぎに対して柔軟に対応することができないなら，強者性の抑制の破綻から虐待や殺人へと闇落ちしてしまうこともある。

　しかし，かつて嫁に介護役割が収斂していた近代家族全盛期の日本では，性的関係性にない，養育というケアの初期投資の相手でもなかった他人である嫁から，義父たちは身体接触の伴う介護や排せつの介助を違和感なく受け入れてきた。文化人類学の視点に戻るなら，ケアの回収先を嫁ぐ娘の役割に格納して別の家族に贈ることで，クラ同様，自らの家族は他人の嫁から介護を得るわけで，互酬制の収支は合っている。これも遠い約束のひとつといえる。しかし義父への息子の嫁の介助を，あたりまえのこととしてきた両性のジェンダー規範は，息子介護に耳目が集まることで，その脱ジェンダー化の議論が始まったことになる。

男性介護における新たな男性性の
ジェンダー規範の再生・強化

　現代日本において，核家族化と少子化による家族員数の減少がインフォーマルケアの担い手を不足させ，選択肢のない結果として帰結していることを確認した。ジェンダー規範に執拗に拘る者にとっては，不都合なケアのトレードともいえる男性介護が，数値的には10人に3人の運命であるなら，それを受容するための選択肢は2つしかない。まずは自分や家族のジェンダー規範の脱構築である。簡単なことではないが，日常生活のさまざまな側面に潜んでいる性別役割の差異の見直しや平準化に尽くすことである。もう一つの選択肢への示唆は，社会学者・斎藤真緒が与えてくれる。「人生の生そのものの脆弱性は普遍的なものであるが，ケアの担い手の脆弱性は，社会的に構築されたものであり可変的である」と述べている（斎藤，2015, p.36）。自らをイノベーションするか，社会をまるごとリフォームするかの2つの選択肢は，もちろん二者択一のものではない。

　多くの研究者がジェンダーの揺らぎや脱構築について，特に男性介護に関して考察を深めてきたが，男性家族介護者のネットワークができ，対面での情報交換の場を営む姿や（津止・斎藤，2007），介護に方針を立て，一定の考えのもとで合理的に行うなどは，女性の家族介護者ではあまり見られない傾向である。男らしさというジェンダー規範に則っているだけではなく，男性であることから得た社会的経験を活用して，介護を上手く自分事とする姿である。単なる男性性の脱ジェンダー化ではない，総体的なジェンダー構造における新たな男性性のジェンダー規範の再生・強化が見て取れる。

看護職の場合

　脱ジェンダー化の再生・強化の流れに，規模は異なるが既視感を覚えるのが看護職である。女性職としての歴史が長く，今でも一般的には女性性のジェンダー規範が色濃く残っていて，男性の参入は遅れている。病院における男性看護師の配置には職域分離が明確で，精神科や救急外来に偏っていて，職場には同性のメンターが極端に少なく，男性としてのキャリアパスを描きにくいなどの課題も聞こえてくる。しかし男性の参入やその労働環境の改善の必要性が看護職の脱ジェンダー化をもたらしたわけではない。

　文化人類学では父・母・子の関係を専門用語で「黄金の三角形」と呼ぶが，日本では医師を父役割に，看護師は母役割に，患者は子役割に喩えられ，家族的ジェンダー規範でこの三者の関係を捉えてきた（松岡，1991）。固定的な役割が，個々のもつ職能の発揮を抑制し，患者からは自律性を奪ってきた。この脱構築に挑戦してきた職能団体が日本看護協会で，看護教育の大学化，大学院化を国に提言し続け，看護学を独立した学問とし，学卒の看護師の増加で専門職としての見識や評価を飛躍的に高めることに寄与した。看護師が，既存の女性性のジェンダー役割から脱し，専門職化に努めてきたということは，患者からセクシュアリティの対象として扱われるハラスメントに関しても，その予防と毅然とした対処を病院や雇用主に強く求めてきたということである。被害を看護師個人に帰するものとは捉えず，組織で対応するスイッチが即座に押されるシステムが今ではほぼ整ってきた。適切な医療の発揮を阻むものとして，入院時には，患者やその家族による病院スタッフへの暴力やハラスメントの加害行為に毅然とした対応をすると明記された文書が配布されることも増えている。

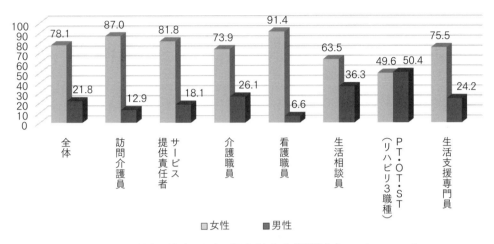

図1　介護労働者の性別一覧（公益財団法人 介護労働安定センター，2022）

今でも看護師は女性という拘りが強い患者もいるが，実務経験や看護師長であったという経歴をもつ複数の大学教員の聞き取りからは，きっぱりとそうした患者の拘りを切って捨てているという印象を受ける。一方，介護関係の教員や現場の介護福祉士からの聞き取りも行ったが，同様の拘りを施設入居者やサービス利用者，その家族が示す場合，それもその人たちらしさであるとして，日常生活の支援が役割である介護では，一方的に否定はせずにその拘りに柔軟に応えていくのだという。

フォーマルケアの介護現場の実状に目を転じてみよう。

介護労働の場合

1950年代の都市部を中心に，ある社会問題が発生していた。独居の高齢者における生活不適応の問題で，彼らを支援する訪問支援員を行政が派遣する制度がいくつかの自治体にできた。有償の福祉的労働の誕生であり，これがフォーマルケアの始まりで，「家庭奉仕員」（大阪市や名古屋市），「老人家庭巡回奉仕員」（秩父市）などと呼ばれるようになる（渋谷，2010，p.241）。

主たる稼ぎ手を戦争で失い，生活に困窮している寡婦が多い時代で，その就労先の確保も自治体の施策課題となっていたため，この担い手として彼女たちが活用され，二重に施策課題の解決がはかられた。彼女たちは仕事に励み始めたが，大層な名称にもかかわらず，いずれの自治体においても，その賃金は当時の全産業平均月給の半額以下であった（前掲，p.247）。フォーマルケアの身体介護や生活支援が職能を問われることなく，家族ケアの経験を買われて寡婦の女性たちに低賃金であてがわれたことは，現在も介護職が一般的に女性職とされる思い込みや，低賃金に影響していると考えられる。

そんな女性職に〈介護〉が追いつき，介護労働市場の職種も多様化して男性も参入するようになる。図1は，介護労働安定センターが調査した，事業所における介護労働実態調査からの介護労働者の性別一覧である。

リハビリ3職種の「PT・OT・ST」の男女比はほぼ半々で，ILO（国際労働機関）が求める性に関する公正（ジェンダー・ジャスティス）に叶っているが，介護現場においても「看護職員」は，先述した通り男性比率が最も低い。「訪問介護員」（訪問介護事業所で働き，家庭を訪問して

生活援助，身体介護を行う者）は，看護職に次いで男性比率は低く12.9％である。介護労働の中でも非正規職員が多く，雇用形態が不安定な職とされている。この訪問介護以外の介護事業所で働き，直接介護を行う「介護職員」の男性率は26.1％で家族介護の男性比率に近い。比較的に賃金が高く，正職員率が高いために，「介護職員」に多くの男性が進出するようになったといわれている（島原，2012）。管理職の性別は，男性45.7％，女性50.9％と女性が高率ではあるが，雇用者全体の母数の男女比が反映されたものとはなっていない。

　同じ「訪問介護員」や「介護職員」の中に，既存の性別役割分業がすでに発生していて，むしろ訪問介護において家庭における性別役割が介護の社会化に結び付き，ジェンダー構造がここでは特に再生産されているとの指摘もある（山根，2010）。小規模施設では介護以外にも多様な役割を皆で分担しているが，介護職には性別はないといいながらも，やはり男性は外，女性は内といったジェンダー規範が無意識のうちに踏襲されていて，一日の通所介護が終わると男性は車での送りを担い，女性は施設内の雑事を片付けている。しかも彼女たちはこうして女性に割り当てられる仕事を自ら軽視していることに無自覚であった（島原，2012）。組織としての昇任にジェンダーカテゴリーが適用されているなら，組織の見直しがその改善への契機となるが，日々の労働の習慣を脱ジェンダー化することは意外に困難である。介護は医療と異なり日常生活の支援を行うため，家族の在り方のジェンダーカテゴリーと繋がらざるを得ないからである。

不都合なトレードを笑う

　吉岡なみ子は，介護施設の女性入居者が，男性介護職員との身体的接触を避ける傾向がある

のは，羞恥心や嫌悪感によるものであるとし，男性介護職が女性入居者の身体介護から遠ざけられた結果，女性介護職員にその役割が偏向していると論じている（吉岡，2006）。男性入居者は男女の別なく介護を許容するが，どちらかといえば女性の介護職員の配置が好まれる傾向にあるという。先述したように息子介護において男性は女性からのケアに無自覚的に依存をしてきた生活歴をもち，ケアされることに身体が馴らされているからともいえよう。しかしそこに選択の余地があるなら，異性との身体接触を自然なことだと捉え，これを好感していることになる。もちろんこうした考察はセクシュアリティの多様性を棚上げしてのものでしかないが。

　介護は人権を尊重することが大切であり，同性介護を基本とするが，職員のシフトの関係でその基本が守れないことも多く，入居時やサービス利用の開始時にこの点に対する理解は本人や家族に求めているという。聞き取りをした介護職の方たちの実務経験では，あからさまに不都合なトレードの申し立てや性別を理由とした身体接触の忌避に出会うことはあまりなかったが，逆にジェンダーに起因した暴力やセクシュアルハラスメントの被害は医療職よりも多いのではないかと話していた。しかしその暴力やハラスメントの言動が，認知症などを原因とする場合は，その不穏な言動自体が介護の対象であるため，担当者を替える，介護方法を替えるなどして鎮静の方法を探るという。まったく病的な原因のない加害であった場合は，程度にもよるが，その場で嗜めるか，家族などの名をあげて，「言いつけますよ」などと伝えるという。女性の介護労働者が男性の身体介護時に胸をもまれる，性的な行為を求められるなどのセクシュアルハラスメントは「しょっちゅう」，「すごくある」被害だということで，それがきっかけで入職間もない新人の女性介護職員が辞めてしまうこともあるという。女性の入居者やサービス

利用者に若い男性の介護労働者がより濃厚な性的接触を求められることもあり，その場合の助言はどのようなものなのかと聞くと，「もっとさわってあげればいいじゃん」と答えたという。それこそがハラスメントではないかと大笑いになった。つまり同様の被害にあった女性介護職員にはこのような助言は決してしないからである。しかしこうした不都合なトレードへの対応を，組織的な解決に頼ることなく，その場で笑い飛ばしながらこなしていく介護現場における個々人の対応力や胆力は，教育的に教えることは難しい。

　介護領域におけるジェンダー規範は，生活歴や生活文化に根をおろしたものであり，医療現場とはまた異なる対応が求められている。しかし，だからこそこの領域でしか起こり得ない互酬制が，新たなジェンダーの再編や脱ジェンダー化の模索を可能なものにしてくれるのではないだろうか。

註

1　医療経済学を専門としている池上直己は，高齢者を対象とする〈介護〉ではない介護に言及する場合，これを「長期ケア」と言い換える。介護は英語でlong-term care（長期ケア）といい，この単語こそ，介護の持つ「課題の本質を理解しやすい」からとしている（池上，2017，p.113）。

文献

林美枝子（2020）介護人類学事始め——生老病死をめぐる考現学．明石書店．

平山亮（2017）介護する息子たち——男性性の死角とケアのジェンダー分析．勁草書房．

池上直己（2017）日本の医療と介護．日本経済新聞出版社．

加藤悦子（2005）介護殺人——司法福祉の視点から．クレス出版．

Kleinman A（2009）Caregiving : The odyssey of becoming more human. The Lancet 373 ; 292-293.

公益財団法人 介護労働安定センター（2022）令和3年度介護労働実態調査——介護労働者の就業実態と就業意識調査結果報告書（http://www.kaigo-center.or.jp/report/pdf/2022r01_chousa_jigyousho_kekka.pdf［2023年5月20日閲覧］）．

クロード・レヴィ＝ストロース［馬淵東一，田島節夫ほか訳］（1977）親族の基本構造［上・下］番町書房．

ブロニスロー・マリノフスキー［寺田和夫，増田義郎 訳］（1967）西太平洋の遠洋航海者．In：泉靖一 責任編集：世界の名著 第59．中央公論社，pp.55-342．

松岡悦子（1991）出産の文化人類学——儀礼と産婆．海鳴社．

斎藤真緒（2015）家族介護とジェンダー平等をめぐる今日的課題——男性介護者が問いかけるもの．日本労働研究雑誌 658 ; 35-46．

渋谷光美（2010）在宅介護福祉労働としての家庭奉仕員制度創設と，その担い手政策に関する考察．Core Ethics 6 ; 241-251．

島原三枝（2012）介護職の性別職域分離——女性職における男性優位のメカニズムについての一考察．女性学 19 ; 73-88．

新村出 編（1955-2017）広辞苑［第1版～第7版］．岩波書店．

田宮菜奈子（2008）第25回日本老年学会総会記録 シンポジウム：高齢者の性差とその対策 3——介護における性差の問題と対策．日本老年医学会雑誌 45 ; 274-277．

津止正敏，斎藤真緒（2007）男性介護者白書——家族介護者支援への提言．かもがわ出版．

ジャン・ファン・バール［田中真砂子，中川敏 訳］（1980）互修正と女性の地位．光文堂．

山根純佳（2010）なぜ女性はケア労働をするのか——性別分業の再生産を超えて．勁草書房．

吉岡なみ子（2006）ケアの相互作用過程に生じる困難性と施設ケアの秩序——介護老人保健施設の場合．F-GENS ジャーナル 6 ; 119-126．

フロイト的中立性とは何か

マルガレーテ・ヴァルター，症例ドラ，ジョセフ・ウォルティス

松本卓也

京都大学大学院人間・環境学研究科

はじめに

「あの45分間は，私の人生を変えました」[註1]
──2006年，当時88歳だった女性マルガレー
テ・ヴァルターは，インタビュアーに対してそ
う答えた。彼女は，ちょうど70年前，ある著
名な治療者とたった一回のセッションを行って
いた。

1936年当時，彼女は18歳だった。父親は家父
長制そのものの，権威的で力強い男性であり，そ
の父親が支配する家庭のなかで，彼女はこじれ
た思春期を送っていた。その治療者のところに
彼女を連れて行ったのも父親であった。治療者
は，父親と彼女を診察室に通し，紹介状にゆっ
くり目を通すと，おもむろに彼女に問いかけ始
めた。学校ではどうしている？　自由な時間に
は何をしている？──こういった質問に，彼女
を遮るようにして父親が答える（それはこの父
子関係においてはいつものことであった）様子
を見ると，治療者はすかさず「お父さんは隣の
部屋に行ってもらえますか。娘さんとだけお話
ししたいのです」と言った。

その治療者の名前は，ジークムント・フロイ
トという。こうして彼は，彼女の人生において
はじめて真の共感を示してくれた人物となった。
彼女は，友達を作らないように言われているこ
と，学校を自由に選ばせてもらえないこと，好
きな服を着られないこと，そして何よりも，父

と行く映画館で，場面がラブシーンにさしかか
ると観るのをやめさせられるのだと訴えた。「こ
んなものはお前の観るものじゃない」と言って
くる父に反抗することなど，彼女には想像もつ
かないことであった。セッションの最後に，フ
ロイトは次のような言葉を彼女に伝えたという
──「大人になるということは，不満を乗り越
えて，ひとりの人間であることの意味を主張す
ることです。欲望をもつこと，そして反対意見
を考えることです。物事を黙って受け入れるの
ではなく，なぜそうなのかを問うことです。本
当に大切なことは，断固として，しっかりと，
冷静に主張することです。次に映画でキスシー
ンがあったら，席についたままでいなさい」。こ
の介入だけで十分であった。そして，この印象
深いセッションは，彼女の人生を真に変えるも
のとなった。

フロイトの臨床例に対して──とりわけ，ジェ
ンダーの観点から[註2]──なされてきた批判
を知る者にとっては，これは少々意外なフロイ
トの姿かもしれない。フロイトは，家父長制的
な父を診察室から追い出した。そして，物事を
捉え直し，問いのなかから自分の欲望を見出す
必要があると説いた。ここには，たった一回の
セッションでの介入であったとしても，彼の治
療観の基本原理が透けて見えているように思わ
れる。後に私たちが検討するように，フロイト
のテクストを読み，そしてジャック・ラカンに

従うなら，そこにこそフロイトの「中立性」を見てとらなければならないのである。

精神分析における中立性
──フロイト的態度とフェレンツィ的態度

精神分析において「中立性 neutrality」は，治療者が社会的，道徳的，宗教的価値に対して中立でなくてはならず，特定の理想に従って治療を進めてはならないという治療上の原則を指す。この言葉はフロイトが使ったものではなく，彼が論文「転移性恋愛についての見解」（1915）において──すなわち，恋愛転移を向けて来る患者に対して治療者は「無関心」であるべきだという文脈において──使った「無関心 Indifferenz」（GW10, 313）[註3]という言葉をジェームズ・ストレイチーが "neutrality"（SE12, 164）と英訳したことに端を発する。

それゆえ，**フロイトの中立性概念について論**じられる際には，彼のその他のテクストがあわせて参照されることが常である。たとえば，論文「精神分析治療に際して医師が注意すべきことども」（1912）では，治療者が患者に対して個人的な思い入れをもつことはご法度とされている。治療者は「感情の冷却」（GW8, 381）を求められるのである。そして，治療者は患者に対して「鏡面」のように機能しなければならないとされる（GW8, 384）。さらに，講演「精神分析療法の道」（1919）では，治療者が特定の理想を患者に押し付け，患者を自分の私有物にしてしまうことが拒絶される（GW12, 190）。要するに，中立性とは，治療者が患者の情緒に対して情緒的に反応せず，「鏡面」としての役割を果たし，特定の理想を押し付けないことの勧めなのである。

このような中立性概念は，アンナ・フロイトに由来する「エス，自我，超自我から等距離の地点に位置する」[註4]ことの勧めや，エトムント・

ベルグラーによる「慈悲深い中立性 wohlwollender Neutralität」[註5]──この概念がサシャ・ナシュトやダニエル・ラガーシュによってフランスに輸入されるに至る──という刷新を挟みつつ，一時期のアメリカで教条化されたが，次第に緩められて理解されるようになった。カール・メニンガーの教科書的著作は，中立性を精神分析療法の本質をなすものの一つとし，治療者が患者に対して道徳的判断を下すべきではないことを強調した[註6]。だが，それを徹底し，治療者があらゆる情緒的反応を控えるならば，治療実践は「分析的パーキンソニズム〔＝緩慢不動〕」と評すべき冷徹な実践になってしまうと考えられるようになったのである（そのような批判については，とりわけ岡野の著作[註7]や『精神分析研究』誌46巻2号の特集を参照せよ）。

実際，治療者の側に「感情の冷却」を求めるものとして理解されるかぎりでの中立性を厳密に守ることは，困難であるとともに，実臨床において分が悪い。治療者が患者の体験している情緒に配慮しない態度は防衛的であると言いうるし，転移・逆転移関係への治療者の巻き込まれを考慮に入れるなら，治療者はそもそも中立ではありえないとすら言えるだろう。また，精神分析以外の文脈においても，ジェンダーの視点を考慮に入れるなら，「中立性」なるものは既存社会のドミナントな価値観の押し付けになりかねないことに注意する必要がある[註8]。臨床はジェンダーの非対称性ゆえの抑圧と切り離すことはできず，そうであるならば「中立」とは抑圧者ないし強者に加担することにもなりかねないからである。

それゆえ，実際の臨床は，中立性にもとづくか，反対に非中立的（共感的）であるかのどちらかであるよりは，むしろ両者の中間形態をとることになる。本邦では，早い時期に小此木[註9]が指摘していたように，心理療法には，中立性を厳密に守る「フロイト的態度」と，患者に対

してより共感的な関わりをもつ「フェレンツィ的態度」——この語は，シャーンドル・フェレンツィが患者の側の禁欲を強化する「積極技法」を施行した後に，反対に治療関係において患者の欲求不満を満足させようとする「弛緩技法」に移行し，さらには「相互分析」等の実験的な治療的関わりを行ったことに由来する——の両極があり，なかでも精神分析的な治療は，基本的には「フロイト的態度」をとりつつも，実践のなかで「フェレンツィ的態度」を柔軟に適用していくものと考えられた。

また，中立性の適用は，患者の病態や置かれている状況によって変わりうる。社会的にも精神的にもそれなりに自立した神経症圏の患者に対してであれば，中立性は十分に機能しうるであろうが，小此木のいう「精神的に自立しがたい弱さと幼さの状態にある人々」にとって，中立性は「冷たい拒否」となりうる[註10]。トラウマの被害者や，社会的に弱い立場に置かれた患者に対しても同様のことが言える。それゆえ，小此木のいう「フロイト的態度」と「フェレンツィ的態度」の折衷は，現代でも通用するだろう（というよりも，現代の治療者は，どちらの態度を基本に置くかは別として，みなそのように折衷しているのである）[註11]。

フロイト的中立性
——真理性・特性・本質への配慮

かくして，中立性という問題は，患者に対して共感的であるか冷徹な「鏡面」であるか，あるいは情緒に反応するかしないか，といった想像的な——ラカンのいうところの，分析家と患者の自我と自我どうしの関係の——水準において議論されることが常となった。

だが，中立性について書かれているとされるフロイトのテクストを読むなら，彼が中立性の遵守を勧める際に，情緒よりも重要視している

一連のテーマがテクストのなかに執拗に現れていることに気づく。結論を先取りするなら，それは患者の**真理性・特性・本質への配慮**である。これらは中立性と禁欲原則を区別する点でもある。周知の通り，禁欲原則とは，治療のなかで治療者が患者に直接的な満足を与えず，患者を禁欲状態に置くことによって，治癒へと駆り立てることを指す（GW12, 187-188）。中立性は，しばしばこの禁欲原則と並べて論じられてきたがゆえに，禁欲原則と区別がつかなくなっている（たとえば，先に挙げた『精神分析研究』誌の特集は「中立性−禁欲規則をどうとらえるか」と題されており，両者の密接な関係が前提となっている）。しかし，フロイトのテクストを読むかぎり，禁欲原則が患者の治癒への原動力を維持するためのものであるのに対して，中立性は治癒とは直接的には無関係であり，冒頭で引いた言葉を用いるなら，患者が**一人の人間としての欲望をもつ**ことを目指すものであるように思われるのである。

まず，「転移性恋愛についての見解」において，患者から恋愛転移を向けられたときに治療者がとるべき態度について論じた次の箇所を見てみよう。

> つまり，表向きは，女性患者の情愛あふれる感情に応じると答えておいて，この情愛のもつ一切の身体活動をかわしつつ，やがては，この関係をもっと落ち着いた軌道に導き，より高い段階へと引き上げようとする妥協策である。私としては，こうした逃げ道に対して，**精神分析治療は真理性 *Wahrhaftigkeit* の上に築かれたものだ**，と異議を唱えないではおれない。**この点にこそ，精神分析の教育的効果と倫理的価値の大半が存している**からである。（…）したがって，逆転移を抑えることによって得られたあの無関心を否認するようなことがあって

はならないと思えるのである。

（GW10, 312-313／強調は引用者）

この引用の後半は，ストレイチーがフロイトの「無関心」を「中立性」と英訳したまさにその箇所[註12]だが，重要なのは前半である。フロイトは，中立性を遵守することは，精神分析の倫理に関わる「真理性」の問題につながるのだ，と明確に述べている。治療者が中立的でなければならないのは真理性を問題とするからなのだ。もちろん，そのような真理性への配慮によって禁欲が生じるならば，それは患者が治癒を目指すための原動力となりうる。しかし，フロイトによれば真理性にはそれ自体に「精神分析の教育的効果と倫理的価値の大半」があるのだ[註13]。

次に，「注意すべきことども」を取り上げよう。ここでフロイトは，中立性の原則に従って，治療者が患者に対して教育的態度で何かを教え込もうとする誘惑を牽制しつつ，次のように述べている。

神経症から解放しようと多大の労苦をはらった相手が特に優れた者にもなるよう，医師が努力し，その人の欲望Wunschに高い目標を指令するとしても，その野心はごくもっともなものである。だがこの場合も医師は自分を抑えて，**被分析者特有の特性Eignungよりも自分の欲望を基準とするようであってはならないだろう**。

（GW8, 385／強調は引用者）

フロイトは，治療者が患者の特性を無視して「患者の欲望はかくあるべきだ」と決めつけることを諫めている。続く文章のなかでは，欲望を押し付けてしまえば，「神経症者に昇華を過剰に迫り，手ごろで安易な欲動満足を奪ってしまう」（GW8, 385）ことになるとされており，こ

こからも中立性が禁欲原則とは異なる目的をもつものであることが理解できる（言うまでもなく，「手ごろで安易な欲動満足」を奪うことこそが禁欲原則の本質である！）。端的に言って，フロイトが中立性によって目指しているのは，**患者の特性に配慮することによって到来する，患者固有の欲望の実現**なのである。

最後に，「精神分析療法の道」において中立性が論じられる箇所を見てみよう。

私たちがきっぱりと拒んだのは，救いを求めて私たちのもとに来た患者を，私たちの私有物にし，患者の運命を患者のために定め，私たちの理想を患者に押しつけ，高慢な創造主のごとく，私たちの似姿に患者を仕立て上げて大いに満足する，という行いです。（…）しかし（…）**患者は私たちと類似したものに向かってではなく，患者自身の本質の解放と完成** *Befreiung und Vollendung seines eigenen Wesens* **に向かって導かれるべきです**。（GW12, 190／強調は引用者）

もはや注釈は不要であろう。中立性とは，治療者が患者に対して特定の理想を押し付けないことによって，患者自身の本質を解放し，完成させるためにあるのだ。冒頭で紹介した，マルガレーテに対してフロイトが与えた言葉はそのことを伝えていたのである。このような「フロイト的中立性」──それは，ストレイチーの英訳以後，フロイトに割り当てられてきた「中立性」とは異なる──は，もはや患者に対して共感的であるか冷徹な「鏡面」であるか，情緒に反応するかしないかといった想像的な水準ではなく，患者の真理性，特性，本質に配慮するという倫理的な水準における基本原則であると言ったほうが良いだろう。フロイト的中立性とは，想像的な水準に対して「無関心」であることを

通じて，真理性，特性，本質に配慮することの謂なのである。

ラカンはフロイト的中立性をどのように捉えたか──症例ドラ

ラカンが中立性について述べたいくらかの言葉を参照するなら，この概念はより堅固なものとなるだろう。ラカンの中立性論の一端は，症例ドラを論じた「転移に関する発言」（1951）に見られる。このことは，精神分析に通じた読者を驚かせるかもしれない。というのも，症例ドラこそ，フロイトが患者の性的な素材に特別な関心を抱くことによって中立性をずらし，その結果として失敗した症例だと考えられてきたからである[註14]。ところがラカンは，症例ドラがフロイトによって「弁証法的逆転renversement dialectiqueの連続」（E218）という形で提示されていることを強調し，分析的な中立性とはまさにその「弁証法論者の立場からその真の意味を引き出す」（E226）のだという。どういうことだろうか。

ドラは，父親ほど年齢の離れたK氏──ドラの一家は，K氏夫妻と家族ぐるみの付き合いをしていた──から自分が性的な関心をもたれており，しかもそれを自分の父親が黙認しており，それは父親がK夫人と長らく不倫関係にあることの交換条件なのだ，とフロイトに訴えた。フロイトの介入は，その訴えを事実として認めた上で，周囲の大人たちに対するドラの非難を，ほかならぬドラ自身に反転させるものであった。つまり，「ほかの人々に対する〔ドラの〕一連の非難には，同じ内容をもつ一連の自己非難がある」のであり，そのことはドラの非難をドラ自身に向けて逆転させてみればわかるというのである（GW5, 194）。このような逆転によって，ドラが実際には細やかな配慮を行って父親とK夫人の交際を援助していたことが明らかになる。

この逆転を，ラカンはヘーゲルの「美しき魂schöne Seele」という概念から説明する。美しき魂とは，内面にひきこもり，外部の他者を非難する人間のあり方を指す。たとえば，「美しき魂」は，社会にとって何らかの正しいことをなそうとする「行動する良心」が，いっけん正しいことをしているようで実は自己満足にすぎない下賤なものであると非難する。だが，この非難を行っている当の「美しき魂」は，その非難によって，**内面にひきこもる自分こそが正しい**ことの承認を求めてもいるのであって，「美しき魂」の非難は実は自分にも跳ね返ってくる。だが，「美しき魂」は，自分が行った非難の自分への跳ね返りを聞き取ることができない。「美しき魂」の非難の言葉は，自分に跳ね返っているとしても，それは「木霊」にすぎず，聞き取られることがないのである[註15]。そして，もし「美しき魂」が，その言葉を聞き取ることができるようになったとすれば，そのとき「美しき魂」は「自分にとって絶対に正反対のもの〔＝「行動する良心」〕のうちにおいて自分自身を遍く普遍的に知る」[註16]ことができるとされる。

ドラの告発に対するフロイトの介入は，まさに「美しき魂」による非難を弁証法的に逆転させるものであった（つまり，フロイトはドラの非難が実は自己非難でもあり，ドラが非難するところの大人たちの不倫関係に自分もまた加担していることを明らかにした）が，注目すべきであるのは，フロイトがそのような逆転を行う際に，**外的な理想や規範にいっさい依拠しておらず，ドラが語っていることだけに依拠していること**である。そして，このような逆転は，ドラの側からの反応として「Kさんの奥さんが父のことを好きな理由は単に，父が役に立つvermögend男だからです」という言葉を引き出し，そこに「父は役に立たない〔＝性的不能〕」であるという含意が明らかになったことから，ドラの咳をはじめとする父親との同一化による症状が解消

されたのであった（GW5, 206-7）。

つづいてフロイトは，ドラのK夫人への嫉妬感情に着目し，それを再び逆転させる。すると，K夫人への嫉妬が，K夫人へのドラの関心を覆い隠していることが明らかになる。そして，ドラがK夫人について話すたびに，夫人の「魅惑的な白い肢体」を誉め称えていることが注目される。すると，（実際にはフロイトはなし得なかったが，弁証法的逆転を貫徹させるならば生じなければならなかった）第三の，そしておそらくは最後の逆転は，次のようなものになる。すなわち，ドラの言っていることによれば，ドラはK夫人こそを恨むべきであるのに，しかし実際にはドラはK夫人に対して「忠誠心」とも呼ぶべき思いを抱いている。だとすれば，「あなたがたの関係のもっとも深い秘密をあなたに守らせている忠誠心」（E220）は，何によって駆動されているのだろうか？

このような弁証法的逆転は，いまだ思春期にあり，自らの女性性を十分に受け入れることのできていなかったドラにとって重要であった対象が，父親でもK氏でもなければ，K夫人という女性性の謎を体現する人物であったことを明らかにするだろう。そのことは，ドラの二番目の夢が，駅（＝女性）を探すけれども見つからないというものであったことや，その夢についての連想にドラがドレスデン美術館で見た女性性の象徴たる「システィナの聖母」が登場することからも裏付けられる。また，K氏がドラを湖畔で口説こうとした際に言った「わたしはもう妻とは関係がないのですich habe nichts an meiner Frau〔＝私は妻において何も持っていないのです〕」（GW5, 261）という言葉が，なぜドラの平手打ちによって報われたのかをも明らかにしてくれる。ドラが大人たちの不倫関係に巻き込まれ，K氏の自分への接近を許していたのは，K氏を通じて，女性性の謎を体現するK夫人にアクセスできる可能性があったからであり，その

K氏が「私は妻において何も持っていない」と発言することは，K氏がドラに接近することを可能にした前提条件を破壊してしまうからなのである（E224）。

ラカンに従うなら，このような解明はまさに弁証法的逆転の連続として可能になりえたものだが，先述したように，その特徴は**外的な理想や規範にいっさい依拠せず，患者が語っていることだけに依拠する**ことにある。そして，そのような弁証法的逆転を繰り返していくことによってはじめてドラ自身の「欲望の出現」（E222）が可能となり，つまりはドラ固有の欲望（女性性の謎にアクセスすること）の到来が実現しえたのであった[註17]。

このような「欲望の出現」を目指す介入を，患者の真理性，特性，本質[註18]への配慮と結びつけるならば——「注意すべきことども」や，マルガレーテの場合においてもやはり「欲望」が問題となっていたことを想起せよ——これは私たちがさきほどフロイト的中立性と呼んだものと同じものとなるだろう。ラカンは，フロイトの実際の臨床に垣間見える弁証法的逆転という介入に，患者が語っていることだけに依拠し，欲望の次元を開くことを——すなわちフロイト的中立性を——見て取っているのである。これこそが，ラカンが「分析的な中立性は，純粋な弁証法論者の立場からその真の意味を引き出す」（E226）と述べたことの意味である。

最後に，ラカンがこのような弁証法的逆転を，想像的関係ではなく，むしろ象徴的関係を機能させるものとして考えていることを補足するために，次の一節を引用しよう。

　　他者の彼岸のこの〈他者〉にこそ，分析家は場所をあてがうのであって，それは中立性neutralité——分析家はこれによって，自らをその「ne-uter」，つまりそこに存在する二つのうちの一方でも他方でもないも

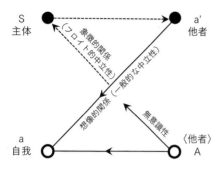

図1　シェーマLと中立性

のにする──によってであり，そして分析家が黙るのは〈他者〉にパロールを行わせるためなのである。　　　　　　　　（E439）

　再びヘーゲルを用いるなら，「美しき魂」と「行動する良心」の対立は，もしそれが自我と自我どうしの想像的関係のなかで推移するならば，両者は合わせ鏡のようにお互いを反射しあい，両者のあいだの終わることのない対立となり，その結果，「美しき魂」はついには態度を硬化させ，自らの場所にとどまったままとなる（ヘーゲルのいう「頑なの心胸」[註19]）。だが，もし分析家が，自我と自我どうしの想像的関係ではないような仕方で──すなわち象徴的関係において──非−合わせ鏡的な「鏡面」を機能させ，患者の言葉を弁証法的に裏返すことができたとすれば，その言葉は，分析家の自我からではなく，〈他者〉からの言葉として主体に届くであろう[註20]。治療者と患者の自我（a'）と自我（a）どうしの想像的関係によって妨げられている無意識という〈他者〉（A）からのメッセージを主体（S）に届かせることを図式化したラカンのシェーマL（図1）は，このことを表している。

おわりに

　最後に，もう一人のフロイトの患者の証言をとりあげよう。フロイトの実際の臨床が「中立的」でなかったという主張がなされる際にしばしば引用される，アメリカの精神科医ジョセフ・ウォルティスの証言である。フロイトはウォルティスに対して，次のように言い放ったのだという。

　　（…）あなたは**人間本性の知** *Menschen-kenntnis*について，**多くのことを学ぼうと望んでいます。それはあなたが無知であるからであり，私はあなたに教えるためにここにいるのです。分析は，二人の対等な人間のあいだの騎士道的な関係ではありません**[註21]。
　　　　　　　　　　（強調は引用者）

　もはや説明の必要はないだろう。フロイトは，精神分析における治療者と患者の関係は対等なものではなく，患者は教えられる立場にあると言っている。なるほど，これはふつうの意味では，フロイトの臨床が「中立的」なものではなかった証拠となるだろう。しかし，私たちの考えでは，ここで表明されているのはフロイト的中立性の原理そのものなのである！　おそらくフロイトは次のように言っているのだ──精神分析は，人間本性（すなわち，患者の真理性，特性，本質）が開示されるためにあるのであって，その作業に取り組むにあたって，治療者と患者の自我と自我どうしの想像的関係は本質的ではないのだ，と。
　ラカンによるフロイトへの回帰を知る私たちがここに付け加えることは，おそらくは一つしかない。つまり，教えるのは治療者ではなく〈他者〉であり，その〈他者〉からのメッセージは，もともとは（患者が行う）他者に対する非難の言葉に含まれていながらも自分では聞き取るこ

とができなかった言葉であり，その意味におい
て「無意識とは〈他者〉についての／〈他者〉の
ディスクールである」（E379）ということであ
る。「分析技法がまだごく初期の段階にあったこ
ろ，われわれは主知主義的な考え方にとらわれ
ており（…）われわれが知るということと患者
が知るということが別ものであることが分かっ
ていなかった」（GW8, 475／強調は引用者）と
いうフロイトの言葉は，いまやそのように読ま
れるべきであろう。

註

1 Roos P（2016）The great listener. Psychoanalytic Perspectives 13-3 ; 294-299.

2 西見奈子 編（2020）精神分析にとって女とは何か. 福村出版.

3 以下，文献指示の簡略化のために，フロイトのGe-sammelte WerkeとStandard Editionからの引用については，それぞれ「GW」「SE」の記号のあとに巻数と頁数を記載する。また，ラカンのÉcritsからの引用についても，「E」の記号のあとに頁数を記載する。また，邦訳文献については必要に応じて訳し直した箇所がある。

4 Freud A（1936）Das Ich und die Abwehrmecha-nismen. Internationaler Psychoanalytischer Verlag, p.34.（外林大作 訳（1985）自我と防衛. 誠信書房, p.37）

5 Bergler E（1937）Zur Theorie der therapeutisch-en Resultate der Psychoanalyse. Internationale Zeitschrift für Psychoanalyse 23 ; 6-18.

6 Menninger K（1958）Theory of Psychoanalytic Technique. New York : Basic Books.（小此木啓吾, 岩崎徹也 訳（1969）精神分析技法論. 岩崎学術出版社）

7 岡野憲一郎（2002）中立性と現実──新しい精神分析理論［2］. 岩崎学術出版社.

8 宮地尚子（2020）トラウマにふれる──心的外傷の身体論的転回. 金剛出版, p.47.

9 小此木啓吾（1964）精神療法の基礎概念と方法. In：三浦岱栄 監修, 小此木啓吾 編：精神療法の理論と実際. 医学書院, pp.73-278.

10 小此木, 前掲論文, p.104.

11 ここで導入されなければならないのは──そして, 昨今のジェンダーをめぐる言説において目につくようになった，「女性の欲望」を即座に肯定することで被害者性を無効化しようとする議論において無視

されているように思われるのは──時間というファ
クターであろう。トラウマの被害者や，社会的に弱
い立場に置かれた患者に対して最初から「フロイト
的態度」で接することはできず，「フェレンツィ的
態度」がより相応しいことは論をまたない。だが，
「フェレンツィ的態度」によって，自分の言葉がひと
まず安全に聞き取られる場所を得た後には，徐々に
「フロイト的態度」が効果をもつ場合がある。このよ
うな考えは，精神分析的な治療以外の場においても
同じであり，たとえば信田さよ子によれば，アダル
ト・チルドレンのグループカウンセリングでは，ま
ず「過剰な責任を背負わされてきた状態（100）か
ら『あなたに責任はない』としていったんイノセン
ス（0）の地点にまで戻す」ことが重要であり，そ
の後に，「適正な自己責任」としての「50」の地点
に近づくプロセスが開始されるという（信田さよ子
（2014）依存症臨床論. 青土社, pp.168-169）。

12 なお，ストレイチーはこの引用の最後の部分を「逆転移をつねにチェックすることによって得られた患者に対する中立性 the neutrality towards the pa-tient, which we have acquired through keeping the counter-transference in check」（SE12, 164）と訳しており，フロイトを治療者の逆転移に重きを置く論者に近づけていると言える。

13 フロイトにおける「真理」の問題について，本稿ではこれ以上踏み込むことはできない。ただし，彼がこの「真理性」という語を，次のような文脈で使っていることを注記しておく。（1）論考「戦争と死に関する時評」においては，戦争というものがわたしたちの生を錯覚でふさぐのではないという点で真理性と関係していることが指摘される（GW10, 354）。（2）著作「モーセという男と一神教」においては，モーセの記憶が抑圧に供されており，しばしばその歴史記述が妥協形成の産物となっているけれども，「歴史記述が仮借のない真理性へと呪縛されていること」が長い年月をかけて認識されうるとしている（GW16, 172）。つまり，「真理性」とは表面に現れている覆いを取ることによって真なるものを析出させることである。このことは，後述する「欲望の出現」と関係づけられよう。

14 Langs RJ（1980）The misalliance dimension in the case of Dora. In : J Glenn & M Kanzer（Eds）Freud and His Patients. New York : Jason Aronson, pp.58-71.（馬場謙一 監訳（1995）症例ドラにおける誤同盟. In：フロイト症例の再検討I──ドラとハンスの症例. 金剛出版, pp.91-109）

15 ヘーゲル［金子武蔵 訳］（1979）精神現象学［下］. 岩波書店, p.981.

16 ヘーゲル, 前掲書, p.998.

17 もっとも，ドラにおける「欲望の出現」を目指すとすれば，フロイトはK氏のような**男性へ**のドラの欲望を即座に肯定することを控えるべきであっただろう。フロイトは，この失敗について「K夫人に対する同性愛的な（**女性愛的な**）愛情の蠢きがドラの心の生活のなかの最も強い無意識的な流れであったことを，適切な時期に探り当て，彼女に伝えるのを怠った」（GW5, 284／強調は引用者）と述べている。

18 ドラにおけるこれらの本質は，彼女が幼い頃に「おしゃぶりっ子」であったこと，そして「自分の左手の親指をおしゃぶりしつつ，右手は近くにおとなしく座っている兄の耳たぶをつまんでいる」（GW5, 211）という光景が彼女の人生の原型として機能しており，それゆえヒステリーの症状形成の座としても口腔から喉の領域が特権的に選択されることにも現れている。ラカンはこれを「ドラが生涯にわたって展開したすべての状況が流れ込む想像的な母型」（E221）と呼んでいる。

19 ヘーゲル，前掲書，p.992.

20 なお，ラカンはこのような弁証法的なあり方について，ヘーゲルだけでなく，ソクラテスの産婆術をも参照することを勧めている（E293）。なお，ラカン研究者のなかには，フロイトの方法における弁証法的＝産婆術なあり方は，フロイトが学生時代に行ったJ・S・ミルのプラトン論の翻訳に遡ることができるとする論者もいる。Cf. Burgoyne B（2007）Socratic history. Journal of the Centre for Freudian Analysis and Research 17 ; 108-133.

21 Wortis J（1954）Fragments of an Analysis with Freud. New York : Simon and Schuster, p.50.（前田重治 監訳（1989）フロイト体験——ある精神科医の分析の記録．岩崎学術出版社，p.54）

好評既刊

Ψ金剛出版　〒112-0005　東京都文京区水道1-5-16　Tel. 03-3815-6661　Fax. 03-3818-6848
e-mail eigyo@kongoshuppan.co.jp　URL https://www.kongoshuppan.co.jp/

こころの支援と社会モデル
トラウマインフォームドケア・組織変革・共同創造

[責任編集]笠井清登　[編著]熊谷晋一郎　宮本有紀　東畑開人　熊倉陽介

日々揺れ動く社会構造との絶えざる折衝のなかで，支援者と被支援者の関係，支援の現場は今，どうなっているのか？──東京大学発「職域・地域架橋型：価値に基づく支援者育成」プログラム（TICPOC）開幕に始まるこの問いに，多彩な講師陣によるカッティングエッジな講義録＋ポリフォニックな対話で応答する思考と熟議のレッスン。こころの支援をめぐるパラダイムが大きく変動する現在，対人支援をどのように考え実践すべきか？　組織変革を構想するマクロの視点と，臨床場面で工夫を重ねるミクロの視点から，日々変わりゆく状況に応答する。　　　　　　　　　　定価4,180円

トラウマにふれる
心的外傷の身体論的転回

[著]宮地尚子

心は震え，身体はささやき，そして人は生きていく。

薬物依存，摂食障害，解離性同一性障害，女性への性暴力，男児への性虐待をはじめとした臨床現場の経験知から，中井久夫，エイミー・ベンダー，島尾ミホ・敏雄との対話からなる人文知へ。傷を語ることは，そして傷に触れることはできるのか？　問われる治療者のポジショナリティとはいかなるものか？　傷ついた心と身体はどのように連動しているのか？──傷ついた心と癒されゆく身体，その波打ち際でトラウマと向き合う精神科医の，思索の軌跡と実践の道標。　　　　　　　　　　　　　　　定価3,740円

トラウマとジェンダー
臨床からの声

[編]宮地尚子

トラウマとジェンダーが重なる問題として，対人的なトラウマ，それも親密な関係における長期反復的なトラウマであるドメスティック・バイオレンスや性暴力，児童虐待の事例が多く取り上げられ，議論されているが，これらは社会的にも対応に危急を要するテーマでもある。臨床にすぐ役立つ，ジェンダー・センシティブなアプローチの要点が提示され，さらに，臨床現場にトラウマとジェンダーの視点をとり入れることで，具体的にクライエントの何を見，どのような働きかけをし，どんなことに気を配るかが事例検討で明らかにされる。　　　　　　　　　　　　　　　　定価 4,180円

価格は10%税込です。

編集後記
Editor's postscript

　今なぜ，ジェンダーについて考えようとするのか。

　平山亮さん，信田さよ子さんとの鼎談の冒頭でも話したが，2022年は阪神淡路大震災（1995），東日本大震災（2011）に続く大きなエポック（転換期）として語られることになると認識している。言うまでもなく，新型コロナウイルスによるパンデミックが世界を駆け巡り，あらゆる不均衡を剝き出しの形で私たちに見せつけたことがその背景にある。ウイルス感染のリスクだけでなく，治療や療養における地域性，経済状況，そして情報リテラシーなどにおける優劣や差別は，まさにそれがインターセクショナルな課題であることを認識させるものだった。この転換期を読み解く重要なキーワードとしてのジェンダーを，これまでの知の系譜を整理するだけでなく，新たな知をインストールすべく編集したのが増刊第15号となる。

　各方面からご寄稿をいただいたことに，編者の一人として心から感謝を述べたい。そして，本特集号に掲載された論考を陰に陽に下支えする研究者，実務家，そして当事者の方々の分も含めて，一冊に込めたジェンダー平等への想いが多くの援助者へ届くことを願っている。（大嶋栄子）

あたらしいジェンダースタディーズ
転換期を読み解く

臨床心理学 増刊第15号　2023年8月30日発行
定価：2,640円（本体2,400円＋税10%）

発行所…………（株）金剛出版
発行人………………立石正信
編集人………………藤井裕二
〒112-0005　東京都文京区水道1-5-16
Tel. 03-3815-6661 / Fax. 03-3818-6848　振替口座 00120-6-34848
e-mail rinshin@kongoshuppan.co.jp（編集）
eigyo@kongoshuppan.co.jp（営業）
URL https://www.kongoshuppan.co.jp/

装丁…永松大剛　　本文組版…石倉康次
印刷・製本…音羽印刷

好評既刊

Ψ金剛出版　〒112-0005　東京都文京区水道1-5-16　Tel. 03-3815-6661　Fax. 03-3818-6848
e-mail eigyo@kongoshuppan.co.jp　URL https://www.kongoshuppan.co.jp/

アディクションの地平線
越境し交錯するケア
［編］松本俊彦

人はなぜ，物質や行動にアディクティッド（addicted）してしまうのだろう
か？　その背景には往々にして，薬物療法では解決できない当事者の「心の
痛み」がある。「否認の病」とも呼ばれるアディクションからの回復にとっ
て重要なのは，当事者と彼ら・彼女らを支える家族，専門家，そして自助
グループなどによる，ゆるやかな「共助」の姿勢である。「アディクション」
概念成立の歴史からその展開，当事者・家族支援の現状まで，第一線で活躍
する14人の豪華執筆陣によるさまざまな視点・立場からの「声」が，私た
ちにそのヒントを与えてくれる。　　　　　　　　　　　　　　定価2,860円

性暴力被害の実際
被害はどのように起き，どう回復するのか
［編著］齋藤梓　大竹裕子

「望まない性交」を経験した当事者にその経験を語っていただき，その「語
り」を，同意のない性交が起こるプロセス，同意のない性交が被害当事者の
人生に及ぼす影響，回復への道のりといった観点から分析した，一連の調査
の結果をまとめたものである。「語り」から分かった性暴力の加害プロセス
には，大きく「奇襲型」「飲酒・薬物使用を伴う型」「性虐待型」「エントラッ
プ（罠にはめる）型」の4つの型がある。それら四つのプロセスを詳述し，
「被害当事者にとって，なぜ被害を認識したり相談したりすることが難しい
のか」を解説する。　　　　　　　　　　　　　　　　　　　　定価3,080円

性暴力被害の心理支援
［編著］齋藤梓　岡本かおり

第Ⅰ部では性暴力とは何か，性暴力や性犯罪の現場で何が起こっているの
か，二次的被害や心理教育，リラクセーションなど，被害者の心理にスポッ
トを当てて説明する。また，多機関・多職種との連携や支援者におこる二次
受傷についても紹介していく。第Ⅱ部では6つの架空事例をとおして，支援
について具体的に示し，この領域に慣れていない方でも，支援の実際がイ
メージできるように，事件概要や司法手続き，心理支援の流れが詳細に書か
れている。さらに，心理職が，被害者の回復に役立つ働きをするために必要
な，法律，医学，政策や制度，連携機関等に関する周辺知識をトピックとし
て掲載している。　　　　　　　　　　　　　　　　　　　　　定価3,520円

価格は10%税込です。

公認心理師時代を迎えた

臨床心理学スタンダードテキスト

臨床心理学の新たなるスタンダード！

[編]
岩壁 茂
遠藤利彦
黒木俊秀
中嶋義文
中村知靖
橋本和明
増沢 高
村瀬嘉代子

　臨床領域・学問領域の第一人者による集合知！ 公認心理師時代を迎えた臨床心理学の新たなるスタンダード。

　公認心理師の職責から，心理学概論，臨床心理学概論，研究法・統計法・心理学実験，多岐にわたる心理学理論，アセスメント，心理支援，主要5領域，精神疾患と治療，そして関係行政論へ。公認心理師／臨床心理士として研究・臨床において研鑽を積むうえで不可欠の知識と経験を，多様な視点から語り尽くす。

　臨床心理学の初学者から，すでに臨床現場に勤務する現任者，そしてベテラン心理職まで，つねに座右に置いて日々の臨床を検証し，みずからの臨床知を深化させていくための包括的テキスト。

Comprehensive Textbook of Clinical Psychology

岩壁 茂
遠藤利彦
黒木俊秀
中嶋義文
中村知靖
橋本和明
増沢 高
村瀬嘉代子

臨床心理学スタンダードテキスト

B5判　1040頁　定価16500円

臨床領域・学問領域の第一人者による
全23部・104項目の集合知！

Ψ金剛出版
東京都文京区水道1-5-16　電話 03-3815-6661　FAX 03-3818-6848
https://www.kongoshuppan.co.jp/

価格は10％税込です。